U0592946

掌尚文化

SALUTE & DISCOVERY
致敬与发现

本书受中国社会科学院—贵州人民政府战略合作专项经费资助出版

贵州省社会科学院甲秀文库

贵州推动"工业大突破"

贵州省社会科学院 / 编

黄群慧　吴大华　邓曲恒 / 主编

Guizhou Pushing Forward
"Industrial Breakthrough"

经济管理出版社
ECONOMY & MANAGEMENT PUBLISHING HOUSE

图书在版编目（CIP）数据

贵州推动"工业大突破"/黄群慧，吴大华，邓曲恒主编 . —北京：经济管理出版社，2022.11

ISBN 978-7-5096-8824-3

Ⅰ.①贵⋯　Ⅱ.①黄⋯ ②吴⋯ ③邓⋯　Ⅲ.①地方工业经济—概况—贵州　Ⅳ.①F427.73

中国版本图书馆 CIP 数据核字（2022）第 228840 号

组稿编辑：宋　娜
责任编辑：宋　娜
责任印制：黄章平
责任校对：董杉珊

出版发行：经济管理出版社
　　　　　（北京市海淀区北蜂窝 8 号中雅大厦 A 座 11 层　100038）
网　　址：www.E-mp.com.cn
电　　话：（010）51915602
印　　刷：唐山昊达印刷有限公司
经　　销：新华书店
开　　本：720mm×1000mm/16
印　　张：19
字　　数：219 千字
版　　次：2023 年 5 月第 1 版　　2023 年 5 月第 1 次印刷
书　　号：ISBN 978-7-5096-8824-3
定　　价：98.00 元

·版权所有　翻印必究·

凡购本社图书，如有印装错误，由本社发行部负责调换。

联系地址：北京市海淀区北蜂窝 8 号中雅大厦 11 层

电话：（010）68022974　　邮编：100038

贵州省社会科学院甲秀文库
编辑委员会

主　任：吴大华　　张学立

副主任：索晓霞　　黄　勇

成　员：谢忠文　戈　弋　刘　岚　余　希

贵州省社会科学院甲秀文库出版说明

近年来，贵州省社会科学院坚持"出学术精品、创知名智库"的高质量发展理念，资助出版了一批高质量的学术著作，在院内外产生了良好反响，提高了贵州省社会科学院的知名度和美誉度。经过几年的探索，现着力打造"甲秀文库"和"博士/博士后文库"两大品牌。

甲秀文库，得名于贵州省社会科学院坐落于甲秀楼旁。该文库主要收录院内科研工作者和战略合作单位的高质量成果，以及院举办的高端会议论文集等。每年根据成果的质量、数量和经费情况，全额资助若干种著作出版。

在中国共产党成立 100 周年之际，我们定下这样的目标：再用 10 年左右的工夫，将甲秀文库打造为在省内外、在全国社科院系统具有较大知名度的学术品牌。

贵州省社会科学院

2021 年 1 月

站在新起点上看贵州发展经验

2012 年 1 月，《国务院关于进一步促进贵州经济社会又好又快发展的若干意见》（国发〔2012〕2 号）发布，贵州迎来了发展的黄金期。十年来，贵州经济增速在全国始终名列前茅，地区生产总值从 2011 年的 5702 亿元增加到 2021 年的接近 2 万亿元，人均地区生产总值在全国的排名也有大幅跃升。贵州全面脱贫取得了重大进展，保障社会民生成效显著，成为新时代以来西部落后省份跨越式发展的一个典范。

当前，我国已经开启了全面建设社会主义现代化国家新征程，站在新发展阶段的新起点，贵州又迎来了开创"百姓富、生态美"的多彩贵州新未来的重大机遇。2022 年 1 月，《国务院关于支持贵州在新时代西部大开发上闯新路的意见》（国发〔2022〕2 号）出台，贵州被赋予西部大开发综合改革示范区、巩固拓展脱贫攻坚成果样板区、内陆开放型经济新高地、数字经济发展创新区、生态文明建设先行区五大战略定位。到 2035 年，贵州经济实力将迈上新台阶，曾为"天下最贫苦之地""天无三日晴，地无三尺平，人无三分银"的贵州将与全国同步基本实现社会主义现代化。

　　回顾过去发展的"黄金十年",贵州始终坚持超前规划、建设传统和新型基础设施相结合;始终坚持工业强省战略、走新型工业化道路;始终坚持深入推进大数据战略行动、推动大数据产业发展与实体经济融合;始终坚持"绿水青山就是金山银山",协调好经济发展和生态保护的关系,大力培育旅游品牌。贵州的发展经验对于其他西部地区具有重要启示意义。进一步概括贵州经验,其最本质的经验是坚持创新发展、协调发展、绿色发展、开放发展和共享发展的新发展理念,积极推进高质量发展。从这个意义上来看,贵州基于自己的省情,初步探索出一条西部地区高质量发展的道路。

　　进入新发展阶段,需要完整、准确、全面贯彻新发展理念,加快构建新发展格局。贵州被赋予五大战略定位,从本质上可以说是贵州被定位为在新发展理念指导下的西部高质量发展试验区。无论是建设西部大开发综合改革示范区,还是建设数字发展创新区,都直接体现了创新发展理念的要求;建设巩固拓展脱贫攻坚成果样板区直接体现了协调发展和共享发展理念的要求;建设内陆开放型经济新高地则直接体现了开放发展理念的要求;建设生态文明建设先行区更是绿色发展理念具体而直接的要求。五大战略定位直接体现了新发展理念的要求,但是新发展理念是一个整体,需要完整、准确、全面地加以贯彻,因此贵州在落实这五大战略定位的同时也要注重其系统性。一方面,具体落实每个战略定位、具体建设每个"区(地)"时要完整、准确、全面贯彻新发展理念;另一方面,五大战略定位要系统全面地落实,而建设五个"区(地)"则要系统协调推进,不能顾此失彼。

　　总之,以新发展理念为指导,推进贵州经济高质量发展,既是过去"黄金十年"贵州发展的经验,也是站在新发展阶段的新起点上,贵州全面系统地落实五大战略定位，建设西部大开发综合改革示范区、巩固拓展脱贫攻坚成果样板区、内陆开放型经济新高地、数字经济发展创新区和生态文明建设先行区的必然要求。

黄群慧

2022 年 6 月

目　录
contents

第一章

党的十八大以来贵州工业的发展状况 ……………… 1

　　第一节　国内外环境 ……………… 3

　　第二节　举措和政策 ……………… 6

　　第三节　工业发展政策实施效果 ……………… 36

第二章

"工业大突破"：理论阐释与国际经验 ……………… 53

　　第一节　工业化的理论梳理 ……………… 55

　　第二节　工业化的国际经验 ……………… 67

　　第三节　贵州特色的工业化新路 ……………… 89

第三章

贵州十大优势工业产业 ……………… 97

　　第一节　贵州十大优势工业产业的总体情况 ……………… 99

　　第二节　巩固提升传统优势产业 ……………… 112

第三节　做大做强特色优势产业 …………………………… 134

第四节　大力发展战略性新兴产业 ………………………… 145

第四章

优化产业布局 ……………………………………………… 159

第一节　工业布局：历史与基础 …………………………… 161

第二节　各市州工业发展和行业布局 ……………………… 170

第三节　开发区的发展情况 ………………………………… 183

第四节　贵州产业布局的问题及对策 ……………………… 208

第五章

培育壮大企业主体 ……………………………………… 225

第一节　发展壮大企业主体的意义 ………………………… 227

第二节　贵州企业主体的发展现状 ………………………… 238

第三节　贵州企业主体发展的不足及政策建议 …………… 261

第六章

推动"工业大突破"的重点难点与政策建议 ………… 267

第一节　贵州推动"工业大突破"的重点任务 …………… 269

第二节　主要困难与制约因素 ……………………………… 278

第三节　对策建议 …………………………………………… 284

后　记 …………………………………………………………… 293

第一章

党的十八大以来贵州工业的
发展状况

第一节　国内外环境

一、国外环境

当今世界正经历百年未有之大变局，经济全球化遭遇逆流，国际经济循环格局发生了深度调整，新型冠状病毒肺炎疫情也加剧了逆全球化趋势，各国内顾倾向上升。党的十八大以来，外部环境发生了显著变化。

首先，全球主要经济体政策协调性下降、不确定性增加。2017年，全球主要经济体同步采取持续性超常规宏观政策，经济获得了暂时性复苏；到2018年，经济复苏势头出现了严重分化，并且超常规宏观政策削弱了政策协调性。在政策协调性下降的同时，外部环境的不确定性也在增加。金融危机过后，欧美启动"再工业化"战略，中美互补关系演变成竞争关系，中美贸易摩擦反复，严重影响制造业等产业的出口。自2018年美国政府对我国加征关税以来，美国政策的不确定性大幅增加，我国经济主体生存环境恶化，经济压力上升，进一步加剧了不确定性。此外，国际油价上涨以及美联储加息等因素加剧了这种影响，加之新型冠状病毒肺炎疫情暴发使世界各国的政策更加具有不确定性，我国面临外部环境显著恶化。

其次，国际金融危机发生风险增加。2008 年金融危机以来，全球金融条件持续宽松，各国股票等资产存在价格泡沫严重的问题。在中央银行负债表快速扩张的情况下，欧美国家采用加杠杆的方式来抬高金融资产价格，从而修复资产负债表，因此造成股票、房地产等资产价格快速上涨，信贷快速增长，形成更大的泡沫。当今全球金融市场联系密切，跨国投资屡见不鲜，一国金融机构的破产容易引发连锁反应，致使全球金融体系崩溃，引发国际金融危机。未来我国面临外部金融风险也在加大。

最后，逆全球化趋势加强。近些年来，地方保护主义和地缘政治冲突有抬头趋势。特朗普政府曾实施将制造业产业搬回美国本土的措施，以期创造更多就业岗位；加之中东地区地缘政治冲突、俄罗斯和乌克兰两国冲突等，都显示出逆全球化趋势有所增强。尤其是在新型冠状病毒肺炎疫情蔓延全球的现状下，许多国家的工厂被迫停工、产能不足，进而波及上游、下游产业，造成对整个产业链的严重冲击；部分国家也由于原材料不足等原因无法正常生产，生产停滞不前。这些导致逆全球趋势的因素又再次在发达国家兴起，如日本计划将日本企业生产线回迁，美国白宫顾问也发出过相同的声音。

二、国内环境

党的十八大以来，我国经济发展的显著特征就是进入新常态。劳动力成本和能源成本持续上升，资源利用效率亟须提升，生态环境意识亟须增强，发展方式的转变成为国内发展重要切入口，工业转型升级刻不容缓。准确把握新发展阶段，深入贯彻新发展理念，加快构建新发展格局，是推动"十四五"时期高质量发展、确保全面建设社会主义现代化国家开好局、起好步的重要主题。

首先，新发展阶段是社会主义初级阶段中的一个阶段，同时是其中经过几十年积累、站到了新的起点上的一个阶段，是全面建设社会主义现代化国家、基本实现社会主义现代化过程中的一个重要阶段。党的十九届五中全会提出，全面建成小康社会、实现第一个百年奋斗目标之后，我们要乘势而上，开启全面建设社会主义现代化国家新征程、向第二个百年奋斗目标进军，这标志着我国进入了一个新发展阶段。新中国成立以来，特别是经过改革开放40多年的不懈奋斗，我国社会主义现代化建设取得多项成就，包括经济实力步入新台阶，成为世界第二大经济体、第一大工业国。我国是全世界唯一拥有联合国产业分类中所列全部工业门类41个工业大类、207个工业中类、666个工业小类的国家。2020年，国内生产总值突破100万亿元，人均国内生产总值超过1万美元；全面建成小康社会取得伟大历史成果，城镇化率超过60%，中等收入群体规模超过4亿人，这为我国步入新发展阶段奠定了物质基础。

其次，新发展理念是一个系统的理论体系，回答了实现什么样的发展、怎样实现发展这两个重大问题。2015年10月，党的十八届五中全会上正式提出了"创新、协调、绿色、开放、共享"新发展理念，强调创新发展注重的是解决发展动力问题，协调发展注重的是解决发展不平衡问题，绿色发展注重的是解决人与自然的和谐问题，开放发展注重的是解决发展内外联动问题，共享发展注重的是解决社会公平正义问题。党的十九大报告中指出，我国社会主要矛盾已经转化为人民日益增长的美好生活需要和不平衡不充分的发展之间的矛盾，根据新发展理念的要求，我国经济已由高速增长阶段转向高质量发展阶段。从问题导向出发把握新发展理念，需要切实解决好发展不平衡不充分问题，如科技"卡脖子"问题、城乡区域发展差距问题、绿色转型和能源利用效率不足问题、外资利用和安全审查关系问题以及发展成果共享问题等。

最后，加快构建以国内大循环为主体、国内国际双循环相互促进的新发展格局。目前，我国面临经济发展由量到质的转变，以及劳动力成本提高等发展压力，亟须释放内需潜力，激发国内市场活力。构建新发展格局是优化我国经济发展的基本格局，面向第二个百年发展目标的主动选择；是畅通国内的生产、分配、流通、消费环节，打通堵点，建设全国统一大市场的重大举措；是促进开放的国内国际循环，既要当好"世界工厂"，又要当上"世界市场"的战略部署。畅通国内大循环，必须提升供给体系适配性，破除资源错配阻碍，促进资源要素合理流动，加快构建国内统一大市场，强化流通体系支撑作用。促进国内国际双循环，必须立足于国内大循环，协同推进国内国际双循环，吸引全球资源要素，促进内需和外需、进口和出口、引进外资和对外投资协调发展，加快培育参与国际合作和竞争新优势。

"十四五"规划指出，"十四五"时期推动高质量发展，必须立足新发展阶段、贯彻新发展理念、构建新发展格局。构建新发展格局、推进新时代西部大开发、推进共同富裕，为贵州"后发赶超"带来了重大机遇；中央大力推进"一带一路"建设、长江经济带发展、粤港澳大湾区建设、成渝地区双城经济圈建设等国家战略，为贵州对外开放提供了有利条件；贵州特色产业、基础设施、资源能源、生态环境等方面的优势凸显，为高质量发展奠定了坚实基础。

第二节　举措和政策

党的十八大以来，中华人民共和国国务院（以下简称国务院）、贵

州省政府、贵州省经济和信息化委员会等印发多项文件支持贵州工业
发展，其中包括宏观政策、产业政策、园区政策、要素保障、两化融
合、军民融合、民营经济等。

一、宏观政策

党的十八大以来，国务院、贵州省政府相继出台多项文件继续支
持贵州工业发展。2012 年 1 月，国务院颁发《关于进一步促进贵州经
济社会又好又快发展的若干意见》（国发〔2012〕2 号），该意见指出
要紧抓贵州经济社会发展的重点领域和关键环节，把握制约发展的瓶
颈和短板，对贵州在全国的战略定位、交通、水利、工业化、城镇化、
农业现代化、扶贫开发、生态安全等重点发展任务作了全面部署。该
意见还指出要充分发挥黔中经济区辐射带动作用，加快建设黔北经济
协作区，积极推动毕节市、六盘水市、兴义市能源资源富集区可持续
发展，大力支持黔东南州、黔南州、黔西南州等民族地区跨越发展，
构建区域协调发展新格局。2012 年 2 月，国务院正式批复同意国家发
展和改革委员会编制的《西部大开发"十二五"规划》。该规划对贵
州工业发展作出部署，包括着力推进黔中地区重点经济区的辐射带动
作用，辐射带动周边地区发展；重点开发利用煤、铁及钒钛等矿产资
源，建设六盘水市、毕节市、黔西南州煤炭综合利用基地；强化贵州
与其他地区连接的铁路建设，完善公路网络；加大节能减排力度，开
展六盘水市等资源型城市试点，建设一批循环经济示范城市，积极推
进贵阳市开展低碳试点建设，建设低碳产业示范园区；加快发展现代
能源产业，建设贵州等大型煤电基地，推进贵州锰钛深加工基地建设，
稳步推进产业化发展；改造提升装备制造业，优化重点装备制造业布
局，建设贵阳市工程机械、轨道交通装备及配套生产基地和数控机床

研发生产基地，建设贵阳市、安顺市民用航空产业基地；积极培育战略性新兴产业，建设六盘水市风电装备、光伏产品研发生产基地，建设贵阳市电子信息产业基地、生物医药产业基地，建设贵州钛及钛合金材料产业基地。

2017 年 1 月，国家发展和改革委员会印发《西部大开发"十三五"规划》（发改西部〔2017〕89 号），其中针对贵州的发展提出了多项指导：支持建设贵州内陆开放型经济试验区、贵安新区的服务贸易创新发展试点、渝黔合作先行区；推进贵安新区大数据产业技术创新试验区等建设试点；充分发挥生态文明贵阳国际论坛的作用，培育多层次的开放合作机制；优化空间开发格局，完成高铁贵阳至昆明段建设，推进成贵铁路建设，开工建设贵阳至南宁高铁，推进黔中次级增长区域发展；完善基础设施，加快建设重庆至贵阳铁路项目，打通贵州的出海通道，推进贵港港规模化、集约化发展，支撑经济与产业发展；支持贵州电子信息产业集聚发展和建设中外创新产业合作平台；针对贵阳市电子信息产业、生物医药产业和贵州钛合金材料基地，促进战略性新兴产业的突破发展；分别培育发展安顺市西秀区七眼桥镇和盘州市柏果镇作为特色制造型城镇和能矿资源型城镇；实施国家大数据（贵州）综合试验区重大项目。

我国制造业增加值多次位居世界第一且工业门类齐全，我国是世界第一大工业国。然而与世界制造业强国相比，我国制造业仍凸显出大而不强的特点，转型升级任务迫在眉睫。2015 年 5 月，国务院公布《中国制造 2025》（国发〔2015〕28 号），强调要加快新信息技术与制造业深度融合，用两化（工业化和信息化）深度融合引领制造业发展，注重强化工业发展的基础能力，主攻智能制造，促进重点领域突破发展，同时加快制造业的绿色发展，促进转型升级，推进产业结构调整，坚持创新的核心位置和人才的根本位置，满足经济社会发展和国防建设对重大技术装备的需求，使我国从制造业大国转变为制造业强国。国家层面的工业发展战略对于贵州实施"工业强省"战略有着重要指导意义，贵州需要强化工业"四基"建设，提高自身创新能力，使两化深度融合，瞄准高端装备等战略重点，围绕制造业创新中心建设、智能制造、工业强基、绿色制造和高端装备创新五大工程，引导社会各类资源聚集，以此促进贵州的优势和战略产业的迅速发展。

为实现制造强国目标，需推进制造业企业转型升级，为此亟须进一步释放民间投资活力。2017年10月27日，工业和信息化部等十六部门联合印发了《关于发挥民间投资作用 推进实施制造强国战略的指导意见》（工信部联规〔2017〕243号），要求在"创新、协调、绿色、开放、共享"五大新发展理念的指导下，重点解决民间投资相关问题，加速企业转型升级和提质增效，培育壮大新动能，改造提升传统产业，优化现代化产业体系，为建设制造业强国提供有力支撑和持续动力。《关于发挥民间投资作用 推进实施制造强国战略的指导意见》围绕此前国务院发布的《中国制造2025》，从民营企业反映强烈、制约民间投资、影响提质增效升级阻碍的突出问题出发，提出了八项主要任务来释放民间投资的充足活力，破除阻碍民营企业转型升级的障碍和推进制造业向更加高端、智能、绿色和服务方向发展，主要体现在对民营企业的多项支持措施，包括创新发展能力的提升、参与工业基础能力的提升、两化融合水平的提高、绿色制造升级的推动、质量品牌水平的提升、产业结构布局的优化、促进生产型制造向服务型制造的转变、国际化发展的推进等。民营经济是贵州经济主体之一，立足服务"工业强省"战略目标和实现"工业大突破"，应释放和保障民营企业活力，推进民营企业转型升级，助力贵州省工业发展。

同时，政府职能也亟须转变，以促进政府治理体系和治理能力现代化，进而有利于经济社会的持续健康发展，2018年6月28日，李克强在全国深化"放管服"改革转变政府职能电视电话会议上指出，改革对于激发市场活力、释放内需潜力、增强发展内生动力、妥善应对风险具有重要作用，进而能够推动高质量发展，打造全球竞争新优势，更好地满足人民美好愿望和需求，因此必须坚持不懈向前推进改革。深化"放管服"改革的各项工作需要思想上的解放和观念上的转变，关键是对政府和市场关系的认识和把握，通过简政放权释放企业和市场的活力和动力，提供便利和品质创新监管管出公平和秩序，以优化服务提供便利和品质，从而落实责任。"放管服"改革对政府治理能力提出了新的更高要求，必须用全新的方式管理经济和社会事务。这对于贵州在加快转变政府职能、进一步简政放权搞活经济、深入推进"工业强省"战略等方面继续深化改革和推出创新举措，具有重要指导意义。

二、产业政策

党的十八大以来，我国出台了一些重要产业政策来推动战略性新兴产业、节能与新能源汽车产业、大数据产业等的发展，这关系到贵州工业结构调整和招商引资方向。为贯彻落实国务院颁布的相关政策，贵州根据自身优势和战略产业，出台了一系列地方产业政策，从而助推贵州工业发展。

（一）特色产业

2015 年 4 月，贵州省经济和信息化委员会发布《省经济和信息化委关于制定传统支柱产业振兴方案的通知》（黔经信办〔2015〕20 号），涉及贵州 2015—2017 年白酒、卷烟、装备、化工、有色、冶金、建材等传统产业的详细振兴方案。为进一步支持工业企业发展，贵州省政府发布《省人民政府关于进一步支持工业企业加快发展若干政策措施的通知》（黔府发〔2015〕12号）），针对工业企业信贷、科技创新活力、行政审批等事项做出进一步指示，切实促进贵州工业发展。2016年5月，贵州省人民政府办公厅印发《贵州省开展消费品工业"三品"专项行动营造良好市场环境的实施方案》，2016年9月，贵州省人民政府办公厅印发《贵州省推动白酒行业供给侧结构性改革促进产业转型升级的实施意见》（以下简称《实施意见》），重点以"树品牌、提品质、优品种"为主线推进供给侧结构性改革，针对白酒等消费品行业的转型升级问题和质量效率问题提出了相应方案和意见，旨在打造贵州的白酒整体品牌，形成共同发展的优良局面，打造有品牌、有品质、优品种和有集群的贵州白酒产业发展体系和消费品供给体系。《实施意见》指出坚持盘活存量与扩大增量并重、改造提升与转型发展并举，加快推进白酒企业信息化、绿色化、服务化改造，推动白酒行业与新兴产业融合发展，提高核心竞争力，打造贵州白酒整体品牌；《实施意见》明确，主要任务在于打造贵州白酒整体品牌、调整优化产品层次、提升酱香酒产品品质、加快形成企业梯队、加强营销网络建设、促进生态绿色发展和推进酒旅融合发展。此外，针对其他特色产业如石材，贵州省人民政府办公厅发布《省政府办公厅关于加快石材产业发展的意见》（黔府办发〔2015〕23号）。自2015年起，连续5年每年从省工业和信息化专项资金中安排一定资金，重点支持石材产业重大项目、生产基地、交易市场、会展平台和检验检测中心建设，建立担保机制，推进适应石材产业发展要求的现代综合交通运输体系和物流体系建设，加快建设沿线铁路、公路等交通网络，增强运输保障能力。

（二）战略性新兴产业

战略性新兴产业潜力巨大，近些年，战略性新兴产业已成为国家重点推进项目之一。2016年12月，国务院印发《"十三五"国家战略性新兴产业发展规划》（国发〔2016〕67号），指出供给侧结构性改革的推进和现代产业新体系的构建，要加快壮大发展战略性新兴产业，其中包括新材料、新一代信息技术等产业，推动更广领域新技术、新产品、新业态、新模式蓬勃发展，建设制造强国。该规划还指出，到2020年，战略性新兴产业增加值占GDP比重达15%。党的十八大以来，贵州将焦点集中于八大战略性新兴产业，形成集聚式集群发展态势，获得了长足发展。2021年，贵州省发展改革委印发《贵州省"十四五"战略性新兴产业集群发展规划》，强调自主创新能力需要强化，产业生态仍需完善，战略性新兴产业要与"四化"实现高质量协同发展，同时推进产业高端化、绿色化、集约亿发展。该规划还明确了至2025年战略性新兴产业集群发展的主要目标：战略性新兴产业对经济增长贡献更高，增加值占GDP比重达15%；产业创新能力有显著增强，国家级和省级创新平台分别达150家和500家，并对平台做出相应完善；战略性新兴产业集群的规模持续壮大，千亿、五百亿和两百亿级产业集群分别拥有5个、4个和2个；产业载体的支撑能力有显著提升，公共服务综合体功能丰富，培育千亿级园区5个，五百亿级园区10个。该规划还指出重点任务主要有三项：一是大力发展支柱型产业集群。巩固发展大数据、酱香白酒、特色新材料、现代中药和民族药、精细磷煤化工五个支柱型产业集群，扬长补短、重点突破、大力提升发展优势。二是大力发展培育型产业集群。推动发展特色农产品精深加工、航空装备制造、新能源、新能源汽车、节能环保、数字与文化创意六个培育型产业集群，挖掘发展动力新空间，加快实现发展动力的转换。三是大力实施推进产业集群发展重大行动。围绕创新集聚协同、成果集聚应用升级、市场主体培育、重点品牌打造、区域开放合作五大行动，坚持问题导向，全力补齐发展短板。

（三）节能与新能源汽车产业

新能源汽车产业作为工业行业的新增长点，在国际竞争中也发挥着重要作用。2015 年 9 月 22 日，贵州省人民政府办公厅发布《省人民政府办公厅关于促进新能源汽车推广应用的实施意见》（黔府办函〔2015〕155 号），再次强调且详细地提出新能源汽车推广的几点意见，包括鼓励企业使用新能源汽车，重申创新商业模式；进行相关企业内部运营模式、外部投融资模式的创新；鼓励使用新一代信息技术，提高生产和运营效率，降低成本；改善、优化使用环境，对新能源汽车注册登记实施独立分类化管理，减免通行、停车等费用便利新能源汽车通行，充电设施建设运营更加健全；公共机构采购支持新能源汽车，推广其应用于公交、出租车辆中；鼓励集团采购，政府机关、企事业单位等应积极发挥示范作用，鼓励大型集团和物流企业等将新能源汽车作为配送车、场内通勤车和工作用车；加大财税支持力度，对本省生产企业符合要求的进行补助，落实国家节能和新能源汽车的税收优惠政策，地方相关专项资金要对新能源汽车产业技术创新给予重点支持，将新能源汽车年度推广纳入考核。为进一步支持新能源汽车行业发展，2016 年 2 月 24 日，贵阳市人民政府办公厅发布《贵阳市政府办公厅关于促进贵阳市推广应用新能源汽车的实施意见》（筑府办函〔2016〕20 号），落实国家节约能源和新能源汽车的其他税收优惠政策，并给予相应补贴，在用地指标等方面给予保障和优惠。

（四）大数据产业

2014 年 3 月，贵州省人民政府印发《关于加快大数据产业发展应用若干政策的意见》、《贵州省大数据产业发展应用规划纲要（2014—2020 年）》（黔府发〔2014〕5 号）。意见指出要加快大数据基地建设，重点推进贵安新区电子信息产业园、中关村贵阳科技园等园区开展大数据基地建设；通过引进行业领先企业与培育本地企业相结合，着力拓展大数据产业链，对相关大数据企业实施税收优惠政策；创新机制培育市场，加快建设大数据管理、服务平台，实施大数据示范应用工程；支持大数据科技创新，对相关示范企业给予补助；加快信息基础设施建设，实施"宽带贵州"行动计划；建立大数据产业投融资体系；加强人才队伍建设；强化组织领导。纲要指出贵州要依托自身生态优势、能源优势、区位优势、战略优势，把握大数据产业发展的政策保障、产业基础和市场需求等机遇，通过建设大数据基地、实施五大计划、推动云计算服务发展三项重点任务来优化产业布局、推动信息产业"蛙跳式"发展、创新产业发展模式，通过建设信息基础设施提速工程、产业链整合提升工程、数据资源集聚加速工程、重点领域应用示范工程、核心产业载体发展工程、安全保障能力建设工程六项重点工程来推动大数据产业发展。

2015 年 8 月，国务院颁布《促进大数据发展行动纲要》（国发〔2015〕50 号），为引领大数据发展和应用作出指示。该纲要强调加速政府数据的互联、开放和共享，整合大数据资源，使大数据在各行各业应用更加深化、更具创新性，同时完善针对大数据的相关法规和标准体系，从而更加科学、更加规范地利用大数据，重视保障数据安全，培育大数据专业人才。大数据产业一直是贵州重点培育和大力发展的产业，2018 年 6 月 21 日，贵州省人民政府发布《省人民政府关于促

进大数据云计算人工智能创新发展加快建设数字贵州的意见》（黔府发
〔2018〕14号），对"数字贵州"建设提供了相应指导。该意见指出
必须坚定不移地推进大数据战略，推动大数据与实体经济、政府治理
和民生服务深度融合，建设"数字贵州"。该意见主要分为八个部分：
第一部分是总体要求，明确指导思想、基本原则，提出到2020年初步
形成融合深入、产业繁荣、共享开放、治理协调、保障有力的发展目
标。第二部分至第六部分分别是从数字经济、数字治理、数字民生、
数字设施、数字安全方面明确重点工作任务，包括在工业、农业、服
务业、乡村振兴等领域统筹推动大数据与实体经济深度融合，大力发
展数字经济；全面推进数字治理，提升政府治理能力现代化水平；开
展数字民生服务，加快释放数字红利；推动数字设施升级，加快缩小
数字鸿沟；强化数字安全保障，提升数字安全防控能力。第七部分至
第八部分明确技术攻关创新、人才引进培育、优惠政策落实等支撑举
措，以及加强组织领导、督查考核、营造发展氛围等组织推动措施。
该意见指出，必须坚持科学规划技术路线和发展路径；坚持推动数字
技术和其他行业深度融合；坚持推进大数据深度应用；坚持强化基础
设施等保障。大数据等新一代信息技术得到广泛应用，初步形成"数
字贵州"特色发展格局——融合深入、产业繁荣、共享开放、治理协
同、保障有力，助推贵州工业发展。2018年8月，贵州省人民政府印
发《贵州省推动大数据与工业深度融合发展工业互联网实施方案》
（黔府发〔2018〕24号），再度对大数据和工业融合发展做出指导。该
实施方案提出以大数据战略行动和国家大数据（贵州）综合试验区为
战略部署，以"千企改造"和"万企融合"工程为载体和抓手，打造
新型网络基础设施以实现人、机、物全面互联，加快大数据和实体经
济深度融合，提升融合的广度、深度和精度，助力贵州工业经济高质
量发展，使其发展得更有效率、更具动力。该方案还指出了发展目标：

到 2022 年，完成工业互联网基础设施建设，建立完善的工业互联网体系，成立国内领先的工业互联网平台，贵州全省内工业互联网发展水平实现整体跃升，建成工业互联网产业链，部分地区创新引领发展，其中重点任务包括针对网络基础设施的"网络基础夯实工程"，针对平台的"平台培育工程"，针对企业的"企业登云用云工程"，针对产业的"产业引进培育工程"等，辅以统筹协调、财税金融、人才队伍、示范宣传支持，打造有质量、有效率、有动力的工业经济发展模式。2019 年 5 月，贵州省大数据发展领导小组印发《贵州省大数据战略行动 2019 年工作要点》，对涉及数字治理、数字经济、数字民生、数字设施、数字安全等主要大数据行动战略要点做出部署。该工作要点主要包括建设"一云一网一平台"，深入实施数字治理攻坚战，加快推动大数据与社会治理深度融合；深化"万企融合"大行动，深入实施数字经济攻坚战，加快推动大数据与实体经济深度融合；深入实施数字民生攻坚战，加快推动大数据与民生服务深度融合；运用大数据助力农村产业革命，加快推动大数据与乡村振兴深度融合；深入实施数字设施攻坚战，加快提升数字设施保障能力；深入实施数字安全攻坚战，加快提升安全保障能力；坚持改革创新，营造深入实施大数据战略行动的有利环境。

（五）中药材和新医药产业

2014 年 8 月，贵州省人民政府印发《贵州省关于加快推进新医药产业发展的指导意见》《贵州省新医药产业发展规划（2014—2017年）》（黔府发〔2014〕24 号）。意见指出新医药产业的发展目标：到 2017 年，贵州新医药产业总产值突破 800 亿元；形成 100 亿元医药大集团和 50 亿元医药集团各 1 个以上，20 亿元和 10 亿元医药企业分别 10 个以上；培育 20 亿元、10 亿元、5 亿元、1 亿元医药大品种分别达到 3 个、10 个、30 个、40 个。意见还指出新医药产业发展的重点任务：优化产业布局；做大做强中药、民族药；培育发展生物制药；加快发展化学药；提升发展医疗器械及医用材料；拓展新医药衍生产业；打造龙头企业；培育优势品种；狠抓招商引资；增强创新能力；完善市场体系。新医药产业发展需要财政支持、金融支撑、土地供应、税收政策、人才保障、组织保障等予以支持。规划指出以扩总量、优结构为主线，以改革开放、科技创新为动力，聚焦龙头企业、知名品牌、高新品种和制造环节，推动生物技术等在新医药产业的应用，做强做优中药、民族药，大力突破新医药衍生产业，加快构建特色鲜明、布局合理、结构优化、竞争力强的新医药产业体系。规划指出贵州医药行业的发展现状：大企业不强，小企业不活；产品结构单一，品种利用率低；核心技术缺乏，创新能力不足；经营理念滞后，缺乏整合动力。基于此发展现状，规划明确了新医药产业发展目标是做大规模、做强品种、做优结构；优化产业布局，着力打造"贵阳新医药产业圈"，发展壮大区域特色医药集群，建设中药材规范化种植基地。

2015 年 4 月，国务院办公厅转发工业和信息化部等部门《中药材保护和发展规划（2015—2020 年）》（国办发〔2015〕27 号），提出中药材的战略性资源定位，对深化医药卫生体制改革、发展战略性新兴产业意义重大。该规划提出：到 2020 年，濒危中药材供需矛盾得到有效缓解，资源保护与监测体系基本完善，常用中药材生产稳步发展；科技水平和质量大幅提升；现代生产流通体系初步建成，产品供应充足，市场价格保持稳定；保护和发展水平显著提高。该规划还明确了中药材保护和发展的七项主要任务：优质中药材的生产，野生中药材资源的保护，中药材技术创新，中药材生产组织创新，中药材质量保障，中药材生产服务和中药材现代流通体系的建立。贵州作为全国中药材四大主产区之一，具有天然优势，对新医药产业的发展早些年已有规划。2016 年，贵州省经济和信息化委员会、省扶贫办制定并印发了《贵州省中药材保护和发展实施方案（2016—2020 年）》，着力推进中药现代化，实现中药材品质优、供应足、价格稳，促进生物药和新医药衍生品等加快发展，针对贵州中药材特色产业提出相应方案。该方案要求坚持政府和市场、资源保护与产业发展、增量与提质相结合，坚持"大企业、大品种、精准扶贫、山地特色"的发展模式，科学发展中药材种植养殖，保护野生中药材资源，集中发展中药材生态产业大品种，推动生产流通现代化和信息化，努力实现中药材优质安全、供应充足、价格平稳，进一步提升中药材产业的经济、社会、扶贫和生态综合效益，促进中药材产业持续健康发展。该方案重点任务是加强野生中药材资源保护，强化优质中药材生产和供应保障，增强中药材领域技术创新能力和推进中药材生产组织创新，加快构建中药材质量保障体系，进一步健全中药材生产服务体系和现代流通体系、合力延伸重点药材产业链。

（六）建材工业

2016 年 5 月，国务院办公厅印发《关于促进建材工业稳增长调结构增效益的指导意见》（国办发〔2016〕34 号），对建材工业发展提供了指导。该指导意见指出建材工业发展的具体数字目标：到 2020 年，对水泥熟料、平板玻璃产能继续压减，产能利用率达到合理区间；对生产水泥熟料和平板玻璃的企业产业集中度做出规定，产量前 10 的企业生产集中度要达到 60% 左右；持续提升建材深加工水平和绿色产品比重，产品质量水平和高端产品的供给能力得到显著增强，进一步提升节能减排和资源综合利用的水平；增加建材工业效益，全行业的利润总额实现正增长，高产能行业如水泥等的销售利润率达到工业平均水平。该指导意见还指出，建材工业的健康增长，离不开压低过剩产能，需要加快建材工业的转型升级、成本的降低和效益的提高，同时需要完善支持建材工业发展的相关政策。2016 年 9 月 30 日，贵州省人民政府办公厅发布《省政府办公厅关于加快推进新型建筑建材业发展的意见》（黔府办发〔2016〕35 号）提出，新型建筑建材业具有节能、环保、低碳特点，是重点打造的转型发展五大新兴产业之一，它融合了绿色（绿色建筑和绿色建材）、节能（建筑节能）、工业化（住宅工业化和建筑工业化）。该意见还提出了新型建筑建材业的具体数字目标：截至 2017 年和 2020 年，贵州新型建筑建材业总产值分别达到1200 亿元和 2200 亿元，增加值分别达到 400 亿元和 600 亿元以上。同时该意见对新型建筑建材业产业基地、示范基地和骨干企业等也做出了数量安排：截至 2017 年，产业基地达 10~20 个，打造示范基地 10个，力争建成 1~2 个百亿级石材产业园，扶持骨干企业 100 个；截至 2020 年，装配式建筑在新建建筑中的比重达 15% 以上，基本建立健全相关体制机制和标准体系。该意见还指出新型建筑建材业发展、转型和支柱产业的培育需集中关注五方面工程，即融合发展、升级转型、示范带动、改革促进和绿色导向，同时辅以政策措施和组织保障。

2017 年，贵州省人民政府办公厅发布《关于促进建材工业稳增长调结构增效益的实施意见》（黔府办发〔2017〕75 号）指出，建材工业发展的重点在于对过剩产能的压减，在于转型升级，在于成本和效益，此外保障措施也不可或缺。该实施意见指出贵州建材工业发展目标：到 2020 年，规模以上的建材工业增加值达 550 亿元以上，其中新型建材工业增加值要达到 250 亿元以上，持续提升建材深加工水平和绿色产品比重，针对高端产品的供给能力有显著增强，进一步提升节能减排和资源综合利用的水平，过剩产能得到有效控制，建材工业的发展质量、发展效益和可持续发展能力都迈向新台阶。贵州省人民政府办公厅发布的该实施意见严格按照国务院办公厅印发的指导意见，为建材工业高质量发展、高效益发展、可持续发展提供了指导。2021年11月，贵州省工业和信息化厅印发《贵州省"十四五"新型建材产业发展规划》，要求落实贵州省工业强省、"工业大突破"重大战略，要实现发展动能转换、发展方式转变、产业基础再造、产业链提升。该规划提出新时期推动新型建材工业发展的5条基本原则：坚持创新驱动，有效促进转型发展；守牢底线，坚持绿色发展；示范带动，推进集聚发展模型；统筹推进，融合发展；市场引领，坚持开放发展。该规划指出，"十四五"时期，新型建材工业的发展将推动传统产业向高端化发展，新兴产业更具规模化，服务型制造业更加现代化；到2025年，新型建材产业产值达2300亿元。同时增加值达650亿元，"十四五"时期年均增速保持在8%以上；针对新型建材工业转型升级、提质增效，指导性、可操作性指标突出，其中智能数字化工厂、省级及以上绿色工厂、再生骨料占砂石骨料比重等目标首次提出。该规划明确新型建材工业发展重点在于：优化产业空间布局，有序推进集约化，形成"一核、一廊、两带、两基地"的产业布局和产业升级与产业集聚的产业发展格局；推进既有产业基础再造，推进贵州既有建材产业优存量、调结构、延强链、利环保；培育拓展新兴建材产业链，形成若干个建材新兴产业特色园区、产业集聚区，推进贵州新兴建材产业向中高端发展；增强产业创新能力，加快技术产品创新、完善创新体系和健全产业标准；加快绿色循环发展，加大绿色建材生产及应用；推进产业跨界融合发展，推进新型建材产业与新一代信息技术和相关领域产业深度融合发展，培育壮大服务型制造业。为保障规划实施，需要加强规划的组织实施、要素保障、安全生产水平、执法监督、人才队伍建设、招商引资引智、行业自律。

（七）有色金属工业

2016 年 6 月，国务院办公厅发布《关于营造良好市场环境促进有色金属工业调结构促转型增效益的指导意见》（国办发〔2016〕42 号），对有色金属工业发展做出了指导。该意见指出有色金属工业发展的重点在于去产能、对新增产能的严控，以及对技术创新和增强国际合作等方面。对此，2018 年 1 月，贵州省人民政府办公厅印发《贵州省促进有色金属工业调结构促转型增效益实施方案》（黔府办发〔2017〕79 号），提出贵州有色金属发展的具体实施方案。该方案指出，贵州省有色金属工业发展的主要任务是对新增产能的控制、对积累过剩产能的化解和节能减排的推进，除此之外，还要重视发展先进企业和深加工产业，积极建立完善产业链，对有色工业实施智能化改造，对市场进行开拓和积极参与国际合作等。贵州发展目标是保持有色工业主要产品的产能利用率位于较高水平，其中电解铝保持在 80%以上，海绵钛保持在 60%以上；截至 2020 年有色行业的装备工艺水平有显著提升，主要企业在线管理的信息化、数字化和自动化基本能够实现；能源消耗水平有显著下降，行业能效水平基本达到国内的先进水平；产业结构得到进一步优化，其中重点是深加工产品种类和产量的提升，基本形成了有色金属工业体系，以初加工产业为基础，以精深加工产业为主导，合理配套上下游产业促进协调发展；有色工业总产值达千亿元，同时增加值达 330 亿元，产业发展的水平迈上新台阶，由此有色工业的发展质量和效益有显著提升。政府相关部门需要强化协作机制，为贵州有色金属工业创设良好发展环境；完善用电政策，相关企业主动优化调整其产品结构和升级有色金属装备工艺，促进有色工业在结构上调整，推动优化升级；政府利用好相关土地政策，充分发挥财税引导作用，进一步利用专项资金，重点向符合国家和贵州有色金属工业转型升级的相关产业项目和科技项目倾斜，落实有色金属行业资源税从价计征改革；落实好金融扶持政策，对重点支持的有色金属工业企业实现名单管理，支持符合条件的有色金属企业拓宽直接融资的渠道，积极探索保险补偿机制对其新材料首批次应用的支持；做好相关职工安置工作；发挥行业协会作用。该方案明确了推进有色工业结构调整和转型优化升级、促进了企业增质提效目标，为贵州有色金属工业健康发展提供了指导。

三、园区政策

经济技术开发区的设立满足了中国向市场经济转型过渡的需要，同时成为吸收外资、促进出口、参与国际分工的重要政策，园区经济是开发区经济的延伸，是一种新型的地域经济综合体。开发区，包括国家级新区、经济技术开发区、高新技术产业开发区、特色工业园区等，是工业发展的重要载体，是工业经济的主战场，是改革发展和开放创新的重要窗口。

党的十八大以来，贵州省人民政府根据全国范围内试验区经验积极推行试点工作。2015 年 4 月，贵州省人民政府办公厅印发《贵州现代高效农业示范园区建设 2015 年工作方案》，推进贵州现代高效农业示范园区建设，该方案立足贵州实际，以推进农业结构调整、转型升级和提质增效为目标，对"十三五"时期农业园区建设工作做出谋划。该方案指出要坚持推进农业园区开放式发展、整合资源协同推进、效益优先与产业联动发展，目标是建设生产基地、培育经营主体、建设市场品牌、管理质量安全，建成配套设施完善、主导产业突出、生产功能完备、产业体系健全、综合效益明显、示范效应显著的引领型示范农业园，带动全省农业园区发展。该方案提出的重点任务是要加强基础设施建设、科技创新和技术推广、公共服务体系建设、农业园区经营主体培育、招商引资与对外交流合作、市场品牌建设等，辅以组织推动、政策扶持、目标绩效管理、宣传推介。2016 年 4 月 21 日，贵州省人民政府发布《关于印发贵州省推广中国（上海）自由贸易试验区可复制改革试点经验工作方案的通知》（黔府发〔2016〕8 号），对体制机制创新和政府职能转变的相关任务作出了总结。

为了更好地激发园区活力、服务制造业发展，国家出台了一系列措施深化园区改革创新。2017 年 2 月，国务院办公厅发布《关于促进开发区改革和创新发展的若干意见》（国办发〔2017〕7 号），要求加强开发区的统筹规划，增强体制机制创新，完善相关的管理制度和政策体系，进一步增强其功能优势，充分发挥开发区引领新型工业化发展、示范高水平营商环境和集聚"大众创业、万众创新"的作用，成为开放型经济的先行区、体制创新的先驱者，从而推进供给侧结构性改革，培育发展经济增长新动力。该意见指出，开发区的创新发展需要：对开发区形态和布局持续优化，对其功能定位和发展方向要有科学把握，推动区域开发区之间协调发展；推进开发区转型升级、创新驱动发展、优化产业结构、开放和绿色发展，提升基础设施水平；深化体制改革，完善开发区的管理体制，促进整合优化发展，提高行政管理的效能，加强投资促进工作，增强建设和运营模式的创新；完善开发区的土地利用机制和政策，将土地利用纳入统一供应管理之下；开发区管理制度进一步完善，规划指导进一步加强，设立、扩区和升级有序推进，审批程序、公告制度进一步完善，环境、资源、安全监管等得到进一步强化，评价考核制度和动态管理机制得到进一步补充完善。

2017 年 11 月，国务院办公厅发布《关于创建"中国制造 2025"国家级示范区的通知》（国办发〔2017〕90 号），指出借助区域产业优势和国家重大战略，确定当地制造业发展方向，营造"四链"（产业链、创新链、人才链和政策链）衔接贯通的优良生态环境，为建设先进制造业体系提供参考。该通知明确了紧紧围绕"互联网＋"新模式，围绕"大众创业、万众创新"的新局面，对传统产业实施改造和提升，充分发挥平台型大企业的积极作用，积极培育"专精特新"型中小企业，将新型制造企业做大做强，核心竞争力优势突出，最终形成大中小企业融通发展的良好格局，同时协同创新高地极具影响力，先进制造业集群发展优势凸显，产业发展迈向全球价值链中高端的新台阶。该通知再次强调创新活力的重要性，构建以市场为导向、以企业为主体的技术创新体系，实现产学研深度融合，支持共性技术、通用技术，尤其是核心技术发展，攻破发展瓶颈，积极建立产业和金融业合作体系，加强信息沟通交流，创新金融业支持产业发展方式，提升金融业效率和能力。该通知还提出了深化对外开放合作和体制机制创新的要求，旨在通过吸引外资来引导企业提高技术和管理水平，形成中国制造的国际竞争优势，并通过国家政策扶持来复制推广。该通知指出，示范区建设要考虑各地区自身制造业的基础和特色，结合开发区布局形成各具特色的先进制造业体系。

这四项重要园区政策的出台，有利于包括贵州在内的各地开发区转型升级。贵州"工业强省"战略和"工业大突破战略"对地方园区建设做出了重要部署。党的十八大以来，贵州省政府对开发区发展事宜再次做出指导。2021年3月24日，贵州省人民政府办公厅发布《关于推进开发区高质量发展的指导意见》（黔府办发〔2021〕6号），提出开发区建设需要加强工业顶层设计，对开发区有明确定位，做好规划工作，对园区土地要进行集约管理，促进开发区产业集聚和集群发展，充分引领贵州"工业大突破"发展，充当开放型经济发展的先行区，作为"放管服"改革的示范。该意见指出贵州开发区高质量发展的具体数字目标："十四五"时期，开发区工业总产值和工业增加值翻一番，工业投资和工企数量实现倍增，到 2025 年，开发区规模以上工业总产值和工业增加值要占到全省工业比重的九成左右，千亿、五百亿级开发区分别达到 5 个和 10 个，百亿级开发区达到 40 个。该意见还指出，开发区高质量发展需要采取一系列措施：做好科学规划工作，对开发区要有功能定位、要有明确认识，工业向开发区集中；引导符合条件的工业企业进园，促进开发区产业集聚和集群发展，规范有序推进国家级或省级开发区适当扩大，整合附近产业趋同开发区，支持建立高新技术产业开发区或省级经济开发区，鼓励符合条件的省级开发区申报国家级开发区；注重开发区的基础设施建设工作，可适度超前建设，加快新一代信息技术所需网络基础设施建设，包括宽带、基站等，推进 5G 建设和应用，融合 5G 和工业互联网，打造"5G+工业互联网"应用模式，加强公共设施配套服务建设。该意见指出促进开发区产业集聚和集群发展，要依照各区域资源禀赋、环境特色、地区位置和产业特点等，着力打造自身首位产业，同时积极培育多个潜力产业和市场主体，从而促进开发区集群发展、集聚发展、特色发展、专业发展；该意见也指出培育产业链、强化招商引资、提高土地利用效率，以及理顺体制机制等具体措施。园区建设作为工业强省战略实施的重要载体，对"十二五"和"十三五"时期工业经济发展贡献了巨大力量，该意见为"十四五"时期园区高质量发展、奋力实现"工业大突破"提供了指导。此外，贵州省人民政府积极反馈地方园区建设相关意见，对园区发展提供了支持。2021 年 7 月，贵州省人民政府发布《省人民政府关于同意设立苏贵产业园区的批复》（黔府函〔2021〕89 号），同意在贵安新区设立苏贵产业园区，作为贵州特色工业园区，要求苏贵产业园坚持深入贯彻新发展理念，守好发展和生态两条底线，科学规划，提高运营管理水平，促进产业集聚集群发展，推动园区高质量发展，把苏贵产业园区全力打造成为贵州与东部地区区域合作示范新样板；有关部门也要进一步加强指导、服务和考核，共同支持苏贵产业园区快速发展。

四、要素保障政策

针对贵州部分工业企业生产经营遇到较大困难的问题，为了发展壮大实体经济，2014 年 5 月，贵州省人民政府发布《省人民政府关于支持工业企业加快发展若干政策措施的通知》（黔府发〔2014〕16 号），该通知制定了支持工业企业加快发展的若干政策措施。政策措施包括缓解工业企业融资压力、减轻工业企业税费负担、保障工业企业用地供给、完善工业企业配套设施、鼓励工业企业扩大生产、帮助工业企业开拓市场、支持工业企业改革改制、引导工业企业技术升级、强化工业企业服务管理。

2015 年，贵州省人民政府发布《进一步支持工业企业加快发展若干政策措施》（黔府发〔2015〕12 号），进一步细化了工业企业的政策保障，包括完善企业融资相关方案、严格实施煤炭资源税等税费改革、支持科学技术研发、支持市场拓展、减轻电费负担、简化并完善企业注册登记程序、加大企业用工支持力度等方面。"十三五"时期，贵州省政府针对具体行业要素保障问题作出进一步指示。2018 年 4 月 16 日，贵州省人民政府发布《关于进一步落实能源工业运行新机制加强煤电要素保障促进经济健康运行的意见》（黔府发〔2018〕9 号），旨在认真落实高质量发展要求，围绕能源工业供给侧结构性改革，着力推动质量变革、效率变革、动力变革，推动能源高质量发展。该意见要求对贵州能源工业运行新机制做出进一步优化和完善，打造能源量足价优的经济发展新优势，保障煤电等要素促进经济健康发展。该意见指出，工作目标是要确保电和煤等要素供需基本平衡，拥有充足的储备和有力的保障，同时加速要素产业转型升级；工作重点集中在生产秩序、退出时序、储备和交易机制、证照和监管等，在保证正常生产秩序情况下，合理安排要素退出的时间和次序，加快相关证照办理，电煤要素合同、储备和交易机制继续完善，强化安全监管，加大政府和相关企业考核力度，同时该意见指出须辅以奖补、投资和贷款、"矿权"二次抵押等机制保障措施，促进能源工业经济健康发展；主要内容包含"六项措施""四个目标"和"一个优势"。其中，"六项措施"包括：第一，强化煤炭生产组织，保证煤矿正常生产秩序；第二，健全完善电煤储备机制，建立电煤保供奖励机制；第三，构建稳定的"煤-电-网-用"产业关系，降低企业和实体经济成本；第四，精准强化煤电调度；第五，加大地方政府、发电企业、煤炭企业考核工作力度；第六，解决企业资金困难。该意见指出要实现"四个目标"：第一，供应目标。2018年，贵州电煤供应量确保达到0.7亿吨，2019—2020年，根据需求逐年递增10%以上；建立煤炭企业与火电企业稳定的、一一对应的供需关系，促进全省煤炭行业稳定生产供应。第二，储备目标。全省统调火电企业日常存煤保持在300万吨以上，利用汛期开展季节存煤500万吨，确保应急存煤200万吨。第三，保障目标。稳定电煤和用电价格总体水平，推动能源工业上游和下游产业快速发展并形成集聚效应，努力构建南方省份电力成本"洼地"，助推经济结构调整。第四，发展目标。煤炭生产和煤矿企业安全生产形势持续稳定好转，把淘汰落后产能和转型升级任务同步推进、如期完成，按时保质完成国家下达的节能减排任务。通过进一步落实能源工业运行新机制加强煤电要素保障，努力打造"一个优势"：加快培育释放煤炭先进产能，推动煤炭、电力协同发展，构建"煤-电-网-用"产业链利益紧密联结机制，打造能源总量充足和能源价格具备竞争力的经济发展新优势。2021 年 3 月 24 日，贵州省人民政府办公厅发布《关于推进开发区高质量发展的指导意见》（黔府办发〔2021〕6 号），再次明确"十四五"期间要强化要素保障，优化资源配置，加强开发区水、电、热、气等保障，降低企业成本。

五、两化融合政策

近年来，物联网、大数据、云计算、AI 等技术迅速发展，为实体经济发展和制造业升级提供了重要机遇，两化融合便是信息化和工业化高层次的深度融合。2016 年 5 月，国务院发布《关于深化制造业与互联网融合发展的指导意见》（国发〔2016〕28 号），围绕制造业企业活力、潜力和动力主线，以制造业和互联网融合大众创业、万众创新平台为抓手，紧紧围绕融合的关键环节，促进信息技术产业支撑发展，保障信息安全，打牢融合发展的基础，营造培育发展新模式和新业态，充分利用和释放"互联网＋"的力量，融合互联网信息技术改造传统动能和培育新动能，推进中国制造质量和效率提升，实现转型升级，向制造强国迈进。该意见明确了两化融合的七项主要任务，包括制造业和互联网融合打造大众创业、万众创新平台、服务体系和新模式，鼓励两者跨界融合，加强基础支撑等，还包含对信息系统安全能力的重视和融合后系统地解决问题的能力。该意见还提出相应的政策和保障措施，包括对体制机制的完善、国企改革的推进、财政和金融支持措施以及重视培养人才等。2016 年 12 月，国务院印发《"十三五"国家信息化规划》（国发〔2016〕73 号），对"十三五"时期现代信息技术应用和产业生态体系构建的重要任务和发展目标作出了重要指示。该规划指出，"十三五"时期的重要任务是在基础技术、通用技术和非对称技术领域有重点突破，在前沿技术和颠覆性技术领域提前布局，增强人工智能、区块链等技术的基础研发，提前布局营造新一代信息技术应用的先发主导优势，构筑新兴智能终端产业体系，营造良好政策环境。该规划还指出"十三五"时期发展信息化目标，包括信息化发展水平实现大幅跃升，信息化能力得到显著增强，在国际占据一席之地，信息产业生态体系构建基本完成，既具国际竞争力，又安全可控；信息技术深度融入经济社会发展过程，充分释放数字红利，明显缩减数字鸿沟；信息化助力经济社会均衡发展和包容性增长，促进可持续发展，为国家治理体系和治理能力现代化提供坚实支撑。

2017年11月，国务院发布《关于深化"互联网+先进制造业"发展工业互联网的指导意见》，针对互联网和先进制造业深度融合做出了指导意见。该意见要求紧紧围绕互联网和实体经济深度融合，尤其集中关注智能和绿色先进制造业的发展，构筑建立网络、平台、安全功能体系，加强工业互联网发挥产业供给的能力，不断提高工业互联网的发展水平，"互联网+"模式持续深入推进，形成互联网和实体经济两者相互促进、共同提升的良好局面，助推现代化经济体系建设。该意见指出"十四五"时期乃至以后的发展目标：到2025年，工业互联网网络基础设施基本建成，工业互联网标识解析体系得到完善、优化并加以规模化推广，基础设施和产业体系基本建成，在国际上具有一定竞争力；到2035年，该基础设施和平台要达到世界领先水平，工业互联网应用更加深入，优势行业创新引领能力基本形成，工业互联网重点领域达到国际领先地位；到21世纪中叶，工业互联网全面处于国际先进水平，创新发展能力强，技术产业体系完善，融合应用深入，综合实力位居世界前列。

在国家政策引导下，贵州也加快推进地区两化融合，国家大数据（贵州）综合试验区提供了很好的机会。在政策帮助下，贵州统筹推进试验区和大数据战略，制造业发展更加数字化、网络化、智能化，以此推动经济高质量发展。2017年8月，贵州省人民政府印发《贵州省深化制造业与互联网融合发展实施意见》（黔府发〔2017〕23号），旨在加快贵州制造业经济发展转型升级、提质增效。该意见提出贵州制造业和互联网融合发展的主要目标：到2018年底，制造业经济更加数字化、网络化和智能化，发展取得明显成效；制造业新模式和新业态逐渐形成并能起到示范引领作用；向贵州"智造"转型发展；初步形成制造业"双创"服务体系，基本建立互联网支撑基础，不断增强装备智能化水平，稳固制造业与互联网融合发展的基础，推广应用制造业产业新型生产模式。到2020年，数字化、网络化、智能化水平进一步提高并迈上新台阶。到2025年，新一代信息技术与制造业深度融合，基本形成制造业与互联网融合"双创"体系，融合发展产生的新技术、新产品、新模式、新业态有力支撑经济发展新动能，智能制造规模和水平得到大幅度提升，大幅增强制造业综合竞争力。其中重点工作在于提高制造业互联网"双创"能力、完善融合发展支撑服务体系、构建融合发展样板、实现跨界融合、优化"两化"融合管理体系、提高工业控制系统信息安全水平。

2018年8月13日，贵州省人民政府印发《贵州省推动大数据与工业深度融合发展工业互联网实施方案的通知》（黔府发〔2018〕24号），对新型网络基础设施建设和两化融合提出要求。新型网络基础设施实现人、机、物全面互联，有力支撑贵州工业经济发展提质增效和转换发展动力。该通知要求构建网络基础设施的同时，加速新一代信息技术与实体经济深度融合，重视融合应用的广度、深度和精度。该通知提出：到2020年，贵州工业互联网体系初步构建完成，优强企业率先实现数字化、网络化、智能化改造升级，持续提升工业互联网发展水平；到2022年，工业互联网体系基本形成并得以完善，工业互联网平台处于国内领先位置，工业互联网产业链较为完整，出现一批示范引领改造升级的企业标杆，贵州工业互联网发展水平迈入新台阶，部分领域创新引领发展。该通知将目标分解为三阶段：当年夯实基础；2019—2020 年，进行比较优势领域产业的补链、延链、强链的招商工作，按照类别、级别和阶段，持续推进企业数字化、万企登云用云；2021—2022 年，融合水平整体跃升，支持企业"走出去"，形成面向区域、辐射全国的工业互联网产业供给能力，鼓励推动规模以上工企数字化和登云用云，推进工业互联网发展水平由点到面、从局部到整体的跃升。其中重点工程在于夯实网络基础设施，培育打造平台，支持企业登云用云，引进培育产业，先行先试创新，形成融合应用示范标杆，推进安全体系保障工程，辅以统筹协调、财税金融支持、人才队伍、示范宣传等保障。

六、军民融合发展政策

军民融合正由初步融合向深度融合过渡，处于跨越发展的关键期，国家也高度重视军民融合发展。2017 年 12 月，国务院办公厅发布《关于推动国防科技工业军民融合深度发展的意见》（国办发〔2017〕91 号），提出促进军民融合发展的几点要求和措施。该意见强调以国家科技和工业基础为依靠，坚持自主创新，提高核心基础产品和国防关键技术的自主可控能力，健全完善国防科技的协同创新机制，推进武器装备面向体系化、信息化、自主化、实战化发展；坚持深化国防科技工业体制改革，针对反映强烈的问题和矛盾，破除壁垒和门槛障碍，扫清制度上的藩篱，建立公平竞争的良好局面；坚持优化体系，调整军工科研生产结构，以开放促发展；坚持融合共享，加速技术、人才、信息等资源要素的互动，实现要素的自由流动，共享资源要素，互相支撑军民产业发展，促进军工产业科技创新技术有效转化为成果，助推军民深度融合发展，建设中国特色先进国防科技工业体系。

　　贵州国防科技工业起步于三线建设时期，目前已经形成以航空、航天、电子三大军工基地为主要力量的国防科研生产体系，正处于初步融合迈向深度融合的过渡阶段。针对新时期的新挑战，2016 年 11月，贵州省经济和信息化委员会发布《贵州省军民融合产业发展"十三五"规划》，明确提出以下四个发展目标：一是快速扩大产业规模。"十三五"时期，军民融合产业增速年均超过 18%；到 2020 年，力争产值规模 50 亿元以上的领军企业达到 3 家，力争拥有 5 家 20 亿元以上骨干企业、10 亿元以上重点企业达到 10 家，形成遍地开花的"军转民""民参军"格局；力争国防科技工业规模达到全国前十位，向军工强省迈进。二是进一步提高产业集聚度。继续优化重点产业布局，围绕主机产品配套需求，建立产品协作配套平台 3 个以上，整合区域内聚集区军民融合优势资源，如贵阳、遵义、安顺和贵安新区等，基本建成"贵遵安"示范带，示范带内军民融合企业的工业总产值所占比重达到贵州的 90%以上。三是产业结构优化。军工产品整机生产能力有所提高，配套能力和规模有所提升和扩大，成为全国重要军品研发生产基地；"军转民""民参军"发展迅速，两者工业总产值加总占比超过 50%，军工企业民品营业收入占比达到五成以上；拥有超过200 家"民参军"企业。四是创新能力有明显提高。重点骨干企业研发经费投入比重超过 6%，规模以上军民融合企业研发投入比重超过2.5%；"十三五"时期，新认定国家级的工程技术研究中心、重点实验室有 5 个以上，省级超过 20 个；专业申投数量和专利授权数量年均增长 15%左右，科技创新能力有显著提升。该规划指出，贵州发展重点在于：将四大军工主业航空、航天、电子信息和航空发动机做精做强，努力争取其他军工产业落户本地；大力发展"军转民"；积极培育"民参军"。该规划还提出，军民融合发展的主要任务是聚焦集中于打造军民融合发展的创新示范区和融合示范带，加大力度培育骨干企业，发展壮大军工重点企业、"军转民"企业和"民参军"企业；培育品种丰、品质优、品牌好的优势产品；实施重点项目培育工程，突破核心技术提高创新能力，强化大数据引领，实施大数据重点工程；引进高端人才，支持相关专业人才培训；同时辅以组织领导、沟通合作、融资服务、招商引资、跟踪落实等保障措施。

七、民营经济发展政策

民营经济是社会主义市场经济的重要组成部分，具有稳定增长、促进创新、扩大就业和普惠民生的重要作用。党的十八大以来，贵州省人民政府扶持民营经济中微型企业发展。2013年，贵州省人民政府办公厅发布《关于进一步做好扶持微型企业发展工作的通知》（黔府办发〔2013〕4号）。该通知指出的具体措施包括缩减审批环节和办理时限、尽快兑现财政补助资金和税收奖励政策、切实解决微型企业融资难问题、整合资源扶持微型企业发展、推动微型企业集中集聚发展、营造全民创业氛围。为鼓励创业创新，2015年，国务院颁布《大力推进大众创业万众创新若干政策措施》（国发〔2015〕32号）。该措施要求积极培育创新创业的良好氛围，大力推进双创行为，用创业带动就业水平提高，用创新促进经济社会发展，聚集千千万万创业者力量，将其凝聚成社会经济发展的巨大动能。

一直以来，贵州都很重视培育地方民营经济发展，既支持大型民营企业顶天立地，也支持中小微企业铺天盖地，民营经济现已成为经济社会发展的重要力量和重要源泉。2016年6月，贵州省委省政府发布《关于进一步促进民营经济加快发展的若干意见》（黔党发〔2016〕16号）。该意见指出了贵州省民营经济的具体数字目标和发展措施：

到 2020 年，民营经济增加值翻一番，占 GDP 比重超过 60%，民间投资也翻一番，占固定资产投资的比重超过 50%，民营经济的规模、占比和发展质量得到进一步提高；金融支持和财税支持力度继续加强，从而进一步降低企业成本，切实为"十三五"时期贵州民营经济健康发展提供有力支撑。

2016 年 8 月，贵州省人民政府办公厅印发《贵州省实施"千企改造"工程促进工业全面转型升级方案》（黔府办发〔2016〕28 号），指出持续推进技术改造和加大研发投入，提高工业智能化和信息化水平，促进绿色发展，提升发展的质量和效益。该方案提出当年和"十三五"时期的发展目标：到 2016 年底，制定好规模以上的工业企业转型升级方案；"十三五"时期，培育发展科技型和高成长型中小微企业，对企业实行升级改造任务，每年 600 户中小微企业进入规模以上企业行列，超过 1000 户企业完成升级改造任务，其中重点任务是加速企业提升质量和效益，实施绿色改造升级，推动产品创新，进行信息化改造和服务化转变，从而加快推进"大数据服务企业转型升级"专项行动。2016 年 9 月，贵州省人民政府办公厅印发《关于促进民间投资健康发展若干政策措施》（黔府办发〔2016〕31 号），该措施提出了大力推进简政放权，继续放宽市场准入条件，降低企业成本，有序引导民间投资，扩展融资渠道，营造良好市场环境等 52 条措施。2017 年 1 月，贵州省《政府工作报告》中提出大力实施"千企引进"工程，引进 20 家以上世界或国内 500 强企业，建设 1000 多家技术含量好、有潜力的企业。2017 年 6 月，贵州省经济和信息化委员会发布《贵州省支持"千企改造"工程龙头企业和高成长性企业加快发展的有关措施》，围绕龙头企业和高成长性企业，大力实施财政直接奖补，为多渠道融资提供相应支持措施，促进企业技术进步，加强要素保障，形成企业发展的良好环境。

2019 年 10 月 30 日，贵州省市场监督管理局印发《关于支持民营企业发展的若干意见》（黔市监微〔2019〕1 号）。该意见提出支持民营企业发展的几点意见，包括放宽民营企业市场准入的限制，努力减轻民营企业负担，保护合法权益，营造良好宽松的环境，推动民营企业转型升级，促进高质量发展等。贵州省人民政府办公厅印发《贵州省支持民营企业加快改革发展与转型升级政策措施》（黔府办发〔2021〕13 号），针对激发民营企业活力问题提出了几点措施：降低民营企业生产经营成本负担，包括大力推进减税降费、减少用电成本和物流成本等；加强科技创新支撑作用，包括支持鼓励民营企业深入实施科技创新项目，组建研发机构，以及出台各项措施促进创新发展、加强知识产权公共服务和应用，加速企业向数字化转型发展；完善并强化要素保障措施，支持人才培养和培训，打破市场分割，杜绝地方保护主义，使要素能在区域间自由流动；着力解决融资难、融资贵的问题，进一步给予民营企业信贷支持，扩展直接融资渠道；引导聚焦核心技术，支持鼓励民营企业平等地参与项目投资，扩大转型升级，提升应急物资供给保障能力；巩固提高产业链发展水平，对重点民营企业实施帮扶，依托相关园区政策促进产业集聚集群发展，鼓励支持制造业相关企业承接产业转移，增强上游和下游产业协同协作能力；放宽市场准入限制，深入挖掘市场潜力，同时以高质量供给创造出新的市场需求；鼓励引导改革创新，优化产权结构，积极引导混合所有制改革；做好政策统筹工作；等等。2020 年 6 月，中共贵州省委办公厅、贵州省人民政府办公厅发布《关于营造更好发展环境支持民营企业改革发展的实施意见》。该意见提出支持民营企业发展的几点要求，包括营造宽松的市场环境，形成良好的政策环境和法治环境，积极推进民营企业创新发展和转型升级，强化相关部门的服务保障工作，优化工作机制，针对改革过程中的突出问题要着重解决，激发民营企业发展活力，促进民营经济健康发展，助推经济社会高质量发展。

综上所述，自党的十八大乃至贵州实施工业强省战略以来，国家和贵州出台了一系列促进工业转型升级和经济健康平稳发展的重要政策，为贵州经济发展提供了重要制度保障。

第三节　工业发展政策实施效果

党的十八大以来，贵州工业经济发展突飞猛进，在诸多方面都取得了长足进步，工业结构日益合理，发展新动能逐渐形成，极大地促进了贵州经济发展。

在习近平新时代中国特色社会主义思想指引下，贵州大力实施"工业强省"战略和"十三五"规划重点工程，工业经济整体呈现出"稳中有进、转型加快、质量提升、效益显著"的良好态势，具体体现在工业增加值、能耗以及民营经济发展上。

首先是贵州经济"量"的提升。根据《贵州统计年鉴》公布的数据，2017年，贵州规模以上工业增加值完成4104.8亿元，比2016年增长9.5%，增速位居全国前列；工业投资完成3450亿元，较2016年增长5.2%；2018年和2019年规模以上工业增加值较上年分别增长9.0%和9.5%，工业投资增长分别为13.1%和32.6%。"十三五"时期，贵州工业经济依然保持稳健增长态势，位居全国前列，支持工业进一步发展的多项举措取得显著成就。

其次是贵州工业经济发展"质"稳步提升。贵州工业转型升级加快，能源利用效率和绿色发展取得显著成效，能耗水平有所降低，绿色经济发展迅速。2017年，贵州规模以上万元工业增加值能耗降低到

1.27 吨标准煤。"十三五"时期，利用清洁能源比例达 52.9%，单位 GDP 能耗降低 24.3%，绿色经济比重达到 42%，绿色发展成效显著。

最后是贵州民营经济呈现良好发展态势，民营企业发展活力进一步释放。2017 年，民营经济增加值完成 7200 亿元，占 GDP 比重达到 53.2%；2018 年，民营经济获得进一步发展，增加值同比增长 10.9%，比重达到 GDP 的 55%。与此同时，"千企改造"和"千企引进"工程效果显著，引进多户企业和项目落地，带动投资千亿元以上。总体来说，党的十八大尤其是"十三五"以来，贵州工业发展稳中有进、质量提升、效益显著，很好地完成了多项政策目标。

一、产业政策成效显著，工业结构持续优化

经过多年实施的"工业强省"战略，近年来贵州工业增速一直保持在高于西部地区和全国平均的水平，持续位居全国前列，在工业企业数量、总产值、主营业务收入方面表现良好。2017 年，贵州规模以上工业企业单位数量达 5311 个，实现工业总产值达 11048.29 亿元，工业企业主营业务收入达到 11085.7 亿元。2018 年和 2019 年，规模以上工业企业单位数量分别为 5311 个和 4686 个，在规模有些许缩小的情况下，产值基本保持稳定，规模以上工业总产值分别达 10234.05 亿元和 10445.19 亿元，工业企业主营业务收入接近 10000 亿元。在工业经济整体良好态势下，贵州产业政策取得了如下成就：

首先，工业结构持续优化。第一，轻重工业结构发生调整，2017～2019 年轻工业占比持续提高。第二，贵州十大优势工业产业发展迅速。2018 年，贵州八大产业突破千亿元，次年健康医药和大数据电子信息产业产值也均超过千亿元，由此形成贵州十大千亿级工业产业，振兴行动顺利完成。具体来说，电子、医药等新兴产业发展迅猛。2017

年，新兴产业对规模以上工业增长的贡献率达 16.2%，其中新一代信息技术迅速应用到经济发展之中，大数据电子信息制造业年均增长达到 50.8%。2019 年，贵州通信和电子设备制造业继续蓬勃发展，较 2018 年增长 12.9%，其中电子元件和电子专用设备制造增长接近 50%，计算机整机制造增长 26.3%。整个"十三五"时期，贵州软件业务收入年均增长达到 19.3%，电子信息制造业产值年均增长接近 20%，电信业务收入也有明显增加，年均增长 6.8%，此三项增速居于国内前列。第三，其他贵州特色产业也获得长足发展。2017 年，医药制造业和石材产业均增长 20% 及以上，白酒和特色食品分别增长达 12% 和 14%；围绕延伸产业链、拓宽产业幅和增加附加值，推进原材料产业改造转型升级，化工产业增长 4% 左右，有色和建材产业增长分别达到 13% 和 10%，冶金、水钢产业整体实现扭亏为盈。

其次，新增多户示范企业。2017 年，华芯通服务器芯片项目、富士康第四代绿色产业园二期等一批重大项目建成投产，19 个医药品种新增进入国家医保目录。2018 年，贵州安排重大工程和重点项目 2903 个，总投资超 4 万亿元，其中第三产业项目超 2400 个，总投资超过 3 万亿元。全国第二批制造业单项冠军示范企业贵州钢绳集团榜上有名，第六批制造业单项冠军名单中又添加了贵州瓮福蓝天氟化工股份有限公司和瓮福（集团）有限责任公司，贵州茅台酒股份公司、中航力源液压股份有限公司获评全国工业品牌培育示范企业。2019 年，贵州省工业和信息化工作会议指出，2018 年贵州新增 10 户品牌培育示范企业和 10 户工业设计中心，煌缔车辆中标国家工业强基工程一揽子行动计划，航天林泉列入国家伺服电机示范企业、群建精密列入高精密减速器"一条龙"应用计划示范项目，兴达兴建材入选第二批全国服务型制造示范名单。

最后，"三品工程"取得了积极的成效。通过实施工业企业"行业领跑者行动"，支持50户企业成为国际"行业领跑者"，推动贵州工业品种丰富、品质优秀、品牌强大。贵州习酒、国台等成为全国知名品牌，老干妈、竹香米业等龙头企业后劲持续增强。新材料和新技术短板项目取得成效，"三相一步法锰矿提锰制锰先进环保工艺"顺利产业化。贵州各市（州、地）充分发挥自身优势，其中安顺市、铜仁市充分利用资源和平台，推动石材、天然饮用水产业实现大跨步发展；六盘水市继续推行六盘水高新区高端装备制造产业园110kV变电站工程、贵州鑫科电力器材有限公司的热镀锌升级改造项目（准备制造）、贵州石鑫玄武岩科技有限公司的玄武岩全产业链基地、贵州九衡铝业有限公司的铝加工项目、贵州安润吉材料科技有限公司的铝漆包线生产、贵州莹月帆铝制品有限公司的铝制品生产、贵州铭恒新材料有限公司的技术研发、贵州鑫泰源智能电饭煲项目等，通过加快上游和下游产业有效衔接，从而优化产业结构。

二、园区格局日趋合理，新经济新动能初具雏形

产业园区发展是贵州"工业强省"战略的重要载体。党的十八大以来，贵州持续推动园区产业升级，推进协同创新，注重分类发展，形成了结构合理、产业体系健全、环境友好型园区发展新格局，不断推进重点企业和重点项目入园。

首先，园区规模扩大，产值增加。2017年，贵州工业园区总产值达到9703亿元，较2010年增长了5.06倍，占工业总产值的比重达76.1%，较2010年提升了47.2%，其中拥有规模以上企业近4000户，较2010年增长3.37倍，占比提高到70.2%，增加值占比提高到76%；百亿级工业园区较2010年增加了28家。2018年贵州园区发展进一步提升，规模以上工业企业数占贵州的比重达72%，工业总产值

占全省比重达 75% 左右，百亿园区达到 31 个，园区带动就业 10.5 万人；省级调度工业园区缩减 9 个，加快重点企业和项目入园，园区发展提质升级，规范健康发展受到重视。贵州"一区两翼多组团"的工业发展布局落地生根，园区发展加速推进产业集聚，极大带动了工业经济发展。贵州依托产业园区重要载体，努力增强新型工业化、信息化、城镇化、农业现代化同步发展的动力。截至 2020 年上半年，贵州 95 个工业园区完成全省工业总产值的比重达 80%，承载十大优势工业产业发展的作用愈发凸显。

其次，示范园区建设成果斐然。2017 年，贵州创建 9 个国家级新型工业化产业示范基地和 40 个省级示范基地；2018 年 13 个国家级新型工业化产业示范基地获批。其中，小孟工业园是贵州园区建设的典型，连续多年在贵州考评中位列第一名，多次获得长江经济带、国家等级的示范园区荣誉称号。2017 年，小孟工业园第二产业和第三产业规模经济总量超过千亿元，是全省首个突破千亿级的园区。2018 年，规模以上企业完成工业增加值超过 200 亿元，占贵阳市的比重达 34%，较 2012 年增长 2 倍多，年均达到 20.18% 的增长速度。2019 年，小孟工业园区实现大数据电子信息、先进装备制造业和健康医药总产值占贵阳经济技术开发区（以下简称经开区）的比重达到 54.5%。当地积极推进小孟工业园区融入"一带一路"建设，加强与长江经济带等的区域合作，加快园区建设，推进转型升级，继续发挥小孟工业园区经济的重要引擎作用。同时，经开区在小孟工业园大力推进智能制造、大数据产业园等重大项目建设，推动高端装备制造业集聚集群发展。截至 2020 年，小孟工业园拥有 75 家规模以上工业企业，其中 1 家年产值超过 100 亿元，8 家超过 10 亿元，20 家超过 1 亿元。

三、创新要素不断汇聚，改革创新成效显著

在过去几年，贵州坚持在改革引领下，以开放带动增长，以创新驱动发展，深入推进供给侧结构性改革，不断增强企业创新能力，创新平台建设取得显著成效。

首先，贵州多家企业进入示范名单。2017 年中华人民共和国工业和信息化部（以下简称工信部）公布 127 家国家技术创新示范企业，贵州航天电器公司进入名单。到 2017 年，贵州已经创建的国家级企业技术中心有 17 家，技术创新示范企业有 7 家，工程技术研究中心和重点实验室均有 5 家，省级以上企业技术中心达到 202 家。2018 年，贵州詹阳动力重工有限公司、瓮福（集团）有限责任公司、贵州梅岭电源有限公司入选 2018 年国家技术创新示范企业拟认定企业名单，贵州全省新增省级企业技术中心 11 户，技术创新示范企业 5 户，制造业创新中心试点 3 户。

其次，汇聚创新要素，创新驱动经济成效显著。贵州积极推动首个国家级大数据综合试验区落户，培育发展新经济、新动能；大力推进国家级"双创"示范基地建设，贵州有三个入围示范基地，分别为位于贵阳市和安顺市结合部的贵安新区、贵阳国家高新技术产业开发区和遵义市汇川区，引领带动全省"双创"升级。2017 年，贵州高技术产业实现工业增加值达 348.86 亿元，技术创新带动经济增长效果显著。截至 2018 年，贵州拥有国家级高新区 2 家，分别位于贵阳市和安顺市；建成 3 家国家级农业科技园区，分别位于安顺市、黔南州和黔东南州；拥有 10 家国家级农业科技园区，实现市州全覆盖；拥有 2 家国家工程技术研究中心，5 家国家级重点实验室和工程技术研究中心。2019 年，贵州高新技术企业数量增长 40%，集中分布于电子信息、高

新技术服务和先进制造与自动化等领域。贵州积极抢抓全国首批电力体制改革综合试点省份的机遇，成功入选试点省份，率先开展电力市场化交易工作，截至 2019 年底，累计实现约 2010 亿千瓦时的交易电量，切实降低用户用电成本达 187 亿元左右。创新要素的汇聚明显带动了经济增长，企业创新能力得到明显提升。

四、绿色发展水平提高，可持续发展能力显著增强

在加快工业经济发展的过程中，始终坚持绿色发展理念，坚持节约资源和保护环境，构建资源节约型和环境友好型工业经济体系，从而使能耗强度实现大幅度降低，绿色发展水平不断提高，促进可持续发展能力明显增强。

首先，贵州能源利用效率显著提升，绿色经济比重稳步提高。"十三五"时期，单位 GDP 能耗降低 24.3%，绿色经济比重达到 42%，利用清洁能源比例达 52.9%，绿色发展成效显著。2017 年，贵州规模以上万元工业增加值能耗降低到 1.27 吨标准煤，贵州绿色经济"四型"（生态利用型、循环高效型、低碳清洁型、环境治理型）产业增加值占 GDP 比重继续提高达到 37%，可持续发展能力也持续提高。

其次，化解过剩产能任务完成，培育发展先进产能。2016 年，贵州压减粗钢产能任务提前完成并经国家验收；化解过剩产能达 2107 万吨，其中分别化解水泥和电解铝产能达 50 万吨和 2.63 万吨。2017 年，去产能继续推进，淘汰落后产能超过 1700 万吨。同时，贵州积极推进大中型煤矿建设，推动采煤机械化和辅助系统智能化改造，培育发展煤炭先进产能。

再次，"三废"处理能力提升，行业绿色化、清洁化改造稳步推进。全面推动磷化工企业"以渣定产"，推进磷石膏无害化、资源化利

用，尤其重点推进化工、有色、建材等行业实现绿色化、清洁化改造；推行实施绿筑科建公司住宅产业化基地等一批项目，大幅提高大宗固体废弃物综合利用水平。能耗强度实现大幅度下降，"三废"处理能力得到不断提升。2017 年，工业固体废弃物综合利用率超过 50%；磷石膏、冶炼废渣等废弃物利用率超过全国平均水平。

最后，新型工业化产业示范基地、绿色试点示范园区等项目建设取得显著成效，如贵阳高新区、碧江工业园区等。绿色生产技术不断取得新突破，实现环境效益和经济效益两不误，如贵州合众锰业科技有限公司的"三相一步法锰矿提锰制锰先进环保工艺"，该技术可高效利用中低品位锰矿，具有清洁生产水平高、无工艺废水外排、废气近零排放、锰渣不含氨氮等特点，能实现可资源化利用；贵州华亿绿色纺织产业科技有限公司绿色印染项目推进正式投产，实现了污水和固物零排放，促进印染产业实现绿色、低碳、循环的全面可持续生产模式。

五、两化高层次深度融合，加速迈向贵州智造

2017 年，贵州两化融合指数达到 72.24，在全国排名升至第 19 位，工业企业数字化、网络化、智能化水平明显提高，向"贵州智造"迈进。

首先，贵州着力培育智能制造试点示范。智能制造专项行动计划围绕重点领域和部门，如高端装备制造、电子信息产业等，培育智能制造和服务型制造示范试点，争取到了 3 个二信部智能制造专项和 1 个服务型制造示范项目。同时，贵州深入开展两化深度融合专项行动，着力抓好两化融合管理体系贯标国家试点、"互联网+工业"融合创新国家试点，其中 9 户企业通过了该贯标试点评定；纳入贵州

"大数据+工业"深度融合试点示范培育有 63 户企业，富士康、浪潮等世界或国内 500 强企业落户贵州。2018 年，贵州工业企业两化融合发展水平达到 44.5，贵州"工业云"获批国家"2018 年工业互联网创新工程"首批支持项目。截至 2018 年底，贵州工业企业云平台应用比例达到全国中上水平，企业"上云"已成为大数据融合应用的重要路径。

其次，贵州着力推进支柱产业两化融合发展，促进转型升级。除烟酒工业外，原材料工业也是贵州支柱产业，如煤炭、铝加工和磷化工等，两化深度融合促进了贵州传统支柱产业的转型升级发展。贵州合众锰业科技有限公司坚持走管理信息化之路，用信息化手段来改进工业管理，信息化改造解决了管理水平弱、管理人员素质不高等问题；贵州石鑫玄武岩科技有限公司围绕信息化方向，突破传统资源初级产品附加值低的劣势，积极延伸产业链，扩展产品服务范围，有效推动两化融合发展，着力开发短切纱、纤维布、纤维复合材料等广泛应用于道路交通、航空航天、深海建造、节能环保等领域的下游产品，着力打造集研发、生产、加工、贸易为一体的玄武岩全产业链基地；贵州九衡铝业有限公司积极延链，拓展产品服务范围，建设年产 3 万吨铝合金建筑节能型材、工业型材加工及其配套和下游产业项目。

六、军民融合优势凸显，有效提高供给体制质量

作为"工业强省"战略的重要组成部分，近年来贵州加快推进军民融合发展。与国家国防科技工业局及四大军工集团签订了战略合作协议，建立军民融合产业发展基金。

首先，着力推动高端装备制造等行业的军民融合。以高端装备制

造为代表的军民融合产业发展成果丰硕，高级教练机、无人机、航空发动机、新能源汽车等主机产品亮点纷呈，在载人航天、嫦娥探月、C919 大飞机、北斗工程、载人深潜、南极科考、中国天眼等国家重大工程中完成众多研制生产配套任务，多次突破关键技术；把提高供给体系质量作为主攻方向，坚持以智能制造为着力点，以军民融合产业联盟为平台，以重大项目为载体，加快推进贵飞工业联合体、黎阳航空发动机等示范性、标志性项目建设，推动装备工业高端化、智能化发展；成功举办首届装备工业博览会、爱飞客飞行大会。

其次，军民融合产业产值稳步提升，圆满完成各项任务。2017 年，军民融合产业产值增长 18%，装备制造业增长 12%；国防工业系统忠实履行保军职责，全面完成武器装备科研生产任务，圆满完成"天舟一号"、"长征七号"、"两机"专项等重点型号和重大专项研制配套以及朱日和阅兵的保障任务；中国航天科工集团第十研究院实现高新工程预研和国防基础科研军工核心能力建设项目的历史性突破；贵飞公司山鹰高级教练机和各型号无人机批产飞机交付总量创历史最高纪录，实现了历史性扭亏为盈；黎阳公司主研新机实现"一机立项、一机长试、两机试飞"。

七、"双千工程"落到实处，民营经济已占半壁江山

贵州省政府积极采取措施支持民营企业发展，壮大民营经济，着力解决制约民营企业改革发展的突出问题和困难，充分发挥民营企业创新活力，营造良好发展环境，切实促进了民营经济的迅速发展。根据贵州省政府数据，截至 2020 年 12 月，全省市场主体达 346.76 万户，其中，民营市场主体达 337.64 万户，占全部市场主体的 97.37%。在整个经济体系中民营经济贡献了 50% 以上的税收、60% 以上的 GDP、

70%以上的技术创新、80%以上的城镇劳动就业、90%以上的新增就业和企业数量。

首先，民营经济发展稳步提升。2016年，贵州民营经济增加值占GDP比重达到52%；2017年，贵州民营经济增加值增长13.2%，占GDP比重提高到53.2%；2018年，民营经济获得进一步发展，增加值同比增长10.9%，比重达到GDP的55%；"十三五"时期，民营经济贡献了贵州经济发展的"半壁江山"，在经济体系中发挥了重要作用，推动了贵州经济高质量发展。

其次，"双千工程"建设成效显著。"十三五"时期，贵州坚持把"双千工程"作为推动产业升级、扩大有效投资的主要抓手。一是推进"千企改造"工程。在全省范围遴选开磷集团等200多户龙头企业和高成长性企业，重点培育推动传统产业的转型、改造和升级；2018年有1688户企业参与"千企改造"工程，实施项目1892个，预计完成投资1600亿元，带动技术改革或改造投资1000亿元以上；开磷集团、振华集团入选国家工业互联网试点示范名单，盘江民爆、中伟新材料获批国家智能制造支持项目。二是抓好"千企引进"工程。突出"强基补链"，做好招商引资工作，紧紧围绕电子信息、新材料等产业链短板，设立招商引资总项目库；增强亿元重大项目的调度和服务机制，推动招商引资项目早日落地，落地之后早日投产。此外，民营企业服务年活动扎实进行，"星光培育计划"、公共服务体系和"双创"示范基地建设得到了切实落实。截至2017年，贵州中小企业服务机构超过100家，公共服务平台网络发挥聚集作用效果显著，带动服务机构282家；2017年，民营经济市场主体数量达到250万户，贵州民间投资数额达5700亿元，民营工业增加值实现2490亿元，同比分别增长17%、11.2%、9.3%；黔南州、黔东南州等地区不断加大民营经济扶持力度，民营经济总量和占比实现大幅提升。

再次，增强了贵州创新能力。民营企业创新活力强，提高了贵州整体科技创新能力。贵州华亿绿色纺织产业科技有限公司实施的绿色印染项目，促进了成果转化，该项目解决了传统印染机械设备能耗高、效率低、流程长等问题，实现了一体化连续性生产，效率高、流程短，且污水及固体废物均能内部循环使用，实现了零排放，促进印染产业实现了绿色、低碳、循环的全面可持续生产模式；贵州合众锰业科技有限公司成功开发出"三相一步法锰矿提锰制锰先进环保工艺"并已在全球率先实现产业化，该工艺可高效利用中低品位锰矿、锰渣不含氨氮且可资源化利用，彻底解决了制约我国锰行业特别是电解锰行业锰渣处理难、生产成本高的难题；贵州安润吉材料科技有限公司致力于研发、生产、销售铝及铝合金产品，配套建设铝丝拉拔生产线和电线电缆生产线，并延伸深加工产业链生产高端产品铝漆包线。

最后，民营经济在扩大就业方面也发挥出重要作用，成效显著。贵州华亿绿色纺织产业科技有限公司的绿色印染工程项目解决就业200人；贵州九衡铝业有限公司项目可解决就业约200人；贵州鑫泰源开发投资有限公司（双元铝业）2018年项目带动就业730余人，2020年度带动就业633人；贵州安润吉材料科技有限公司的两期项目解决就业160余人；贵州莹月帆铝制品有限公司的两期项目提供就业岗位120人；贵州盘誉泰合机械有限公司2021年项目达产后可带动就业300人。

党的十八大以来，贵州工业发展稳中有进、质量提升、效益显著，表1-1对工业政策发展效果做了汇总。

表1-1　贵州工业政策发展效果汇总

工业政策	效果	涉及方面	具体成效
工业政策发展效果	稳中有进，转型加快，质量提升，效益显著	"量"的提高	工业经济依然保持稳健增长态势，位居全国前列。2017年，规模以上工业增加值达4104.8亿元，较上年增长9.5%；工业投资完成3450亿元，较上年增长5.2%；2018年和2019年规模以上工业增加值较上年分别增长9.0%和9.5%，工业投资增长分别为13.1%和32.6%
		"质"的提升	工业转型升级加快，能源利用效率和绿色发展取得显著成效，能耗水平有所降低，绿色经济发展迅速。2017年，贵州规模以上万元工业增加值能耗降低到1.27吨标准煤；"十三五"时期，利用清洁能源比例达52.9%，单位GDP能耗降低24.3%，绿色经济比重达到42%
		民营经济	民营经济呈现良好发展态势，民营企业发展活力进一步释放。2017年，民营经济增加值完成7200亿元，占GDP比重达到53.2%；2018年，民营经济获得进一步发展，增加值同比增长10.9%，比重达到GDP的55%；"千企改造"和"千企引进"工程效果显著，引进多户企业和项目落地，带动投资千亿元以上
产业政策	产业政策成效显著，工业结构持续优化	工业结构优化	轻重工业结构发生调整，2017—2019年轻工业占比持续提高。十大千亿级工业产业振兴，2017年新兴产业贡献率增长16.2%，大数据电子信息制造业年均增长达50.8%；2019年，贵州通信和电子设备制造业较上年增长12.9%，其中电子元件和电子专用设备制造增长接近50%，计算机整机制造增长26.3%；"十三五"时期，软件业务收入、电子信息制造业产值、电信业务收入分别年均增长19.3%、20%、6.8%，均居于国内前列；特色产业获得长足发展，2017年，医药制造业和石材产业增长均达到20%及以上，白酒、特色食品、化工产业、有色、建材分别增长12%、14%、4%、13%、10%，冶金、水钢产业扭亏为盈
		新增多户示范企业	2017年，华芯通服务器芯片项目、富士康第四代绿色产业园二期项目建成投产，19个医药品种新增进入国家医保目录；2018年，贵州安排重大工程和重点项目2903个，总投资超4万亿元，其中第三产业项目超2400个，总投资超过3万亿元；制造业单项冠军名贵州钢绳集团、贵州瓮福蓝天氟化工股份有限公司和瓮福（集团）有限责任公司榜上有名，贵州茅台酒股份公司、中航力源液压股份有限公司获评全国工业品牌培育示范企业，新增10户品牌培育示范企业和10户工业设计中心，煌缔车辆中标国家工业强基工程一揽子行动计划，航天林泉列入国家伺服电机示范企业，群建精密列入高精密减速器"一条龙"应用计划示范项目，兴达兴建材入选第二批全国服务型制造示范名单

工业政策	效果	涉及方面	具体成效
产业政策	产业政策成效显著，工业结构持续优化	"三品工程"	支持 50 户企业成为国际"行业领跑者"；习酒、国台等成为全国知名品牌，老干妈、竹香米业等龙头企业后劲持续增强；"三相一步法锰矿提锰制锰先进环保工艺"顺利产业化；安顺市、铜仁市推动石材、天然饮用水产业实现大跨步发展；六盘水市继续推行六盘水高新区高端装备制造产业园 110kV 变电站工程、贵州鑫科电力器材有限公司热镀锌升级改造项目（准备制造）、贵州石鑫玄武岩科技有限公司玄武岩全产业链基地、贵州九衡铝业有限公司铝加工项目，贵州安润吉材料科技有限公司铝漆包线生产、贵州莹月帆铝制品有限公司铝制品生产、贵州铭恒新材料有限公司技术研发、贵州鑫泰源智能电饭煲项目等，都取得显著成效
园区政策	园区格局日趋合理，新经济新动能初具雏形	规模扩大产值增加	2017 年，贵州工业园区总产值达到 9703 亿元，占工业总产值的比重达 76.1%，其中拥有规模以上企业近 4000 户，占比提高到 70.2%，增加值占比提高到 76%；百亿级工业园区较 2010 年增加了 28 家。2018 年贵州园区发展进一步提升，规模以上工业企业数占贵州的比重达 72%，工业总产值占全省比重达 75% 左右，百亿园区达到 31 个，园区带动就业 10.5 万人；省级调度工业园区缩减 9 个，园区发展提质升级。2020 年上半年，贵州 95 个工业园区完成全省工业总产值的比重达 80%
		示范园区	2017 年，贵州创建 9 个国家级新型工业化产业示范基地和 40 个省级示范基地；2018 年 13 个国家级新型工业化产业示范基地获批。其中，小孟工业园是贵州园区建设的典型。2017 年，小孟工业园第二产业和第三产业规模经济总量超过千亿元，是全省首个突破千亿级的园区；2018 年，规模以上企业完成工业增加值超过 200 亿元，占贵阳市的比重达 34%，年均增长 20.18%；2019 年，小孟工业园区实现大数据电子信息、先进装备制造业和健康医药总产值占贵阳经济技术开发区的比重达到 54.5%；到 2020 年，小孟工业园拥有 75 家规模以上工业企业，其中 1 家年产值超过 100 亿元，8 家超过 10 亿元，20 家超过 1 亿元
改革创新	创新要素不断汇聚，改革创新成效显著	示范企业	贵州航天电器公司进入国家技术创新示范企业名单；到 2017 年，贵州已经创建的国家级企业技术中心有 17 家，技术创新示范企业有 7 家，工程技术研究中心和重点实验室均有 5 家，省级以上企业技术中心达到 202 家；2018 年，贵州詹阳动力重工有限公司、瓮福（集团）有限责任公司、贵州梅岭电源有限公司入选 2018 年国家技术创新示范企业拟认定企业名单，贵州全省新增省级企业技术中心 11 户，技术创新示范企业有 5 户，制造业创新中心试点 3 户

续表

工业政策	效果	涉及方面	具体成效
改革创新	创新要素不断汇聚,改革创新成效显著	汇聚创新要素,驱动经济发展	贵州积极推动首个国家级大数据综合试验区落户;大力推进国家级"双创"示范基地建设,贵州有 3 个入围示范基地,分别为位于贵阳市和安顺市结合部的贵安新区、贵阳国家高新技术产业开发区和遵义市汇川区。2017 年,贵州高技术产业实现工业增加值达 348.86 亿元,技术创新带动经济增长效果显著。截至 2018 年,贵州拥有国家级高新区 2 家,分别位于贵阳市和安顺市;建成 3 家国家级农业科技园区,分别位于安顺市、黔南州和黔东南州;拥有 10 家国家级农业科技园区,实现市州全覆盖;拥有 2 家国家工程技术研究中心、5 家国家级重点实验室和工程技术研究中心;2019 年,贵州高新技术企业数量增长 40%,集中分布于电子信息、高新技术服务和先进制造与自动化。贵州积极抢抓全国首批电力体制改革综合试点省份的机遇,成功入选试点省份,率先开展电力市场化交易工作,截至 2019 年底,累计实现约 2010 亿千瓦时的交易电量,切实降低用户用电成本达 187 亿元左右
绿色发展	绿色发展水平提高,可持续发展能力显著增强	绿色经济	"十三五"时期,单位 GDP 能耗降低 24.3%,绿色经济比重达到 42%,利用清洁能源比例达 52.9%。2017 年,贵州规模以上万元工业增加值能耗降低到 1.27 吨标准煤,贵州绿色经济"四型"(生态利用型、循环高效型、低碳清洁型、环境治理型)产业增加值占 GDP 比重达到 37%
		化解过剩产能	2016 年,贵州压减粗钢产能任务提前完成并经国家验收;化解过剩产能达 2107 万吨,其中分别化解水泥和电解铝产能达 50 万吨和 2.63 万吨。2017 年,去产能继续推进,淘汰落后产能超过 1700 万吨。同时,贵州积极推进大中型煤矿建设,推动采煤机械化和辅助系统智能化改造,培育发展煤炭先进产能
		"三废"处理	全面推动磷化工企业"以渣定产",推进磷石膏无害化、资源化利用,尤其重点推进化工、有色、建材等行业实现绿色化、清洁化改造;推行实施绿筑科建公司住宅产业化基地等一批项目,大幅提高大宗固体废弃物综合利用水平。2017 年工业固体废弃物综合利用率超过 50%;磷石膏、冶炼废渣等废弃物利用率超过全国平均水平
		示范基地	贵阳高新区、碧江工业园区等成为绿色示范企业;绿色生产技术取得新突破,如贵州合众锰业科技有限公司"三相一步法锰矿提锰制锰先进环保工艺"、贵州华亿绿色纺织产业科技有限公司绿色印染项目正式投产

工业政策	效果	涉及方面	具体成效
两化融合	两化高层次深度融合，加速迈向贵州智造	智能制造试点示范	培育智能制造和服务型制造示范试点，争取到了3个工信部智能制造专项和1个服务型制造示范项目；9户企业通过了贯标试点（国家试点、"互联网+二业"融合创新国家试点）评定；纳入贵州"大数据+工业"深度融合试点示范培育有63户企业，富士康、浪潮等世界或国内500强企业落户贵州；2018年贵州工业企业两化融合发展水平达到44.5，贵州"工业云"获批国家"2018年工业互联网创新工程"首批支持项目；截至2018年底，贵州工业企业云平台应用比例达到全国中上水平，企业"上云"已成为大数据融合应用的重要路径
		支柱产业两化融合	两化深度融合促进了贵州传统支柱产业的转型升级发展。贵州合众锰业科技有限公司坚持走管理信息化之路，用信息化手段来改进工业管理，信息化改造解决了管理水平弱、管理人员素质不高等问题；贵州石鑫玄武岩科技有限公司围绕信息化方向，突破传统资源初级产品附加值低的劣势，积极延伸产业链，扩展产品服务范围，有效推动两化融合发展，着力开发短切纱、纤维布、纤维复合材料等广泛应用于道路交通、航空航天、深海建造、节能环保等领域的下游产品，着力打造集研发、生产、加工、贸易为一体的玄武岩全产业链基地；贵州九衡铝业有限公司积极延链，拓展产品服务范围，建设年产3万吨铝合金建筑节能型材、工业型材加工及其配套和下游产业项目
军民融合	军民融合优势凸显，有效提高供给体制质量	高端装备制造	高级教练机、无人机、航空发动机、新能源汽车等主机产品亮点纷呈，在载人航天、嫦娥探月、C919大飞机、北斗工程、载人深潜、南极科考、中国天眼等国家重大工程中完成众多研制生产配套任务，多次突破关键技术。把提高供给体系质量作为主攻方向，坚持以智能制造为着力点，以军民融合产业联盟为平台，以重大项目为载体，加快推进贵飞工业联合体、黎阳航空发动机等示范性、标志性项目建设，推动装备工业高端化、智能化发展；成功举办首届装备工业博览会、爱飞客飞行大会
		任务成果	2017年，军民融合产业产值增长18%，装备制造业增长12%；国防工业系统忠实履行保军职责，全面完成武器装备科研生产任务，圆满完成"天舟一号"、"长征七号"、"两机"专项等重点型号和重大专项研制配套以及朱日和阅兵的保障任务；中国航天科工集团第十研究院实现高新工程预研和国防基础科研军工核心能力建设项目的历史性突破；贵飞公司山鹰高级教练机和各型号无人机批产飞机交付总量创历史最高纪录，实现了历史性扭亏为盈；黎阳公司主研新机实现"一机立项、一机长试、两机试飞"

续表

工业政策	效果	涉及方面	具体成效
民营经济	"双千工程"落到实处，民营经济已占半壁江山	民营经济稳步提升	2016年，贵州民营经济增加值占GDP比重达到52%；2017年，贵州民营经济增加值增长13.2%，占GDP比重提高到53.2%；2018年，民营经济获得进一步发展，增加值同比增长10.9%，比重达到GDP的55%
		"双千工程"	一是推进"千企改造"工程。在全省范围遴选开磷集团等200多户龙头企业和高成长性企业，重点培育推动传统产业转型改造升级；2018年有1688户企业参与"千企改造"工程，实施项目1892个，预计完成投资1600亿元，带动技术改革或改造投资1000亿元以上；开磷集团、振华集团入选国家工业互联网试点示范名单，盘江民爆、中伟新材料获批国家智能制造支持项目。二是抓好"千企引进"工程。紧紧围绕电子信息、新材料等产业链短板，设立招商引资总项目库；增强亿元重大项目的调度和服务机制，推动招商引资项目早日落地，落地之后早日投产。此外，民营企业服务年活动扎实进行，"星光培育计划"、公共服务体系和"双创"示范基地建设得到切实落实。截至2017年，贵州中小企业服务机构超过100家，公共服务平台网络发挥聚集作用效果显著，带动服务机构282家；2017年，民营经济市场主体数量达到250万户，贵州民间投资数额达5700亿元，民营工业增加值实现2490亿元，同比分别增长17%、11.2%、9.3%；黔南州、黔东南州等地区不断加大民营经济扶持力度，民营经济总量和占比实现大幅提升
		创新能力	民营企业创新活力强，提高了贵州整体科技创新能力。贵州华亿绿色纺织产业科技有限公司实施的绿色印染项目，促进印染产业实现了绿色、低碳、循环的全面可持续生产模式；贵州合众锰业科技有限公司成功开发出"三相一步法锰矿提锰制锰先进环保工艺"并已在全球率先实现产业化；贵州安润吉材料科技有限公司致力于研发、生产、销售铝及铝合金产品，配套建设铝丝拉拔生产线和电线电缆生产线，并延伸深加工产业链生产高端产品铝漆包线
		扩大就业	贵州华亿绿色纺织产业科技有限公司的绿色印染工程项目解决就业200人；贵州九衡铝业有限公司项目可解决就业约200人；贵州鑫泰源开发投资有限公司（双元铝业）2018年项目带动就业730余人，2020年度带动就业633人；贵州安润吉材料科技有限公司的二期项目解决就业160余人；贵州莹月帆铝制品有限公司两期项目提供就业岗位120人；贵州盘誉泰合机械有限公司2021年项目达产后可带动就业300人

资料来源：历年《贵州统计年鉴》和相关政策文件。

第二章

"工业大突破"：理论阐释与国际经验

工业化是现代化建设的核心内容。18 世纪 60 年代，第一次工业革命在英国兴起，人类文明的农业社会格局被打破，开始形成全新的经济生态，即工业化社会。在近 300 年的时间里，以西方国家为代表，工业化已然成为迈向现代化社会的必经之路；其间，无数学者依据各国工业化实践结果归纳提炼出工业化发展的经济理论，也陆续有后发国家将理论与国情结合，开辟出各具特色的工业化建设道路。显然，贵州作为后发省份，虽然与经济发达地区存在差距，但也拥有巨大潜力。通过总结经典理论并结合国际经典案例，使贵州释放潜力，实现"工业大突破"将具有重要指导意义。因此，本章将对部分经典工业化理论和国家工业化实践过程进行介绍，从而为贵州"工业大突破"提供理论支持和案例借鉴。

第一节　工业化的理论梳理

工业的深入发展离不开理论的支持。在彻底改变人类社会经济形态后，科学界也开始总结工业化实践的经验，从而形成多项经典理论并成为先行国家工业升级和后期国家工业起步的重要支撑。现阶段，贵州进入工业升级的节点，由于更进一步的突破发展不仅需要在实践层面"干实事"，也需要在理论层面"寻支持"，因此这部分理论将成为贵州工业突破发展的重要参考。本章第一节将就其中具有代表性的三项内容：马克思和恩格斯的工业化理论、科林·克拉克与"配第-克拉克法则"、霍利斯·钱纳里的工业化阶段理论，逐一展开详细叙述，以期助力贵州推动"工业大突破"。

一、马克思和恩格斯的工业化理论

工业化是人类由农业文明转向工业文明的必由之路，也是人类社会扩大生产最重要的方式。作为马克思主义理论的重要组成部分，尽管马克思和恩格斯的工业化理论更多是在"工业革命""大工业""现代工业"等概念中展开，并没有直接考察"工业化"本身，但他们对工业化的认识和对工业化在人类社会经济发展中作用的阐释却贯穿整个理论体系。从结构上来看，马克思和恩格斯的工业化理论主要包含他们对西方国家工业化的阐释，以及对不发达国家和地区工业化的阐释两大部分。

（一）马克思和恩格斯对西方国家工业化的阐释

马克思和恩格斯认为，西方国家在 17—18 世纪先后出现工业革命，展开工业化大生产是源于各国在市场、技术、资本等方面的改变，是历史之必然。第一，市场为人类社会分工的精细化提供了机会，工业化是市场交换和需求扩张的必然结果。16 世纪摆脱行会约束的商人阶层兴起，使城市的生产分工细化，带动了工场手工业的发展，从而引起了地方市场规模扩大；伴随航海技术的成熟，世界性市场至 18 世纪晚期逐步形成，并催生出巨大需求。同时英国、法国等国家已经具备自由贸易的条件，在工场手工业无法满足世界需求的背景下，蒸汽和机器被顺势引入，激发出工业革命。第二，工业化大生产的现实条件源于科技理论与发明。一方面，世界市场的形成离不开交通运输技术的改善；另一方面，工业化生产的核心源于生产工具的革命性变革，即机器取代人力和畜力。生产工具的革新使大工业具有更高的劳动生产率，人类的经济活动得以通过全新的方式在时间和空间上向各方面延伸，不再完全靠"天"吃饭，而是能够运用自身的聪明才智重建人类社会的经济关系、政治关系、社会关系等①，这也包括在工业化过程中，由科技进步引起的教育革命，以及科学逐渐成熟并成为教育的核心。第三，工业化的发展离不开农业的贡献。作为工业资本原始积累的重要来源，农业革命是一国工业化成功的必要条件，没有农业的革命，也难有资本主义的产生和发展。② 如马克思所说："超过劳动者个人需要的农业劳动生产率，是一切社会的基础，并且首先是资本主义生产的基础。"③ 如果没有农业提供剩余农产品，工业化就难以获得足够的原料支持，也会因缺乏从农业领域转移的大量劳动力而无法开展。然而，西方国家农业为工业化提供的资本原始积累是以暴力手段抢夺的，马克思和恩格斯对这一点进行了猛烈的批判，即"资本来到世间，从头到脚，每个毛孔都滴着血和肮脏的东西"。④ 第四，马克思和恩格斯认为资产阶级革命为资本主义工业化发展道路奠定了基础。在建立自己的政权后，资产阶级能够直接行使国家职能，从财政、金融、贸易等方面管理及干预经济活动，为资本主义工业化创造条件，从而间接促进旧的生产方式向新的生产方式转变。

从各方面对工业化产生的必然性进行分析后，马克思和恩格斯进一步将工业化的概念总结为"把自然力用于工业目的，采用机器生产

① 赵江林．马克思主义工业化理论及其在亚洲的实践［M］．北京：中国社会科学出版社，2016：20.
② 赵江林．马克思主义工业化理论及其在亚洲的实践［M］．北京：中国社会科学出版社，2016：21.
③ ［德］卡尔·马克思，弗里德里希·恩格斯．马克思恩格斯全集（第25卷）［M］．中共中央马克思恩格斯列宁斯大林著作编译局，译．北京：人民出版社，1974：885.
④ ［德］卡尔·马克思，弗里德里希·恩格斯．马克思恩格斯选集（第3卷）［M］．中共中央马克思恩格斯列宁斯大林著作编译局，译．北京：人民出版社，1995：52.

以及实行最广泛的分工"。① 对应到具体特征,工业化社会与前工业化社会有三点重要区别:第一,动力系统变革。工业社会以煤炭等化石能源的普遍使用,改变了人类社会获取生产资料及通过生产资料完成生产的动力系统。第二,生产工具的变革。伴随机器生产取代手工劳动,人类社会第一次以生产工具变革带来生产效率的飞跃提升,高效、便捷的生产极大丰富了人类的物质文明。第三,实现最广泛的分工。在农业社会,人类的分工由地域、人口、交通等方面因素限制于局部;在工业社会,工业化发展使各个地方互联互通,社会分工得以突破各种限制,在最大范围内实现,并进一步迈向精细化。在此基础上,马克思和恩格斯又从多个方面总结了工业化带来的影响和变革:①在经济结构上,资本主义生产将历经简单协作、工场手工业和机器大工业三个主要阶段,只有进入机器大工业阶段,资本主义优势才最终确立。因此,机器大工业不仅是资本主义的高级生产阶段,也是人类社会新的生产关系出现的前提。这一阶段下,工业化使国家的产业结构和就业结构发生重大变化。一方面,作为社会化大生产的载体,工业不断替代旧有的手工业,最大限度地推进生产力发展;另一方面,是否存在工业人口是成为资本主义国家与不发达国家的标志性区别,决定着一国的文明水平。同时,工业化也与城市化同步而生,成为吸引农村破产农民,为其提供工作场所的地方,由此带动商业城市的兴起。②在社会制度和关系方面,工业化发展使人与人之间连接的纽带由过去的政治纽带转变为利益纽带。劳动成为商品,出卖劳动力的工业与雇佣劳动力的资本家之间形成纯粹的金钱关系,由此进一步延伸至个人利益与国家利益、个人利益与公共利益、资本利益与劳动利益之间

---

① [德]卡尔·马克思,弗里德里希·恩格斯. 马克思恩格斯文集(第1卷)[M]. 中共中央马克思恩格斯列宁斯大林著作编译局,译. 北京:人民出版社,2009:565.

的关系。工业化使竞争变得更为普遍，反过来普遍化的竞争也推动着生产效率提升，从而促使工业化迅速发展成型。然而，竞争的普遍化也导致资本家为了取得优势，加剧对劳动者的剥削，社会逐渐分化出相互对立的资产阶级与无产阶级，二者间的矛盾构成资本主义经济危机和社会变革的导火索。③在全球格局方面，工业化发展使国家的性质彻底发生改变，成为调整个人利益和共同利益的形式①，同时第一次将世界各国联系起来，实现了全球化。社会分工由此开始扩大至国家之间，一个国家的工业化发展不仅取决于本国，还依赖于世界市场、国际交换和国际分工。随着世界不同地区、不同民族陆续被卷入工业化浪潮中，工业文明的发展使传统、落后的文明在空间上被抑制，甚至被毁灭，世界范围内建立起由工业文明主宰的社会，工业强国对落后农业国的压迫也成为后续在世界范围内民族独立革命的铺垫。

综上所述，对于西方国家的工业化发展，马克思和恩格斯充分肯定了其在社会生产、社会关系方面带来的积极意义，指出其相较于旧有生产方式在多个方面都具有进步性，并且通过全球化，工业化必将从单个国家走向全世界。同时，马克思和恩格斯也对西方工业化发展的弊端展开批判，并预言了其潜在的危机。

（二）马克思和恩格斯对不发达国家和地区工业化的阐释

在对西方工业化运动规律的研究基础上，马克思和恩格斯在他们晚年时还将目光对准不发达国家和地区，就这些国家和地区如何发展生产力，尽快实现工业文明进行了讨论。马克思和恩格斯指出，工业化是一个渐进的过程，不同国家或同一个国家的不同地区都存在其自身的特殊性，因而发展水平并不一致。对于不发达国家而言，民族独

---

① 赵江林．马克思主义工业化理论及其在亚洲的实践［M］．北京：中国社会科学出版社，2016：31.

立是其工业化发展的前提，即一个国家必须先消除内部民族间的剥削和敌对，当能够独立掌握自己命运时，才有机会启动自身的工业化发展。那么不发达国家该怎样建立工业化呢？马克思和恩格斯认为，在世界资本主义充分发展并产生发达的社会生产力的条件下，不发达国家通过民主革命和社会主义革命夺取政权是实现工业化的一条路径，但这需要不发达国家在国内的资本主义有一定发展，无产阶级经过锻炼且比较成熟时才能进行，此外还需要吸收资本主义已经创造出来的成果，以促进本国社会生产力迅速发展，为建立更高级的生产方式积累必要的物质基础。① 在完成革命后，马克思和恩格斯认为，不发达国家应建立生产资料公有制，发展国有合作经济，由国家把全民所有制的工厂、企业或土地等生产资料交予劳动者合作团体独立经营。同时，社会主义革命作为一场世界性的革命，将在欧洲资本主义最发达、工业化程度最高的国家率先爆发，然后由发达国家无产阶级去帮助落后国家进行革命，建立社会主义制度；因而落后国家可以先借助资本主义来发展工业化，再利用发达社会主义国家的帮助建立社会主义。②

显然，不发达国家和地区的工业化过程不同于西方国家，马克思和恩格斯也反对将西方社会的发展作为衡量世界发展的唯一尺度。资产阶级使东方依附于西方，发达国家和不发达国家之间事实上形成了"中心—外围"的关系，"中心国家"发展背后的代价是"外围国家"的畸形发展③，因此不发达国家工业化过程兼有民族独立和社会生产提高的双重任务。

① 赵江林. 马克思主义工业化理论及其在亚洲的实践［M］. 北京：中国社会科学出版社，2016：45.
② 赵江林. 马克思主义工业化理论及其在亚洲的实践［M］. 北京：中国社会科学出版社，2016：47.
③ ［德］卡尔·马克思，弗里德里希·恩格斯. 马克思恩格斯全集（第25卷）［M］. 中共中央马克思恩格斯列宁斯大林著作编译局，译. 北京：人民出版社，1974：265.

总体而言，马克思和恩格斯指出工业化将成为世界范围内的一般性趋势，不发达国家和地区会被发达国家裹挟着参与其中，前者如果要实现工业化的独立自主，可行路径是社会主义革命。这为之后苏联、中国等国家的工业化奠定了理论基础，也让更多不发达国家在自身工业化实践中，依据自身经验的总结，完成对马克思主义工业化理论体系的补充和延伸。

二、科林·克拉克与"配第-克拉克法则"

科林·克拉克（Colin G. Clark）是英国著名经济学家，他对于工业化问题最显著的研究成果是利用统计数据和经验分析方法，验证了英国古典经济学家威廉·配第（William Petty）的理论，并提出一般性的经济学理论"配第-克拉克法则"。该法则的雏形源于威廉·配第，他在 1690 年出版的《政治算术》一书中使用算术方法从人口、土地、资源等经济组成部分，在对英国、法国、荷兰的国家实力进行比较分析后认为，彼时荷兰拥有较欧洲其他国家更高的人均收入是因为其国内大部分人口从事制造业与商业，这一发现在此后成为了联系产业结构与国家经济发展的理论基础。受现实条件限制，配第的很多数据都是依靠经验推断而来，其结论的准确性难以判断。到了 20 世纪 30 年代，更多数据被记录后，克拉克对 40 多个国家和地区在 19 世纪 70 年代至 20 世纪 30 年代的投入与产出资料进行统计分析，最终在 1940 年出版的《经济进步的条件》一书中完成对配第理论的验证，总结出一般性的法则。

"配第-克拉克法则"的基本内容可以概括为：伴随经济发展和人均收入水平的提高，整个经济体中第一产业国民收入和劳动力的相对比重将逐渐下降，第二产业国民收入和劳动力的相对比重随之上升，当发展至一定程度时，第三产业国民收入和劳动力的相对比重也将开始上升。克拉克通过观察美国、英国、日本等国家在 1925—1934 年三大产业就业人数发现，人均实际收入平均值排名位居前列的美国、英国等国家的第三产业就业人员比例最高，其次为第二产业和第一产业；人均实际收入平均值排名靠后的印度、土耳其等国家的第一产业就业人员比重大部分超过 50%；排名位于中间的国家中，人均实际收入平均值处于中等偏上水平的国家普遍是第二产业就业人员最多，人均实际收入平均值处于中等偏下水平的国家以第一产业的就业人员为主。针对每一个国家考察时，克拉克又发现几乎所有国家从 19 世纪 70 年代至 20 世纪 30 年代，第一产业就业人员比重都呈现出下降趋势，同时第二、第三产业就业人员比重先后以不同幅度上升。由此，克拉克认为，配第的理论在横向考察和纵向考察中均成立，配第的思想对于国家而言普遍有效。

对于"配第-克拉克法则"有效的原因，克拉克认为主要来自两个方面的合力作用：一是消费者对于不同类型商品和服务需求的相对变化。① 二是劳动生产率的提升。消费者在人均收入上升时将逐渐减少初级产品在消费中的比例，需求的减少则使第一产业就业比例下降。在消费者需求不变时，若部分产业的人均产量较其他产业提升速度更快，那么这部分产业劳动力需求就会减少，劳动人员将从人均产量增速更高的产业向其他产业转移。最终，在这两方面因素的影响下，第一产业就业比例下降，第二产业就业比例上升便成为一国经济发展的常态。在配第的理论得到验证后，克拉克更进一步讨论了经济发展过程中资本的作用。他对各国 19 世纪中叶至 20 世纪 30 年代制造业进行研究发现，人均产量与人均资本紧密相关，即资本积累使劳动生产率提升，由其引起的技术进步使资本-产出系数下降，直接反映为制造业产量的

---

① ［英］科林·克拉克.经济进步的条件［M］.张旭昆，夏晴，等译.北京：中国人民大学出版社，2020：4，135-166.

扩张引起固定资产使用量的下降①；而且制造业之外的部分产业也存在与之相似的情况。据此，克拉克归纳后概括出资本积累结构的一般性特征：一个国家在发展过程中，最先以农业资本积累为主，之后向制造业资本积累过渡，最终再过渡到公共事业方面的资本积累。究其原因，克拉克认为可能是由于经济体在取得一定发展后，公共工程、银行等行业拥有最高的资本边际报酬，因此能够吸引其他行业的资本向其转移。

综上所述，"配第-克拉克法则"事实上蕴含明、暗两条一般性理论，即宏观经济表面的产业结构变迁与内部的资本结构变迁，这些至今仍然是世界各国政府推动工业化和第三产业发展的重要理论依据。结合现实，贵州作为多山地区，"八山一水一分田"的天然限制和能源矿产的自然禀赋，决定了工业化是经济建设的必要路径。要寻求"工业大突破"，一方面应从扩大规模与提高生产率并行入手，既提高数量，也提高质量；另一方面利用转移劳动力推动第三产业的壮大，在流通、科技等领域辅助工业的深层发展，形成良性循环，从而实现工业及经济整体的大突破。

三、霍利斯·钱纳里与工业化阶段理论

霍利斯·钱纳里（Hollis B. Chenery）是美国著名经济学家，其研究领域主要在经济发展、产业经济学和国际经济学，他曾担任美国国际开发署副署长、世界银行副行长等职。钱纳里在经济科学领域的贡献是非常丰富的：20世纪50年代，他开始运用影子价格理论对投资项目展开分析，发展出微观计划理论。② 20世纪60年代他同布鲁诺

---

① ［英］科林·克拉克.经济发展的条件［M］.张旭昆，夏晴，等译.北京：中国人民大学出版社，2020：7，284-322.

② ［美］钱纳里.工业化和经济增长的比较研究［M］.吴奇，译.上海：上海三联书店，1989：5.

（Bruno）和斯特劳特（Strout）等将投资、储蓄、进出口和外资的引进联立展开分析，共同提出两缺口模型，该模型被国际经济理论界、国际机构和各国计划部门广泛用于分析国内和国际经济关系。20世纪70年代，他提出了最为世界熟知的"发展形势理论"，并以此为基础进一步发展后，在20世纪80年代钱纳里与S.鲁滨逊、M.赛尔奎共同完成著作《工业化和经济增长的比较研究》，书中提出更广为人知的"工业化阶段理论"。这一理论是钱纳里等利用投入-产出方法、一般均衡方法等对"二战"后发展中国家工业化过程中的一般性特征进行分析提炼，并得出主要结论：工业份额增加的原因来自国内需求的变动、工业产品中间使用量的增加，以及随要素比例变动而发生的比较优势的变化[①]；一个国家在发展过程中大体将经历三个阶段的经济结构转变，分别为：①初级产品生产阶段；②工业化阶段；③发达经济阶段。这三个阶段的过渡与经济增长和国民收入水平息息相关。具体而言，处于第一阶段的国家主要依靠农业来生产初级产品，并以初级产品作为促进经济增长的主要出口贸易品。由于这一阶段国民收入水平低，对制成品需求有限，制造业难以成为经济增长主要来源，同时因为初级产品技术要求低，增速慢、附加值低，所以此阶段在供给方面又表现为劳动力加速增长，资本积累以低速或者中速增长，以及全要素生产率以缓慢的速度增长[②]，经济增长总体上较为迟缓。第二阶段的标志性特征是经济增长的核心由初级产品生产转向制造业生产，此时制造业对经济增长的贡献开始超过初级产品生产对经济增长的贡献。对于转变的具体节点，钱纳里通过动态模型对20余个样本国家分析后

---

① ［美］钱纳里.工业化和经济增长的比较研究［M］.吴奇，译.上海：上海三联书店，1989：78.

② ［美］钱纳里.工业化和经济增长的比较研究［M］.吴奇，译.上海：上海三联书店，1989：97.

提出了人均收入 400 美元的一般标准线，此时制造业对于经济增长的贡献开始超越初级产品生产。在这一阶段投资相对拥有较高的边际收益，因而资本积累对于产出多数能够产生较大的贡献，同时从农业向工业的劳动力转移也带动了劳动生产率增长，使第二阶段经济整体呈现出加速增长态势。第三阶段最显著特征是制造业的比重下降和全要素生产率的提升。在需求侧，制成品的收入弹性开始减少，随之在国内总需求中所占比重也逐渐下降，最终反映为制造业在国内生产总值和劳动就业中的比重下降。在供给侧，资本和人口增速的放缓导致要素投入对经济增长的贡献下降，全要素生产率面向工业应用的同时，也开始独立形成新型产业，逐步成为推动增长的主要动力。与此同时，持续的劳动力转移也让农业成为劳动生产率最高的部门，与其他部门之间的工资缺口缩小，从而促进资本对于劳动的替代和技术进步。[①]

　　钱纳里虽然对工业化的起始线给出了一个大致标准，但他认为工业化的时间选择还要受贸易模式和国家类型影响。在将样本国家划分为大国、初级产品出口小国和制成品出口小国三种类型后，钱纳里估算出大国由于普遍实行制造业进口替代政策，工业化发展大概在人均收入 250 美元水平进入准工业阶段；由于制成品进口替代速度更慢，初级产品出口小国的工业发展大致要到人均收入 600 美元；制成品出口小国则因情况较为复杂难以估算具体标准。然而不论国家类型，钱纳里发现各国都会出现基于贸易、就业和城市化等因素影响而产生的制造业产出增长，也即工业化是大多数国家现代经济发展的必然选择。

　　总而言之，钱纳里在库兹涅茨、克拉克等的研究基础上，以更为庞大、精细的样本数据和分析方法，勾勒出国家经济发展的成长阶段，也成为当今世界各国普遍遵循的一套指导理论。现阶段，贵州已然完

---

　　① ［美］钱纳里. 工业化和经济增长的比较研究［M］. 吴奇，译. 上海：上海三联书店，1989：99.

成工业化的初步积累,"工业大突破"显然也是向发达阶段迈进的关键过渡环节。在此背景下,工业化进一步发展既需要实现规模上的扩张,也需要技术上的提升,强化全要素生产率对于产出的贡献。

四、观点总结

综上所述,马克思、恩格斯、科林·克拉克和霍利斯·钱纳里的工业化理论从不同视角阐述了工业化发展的内涵,并在漫漫历史长河中,经过实践的检验,成为流传至今的经典。通过对西方国家工业化进程的考察,马克思和恩格斯论证了工业化的产生是在市场分工细化等因素作用下的必然结果,以及工业化给人类社会带来的种种变革。当不发达国家和地区被动卷入世界工业化浪潮时,马克思和恩格斯又为其指出实现工业化的路径,即通过社会主义革命取得民族独立并建立生产资料公有制,成为包括中国在内的众多国家工业发展的启蒙。时至今日,在马克思和恩格斯工业化理论的指导下,中国不仅实现了民族独立,建立起完备的工业体系,也在实践中结合自身形成了中国特色社会主义理论体系。因此,贵州作为工业化领域的后起之秀,在推进"工业大突破"过程中,必须以中国特色社会主义理论为基础,循序渐进地展开。

"配第-克拉克法则"揭示了工业社会下产业结构和资本结构变迁的一般特征,即第一产业规模缩小,第二、第三产业规模先后壮大,成为世界范围内评判国家工业化发展的重要准则。钱纳里的工业化阶段理论更进一步地刻画出不同特征的国家进入工业化的标准线,为各个国家工业化的开展提供了参照。依据这部分理论,工业化发展不仅需要以工业为核心的第二产业持续壮大,也需要以服务业为核心的第三产业的跟进以提升效率,最终让整体的经济发展迈入以科技驱动的发达阶段。首先,在依靠先天资源禀赋取得的工业基础和定位上,贵州的"工业大突破"应当作为今后经济发展向发达阶段迈进的奠基石。其次，在实践过程中，既需要对工业等第二产业进行升级，还需要加快推进第三产业的融合，提高升级效率。最后，在"工业大突破"过程中，科技进步需要贯穿始终，在提升产业质量的同时，也要通过升级后的产业提高科技水平，形成良性循环。

第二节　工业化的国际经验

第二次世界大战之后，全球格局发生重大变革，许多国家纷纷开启自己的工业化进程。这其中既有国家站在科技前沿，依托工业基础开始新一轮的产业升级；也有国家在丧失原有工业基础的背景下开展工业复兴；以及部分落后国家在缺乏工业基础的条件下，白手起家开始自己的工业化之路。可以说，现阶段工业化国家的分布格局奠基于第二次世界大战之后。本章第二节依次选取代表性的美国、德国、日本和韩国四个国家，通过展示其在"二战"后的工业化过程，为作为后发者的贵州省实现"工业大突破"提供经验参考。

一、美国的工业化经验

第二次世界大战结束后，美国成为全球综合国力最强的国家，也是世界经济发展的核心。作为第二、第三次工业革命的发源地，美国工业在"二战"后很快向高技术方向升级，总体呈现出传统工业衰退、高科技工业兴起的大趋势。

19世纪末期，优质廉价的铁矿石和煤炭、充裕的劳动力、广阔的市场和科技进步使钢铁产业成为美国工业扩张的基础,依托钢铁工业,美国汽车、军事等工业部门相继发力,形成了一套完整的工业体系。"二战"开始后,全世界钢铁需求暴涨,致使美国工业产能获得新一轮扩张;"二战"结束后,全世界的重建对钢铁需求继续激增,美国的钢铁工业达到巅峰。1950年,美国钢铁产量占世界钢铁产量的比重达到47%。① 与钢铁工业的强势相伴,在"二战"结束后美国开始大幅削减国防开支,截至1947年其占国内生产总值的比重已经由1944年的40%以上降至10%,大量军用科技和资本转向民用,并进入汽车、电器等消费品市场,从而使美国制造业也达到顶峰,20世纪50年代其增加值一度占到国内生产总值的28.3%,成为美国重要支柱产业,其中以汽车制造业为典型,汽车的国产率达到近95%,出口量为进口量的近9倍。进入20世纪60年代,美国钢铁、制造业等开始逐渐下滑,其原因主要是:一方面新科技的发展衍生出计算机、半导体等新行业并成为投资热点,传统工业既缺少足够资本进行技术升级,又由于规模庞大导致升级成本居高不下;另一方面劳动力价格上涨使传统工业生产成本增加,相较进口产品不再具有比较优势。在此背景下,传统工业陆续向海外转移,市场份额相应被德国、日本等国的进口品替代。例如,1960年美国汽车行业进口价值约5.13亿美元,已经是其出口价值2.35亿美元的近2.5倍。② 20世纪70年代,金融、保险等第三产业兴起并壮大,美国逐渐进入去工业化阶段,传统工业彻底没落。

从20世纪60年代开始,计算机、软件开发等新技术陆续从军用转向民用,高科技产业开始成为美国的标志。1947年,美国贝尔实验室的

① [美]乔纳森·休斯,路易斯·凯恩. 美国经济史(第八版)[M]. 杨宇光,等译. 上海:格致出版社,2013:652.

② [美]乔纳森·休斯,路易斯·凯恩. 美国经济史(第八版)[M]. 杨宇光,等译. 上海:格致出版社,2013:659.

三位科学家约翰·巴丁（John Bardeen）、沃尔特·布拉顿（Walter Brattain）和威廉·肖克莱（William Shockley）发明晶体管，之后美国军事和航天部门成为这一科技的最主要需求方，并给予该科技大量资金支持，使晶体管的核心材料由锗升级为硅，美国半导体产业由此崛起，截至 20 世纪 70 年代末，美国在全世界半导体销售中的占比达到 59%，在集成电路销售中的占比则达到 74%。在半导体产业的基础上，美国继续作为芯片产业的领跑者，英特尔公司、AMD 公司以及其后的高通公司至今仍是全世界芯片领域中的核心企业。半导体和芯片产业的兴起成为计算机和软件产业的铺垫，计算机产业很快由科学应用转向商业应用：1960 年，数字设备公司（DEC）制造出第一台小型计算机，由此计算机技术可以更广泛地应用于制造业；1964 年，IBM 公司制造出模块式计算机 360 系统，解决了不同家族的计算机的兼容问题，使其元器件得以进行标准化生产，并反过来推动了计算机产业与上游半导体产业的整合，形成双重规模经济。1971 年，英特尔公司又率先推出商业微型计算机（PC 机），这一产品通过微处理器技术不仅使计算机的核心——芯片得以通用化，也让计算机真正走入千家万户，成为人人皆可拥有的家用电器。PC 机的量产带动了软件产业的兴起，以 20 世纪 70 年代末 IBM 公司的 PC 机和微软公司的 MS DOS 系统绑定为标志，标准计算机与标准操作系统的搭配正式奠定了当代计算机的应用格局。20 世纪 90 年代以万维网（World Wide Web，WWW）为核心的互联网技术使计算机应用再次实现由点到面的转变，产品生产的信息壁垒被打破，美国一方面把新技术和管理经验不断与实践结合，另一方面又持续发掘新领域来巩固其市场领先地位，最终形成涵盖上游和下游的"半导体/芯片—计算机/软件—网络"高科技工业体系，成为全球产业结构变动的领导者。

进入 21 世纪，"创新"和"竞争力"成为美国的科技政策和战略的规划方向，以计算机产业和信息技术产业为主体，美国政府开始干预企业研发，鼓励产业界、学术界和各种社会力量参与科技发展，实现产学研的融合。2006年，美国政府提出《美国竞争力计划》，意在通过在科研和教育领域加大投入，强化数学、技术、工程方面人才的培养。2009年，美国政府又提出《美国国家创新战略》，并在2015年的修订版中列出了先进制造、精密医疗、清洁能源和节能技术等九大战略重点。同时，美国政府还通过实施研发税收优惠政策、拓宽研发融资渠道等措施，激励企业加强在科技创新领域的投资，有效提升了企业创新水平。在此背景下，美国的创新成果层出不穷。例如，研制出世界上最小的纳米电动机，发射"勇气号""机遇号""好奇号"探测器并成功登陆火星，首次向国际空间站发射商业飞船等。① 时至今日，美国GDP增长中已有超过50%来源于创新，创新经济也成为美国经济发展的新特色。

综上所述，美国作为"二战"后全球工业发展的领导者，传统工业在到达巅峰后很快被高科技工业所替代，并从横向和纵向延伸至多个领域，形成了引领世界的信息技术工业体系。在高科技工业成规模后，美国又将其进一步开展创新深化，形成别具一格的创新经济。这为其他国家和地区在工业化建设和推动工业化升级时，提供了重要参考。

二、德国的工业化经验

德国资本主义发展比英国晚半个多世纪，为对抗英国、法国两国，工业成为德国经济支柱和立国之本。第二次世界大战结束后，德国经济遭受重创，并被美国、苏联、英国、法国四国占领。盟国对德国进

---

① 美国科技创新调研报告［EB/OL］. 盘古智库. 2021-06-17. http：//www. pangoal. cn/index. php？ c=show&id=5632.

行了非军事化（Demilitarization）、非卡特尔化（Decartelization）、非纳粹化（Denazification）和民主化（Democratization）的所谓"四化"改造（又称"4D"计划），使其政治和文化中的专制主义、军国主义残留大部分被清除，自普鲁士王国以来两百多年的极权时代至此终结。[①]通过非军事化和非卡特尔化改造，盟国废除了德国赖以发动战争的军事工业与高度集中的垄断企业，从而在经济领域将德国对世界和平的威胁彻底消除，也让德国的工业发展彻底转向。随着冷战开启，1949 年德国分裂为联邦德国（西德）和民主德国（东德），但凭借坚实的基础，德国完成了战后的经济恢复和重新崛起，成为当今世界经济第四大国、欧洲第一经济体。总体上，以 1991 年为界，统一之前联邦德国与民主德国在不同的政治结构下各自取得了发展，而联邦德国在工业发展上取得的成就正是今日德国工业享誉世界的核心力量；统一后的德国是基于联邦德国的模式，进一步以全新的姿态为世界所瞩目。

（一）"二战"后联邦德国的工业化发展（1945—1990 年）

1947 年美国启动欧洲复兴计划（马歇尔计划），对西欧各国展开共计四个财政年度的经济援助，联邦德国获得了战后恢复的基础资金。1948 年，美国、英国、法国三国在占领区内实行以发行新马克为核心的货币体制改革，引起经济短期动荡，但随着 1951 年《工商业投资补助法》通过实行，货币体制改革基本落地，联邦德国重建市场经济，并实行"社会市场经济"制度。这一制度源于德国"弗莱堡学派"（Freiburger Schule）的主张，该制度以私有制为核心，强调市场竞争和社会公平兼顾，认为唯有市场和竞争才能提升企业积极性、提高效率，

---

① 吴友法，等．德国通史·第六卷　重新崛起时代（1945—2010）［M］．南京：江苏人民出版社，2019：2508，2527.

从而提供最好的供给；同时企业也是更广大社区的一部分，企业与股东、员工、社区等各方利益相关者互相依赖、和谐共处，遇到危机和冲突时应优先以对话和共识解决；国家的定位则是规范竞争秩序，"少干预，多支持"。为此，联邦德国在《基本法》里明确规定保护私有制的原则，并对一部分国有企业的股权私有化。[①] 由此，联邦德国逐渐进入经济恢复期。

经过战争的重创后，联邦德国工业水平大幅下降，但在"二战"期间由于推行军事工业化，以战争为目的在现代武器、通信技术、合成材料等方面进行了大规模研究和应用，极大地提高了当时的工业生产能力。在 1945 年战争结束时，联邦德国工业设备资产的总值仍比 1946 年高出 20%。[②] 由于联邦德国 80% 以上的煤炭、钢铁工业集中在英国占领的鲁尔地区，在盟国的非军事化和非卡特尔化改造后，联合钢铁公司、克虏伯公司等大型垄断企业被强制拆分，大量军事工业转向民用领域，再加上西方三国的援助，联邦德国在战后能够很快重启电力、钢铁等重工业的建设，并且经过短时间的恢复后，联邦德国的工业很快又进一步延伸至汽车、机械装备制造等领域。战后初期，联邦德国对外出口还是以原材料和煤炭为主，到 1948 年联邦德国对外出口已转向为制成品，并且其制成品的份额不断增长，在钢铁、化工、机械、车辆和电气产品等行业形成了质高价廉、交货及时等竞争优势。从 1948 年年中到 1952 年年中，联邦德国工业生产增长达 110%，实际国内生产总值增长达 67%，远超过预期。

从 20 世纪 50 年代中期到 20 世纪 60 年代，联邦德国逐渐步入经济

---

① 吴友法，等.德国通史·第六卷　重新崛起时代（1945—2010）［M］.南京：江苏人民出版社，2019：2581-2582.

② 吴友法，等.德国通史·第六卷　重新崛起时代（1945—2010）［M］.南京：江苏人民出版社，2019：2650.

快速增长期，这一时期的发展也成为被后世赞誉的"经济奇迹"。彼时联邦德国形成以工业制成品为主的出口导向型繁荣，产出中出口所占份额从 1950 年的 8.5% 提升至 1960 年的 14.6%，弥补了原料进口和无形贸易的逆差，为国家积累了大量黄金外汇储备，到 1965 年其黄金储备已超过英国和法国，成为欧洲第一，仅次于美国。工业的发展也刺激了投资需求，因为国内经济高涨，劳动力充足，投资机会多、前景好，所以联邦德国私人资本对外投资积极性不高，大部分年份的长期资本输出净额都是负数。大量资本的对为投资显著推动了新技术的研发应用，一方面冶金、采矿、纺织等传统工业陆续启动产业升级，如钢铁企业在 20 世纪 60 年代逐步使用更为先进的吹氧金属冶炼法代替旧法；另一方面联邦德国的产业结构也发生改变，工业在国民生产总值中的比重由 1950 年的 49.7% 继续上升至 20 世纪 60 年代初的 53.2%，借此联邦德国在经济水平上也相继超过法国、英国和日本，成为欧洲第一和世界第二大经济体。

20 世纪 60 年代中期开始，国际宏观局势趋于恶化，古巴导弹危机、三次石油危机等国际事件对联邦德国经济造成不小冲击，联邦德国在发展过程中积累的问题也相继暴露，至此"经济奇迹"结束，联邦德国开始进入温和通胀下的低增长状态。面对经济增速放缓、"滞胀"等问题，联邦德国政府首先对社会市场经济体制进行了调整：20 世纪 60 年代中期至 20 世纪 70 年代，联邦德国政府通过《促进经济稳定和增长法》扩大政府干预，强化反周期性宏观调控，并要求各方"协调行动"，取得了一定效果。因此，联邦德国能够在 1968—1973 年将经济增速保持在 5% 上下。然而随着 1974 年前后"滞胀"问题出现，联邦德国政府在 20 世纪 80 年代再一次对社会市场经济体制做出调整，着力于缩减财政赤字和国家债务、降低通胀，并减少国家干预，重新强调"市场",鼓励私人资本的积极性。① 经过努力,联邦德国经济重新回归较低通胀下的低速增长,1983—1990 年的经济增长率稳定在 1.5%～5.5%。在良好的政策协调下,联邦德国于 20 世纪 70 年代也进入后工业化社会,并开始产业升级。首先,传统工业加快了新科技的运用。例如,20 世纪 70 年代钢铁企业进一步使用钢铁连铸法等改进生产,20 世纪 80 年代微电子、数据处理、自动控制等新科技陆续应用于生产,有效提高了劳动生产率。据统计,联邦德国在 1962—1981 年生产和加工业的工人数量大约减少了 10%,工业净产值则增加约 91.6%,劳动生产率更是增加约 189.3%。若按单个工时创造的 GDP (1990 年国际元/小时)计算,其 1950 年、1973 年、1990 年水平分别是 3.99、14.776、21.94②,1990 年单个工时创造的 GDP 大约为 1950 年的 5.5 倍。其次,联邦德国政府还对传统产业展开整合优化,将煤炭、钢铁等行业的企业通过兼并重组,优化产能分布,淘汰小、散、弱产能,最终只保留鲁尔煤矿公司、蒂森钢铁等代表企业。再次,联邦德国还通过大量技术购买和自主研发,向多个方向开拓新产业,推动产学研结合,促进技术转化。例如,德国工业核心鲁尔区先后建立起一批高等院校和科研机构,通过传统产业人才和新兴科技、产业人力的联合培养布局,使鲁尔区成功升级为全球重要的信息技术中心。20 世纪 70 年代,联邦德国开始工业机器人的应用,到 1983 年已经达到 4880 个,名列西欧国家第一。20 世纪 80 年代,联邦德国在冶金、机床与汽车制造、化学、核电等部门和电器工业的一些次级部门中,已经赶上美国的科技水平;而在研制、生产和运用微电子方面也接近

① 吴友法,等. 德国通史·第六卷　重新崛起时代(1945—2010)［M］. 南京:江苏人民出版社,2019:2652-2653.
② 吴友法,等. 德国通史·第六卷　重新崛起时代(1945—2010)［M］. 南京:江苏人民出版社,2019:2661.

美国与日本。① 最后，伴随产业升级过程，新型工业区也不断形成，除以鲁尔为中心的莱茵—威斯特法伦工业区（西部工业区），联邦德国至20世纪80年代还形成了以汉堡和不来梅为中心的北部工业区，以法兰克福、斯图加特等为中心的西南工业区，以巴伐利亚为中心的东南工业区和萨尔地区；其中巴伐利亚地区20世纪80年代之前主要生产消费品、食品和嗜好品，之后则成为高技术企业聚集区，首府慕尼黑更是成为全德国最具潜力的高科技中心。② 在1986年世界九个"未来工业"领域中，联邦德国有五个领域都处于领先地位。经过努力，联邦德国经济发展最终稳居全球第三位，成为世界工业发展的引领者之一。

总览联邦德国40余年的工业化发展，在纳粹德国战败后，盟国的改造间接推动联邦德国实现了其历史上未能完成的资产阶级民主革命，其后美国、英国、法国等提供的援助则为联邦德国奠定了重新工业化的基础。这些因素客观上为联邦德国创造了较好的内部、外部发展环境，而联邦德国政府也能够审时度势，走出属于自己的社会市场经济道路，即"莱茵模式"。社会市场经济模式不同于美国、英国的自由资本主义，通常被视为"另一种资本主义"，联邦德国既非照搬西方传统资本主义，又竭力避免苏联式社会主义，成为中间路线的典型代表。20世纪七八十年代，根据国际形势和国内现实所做的调整让联邦德国较好地走出危机、保持增长，并且使工业在国民经济中始终维持在一定比例，而没有如部分发达国家一样出现去工业化趋势，这也成为德国现今成为欧洲工业代表的一大关键。

---

① 吴友法，等. 德国通史·第六卷　重新崛起时代（1945—2010）［M］. 南京：江苏人民出版社，2019：2661-2662.
② 吴友法，等. 德国通史·第六卷　重新崛起时代（1945—2010）［M］. 南京：江苏人民出版社，2019：2662.

（二）"二战"后民主德国的工业化发展（1945—1990 年）

民主德国领土面积为 10.8 万平方千米，人口约为 1700 万，矿产资源只有褐煤、钾盐、铀矿和少量的有色金属。尽管先天条件远劣于联邦德国，但民主德国政府通过实行一系列有效政策，拥有了先进的技术，取得了工业化发展，成为东欧经济强国。

民主德国的经济发展大致分为恢复时期（1949—1950 年）、建立社会主义基础时期（1951—1960 年）和社会主义建设时期（1961—1990 年），工业化也相应分布在这三个阶段。1951 年之前，在计划经济体制下，民主德国通过 1948 年下半年的半年计划和 1949 年的两年计划使工业生产回升至 1936 年水平的 81%。之后，民主德国政府从重工业着手，优先发展冶金、化学工业并扩大褐煤开采，从而建立本国的钢铁和煤炭生产基地，工业最终在 1950 年基本恢复到"二战"前的水平。

1951 年后，民主德国政府先后启动两个"五年计划"。第一个"五年计划"继续围绕重工业展开，向冶金、机器制造、化学、能源等工业部门扩大投入，以建立特色的工业体系。截至 1955 年计划完成时，民主德国的工业生产总值较 1936 年翻了一番，工业发展显著改善。第二个"五年计划"于 1956 年启动，在冶金工业的基础上，一方面是壮大机械制造、化学、电力等工业部门，另一方面是开拓造船业、石油化学工业、塑料和橡胶加工设备制造等新行业。1958 年，其化学工业总产量位居世界第七，人均产量则达到世界第二位。经过两个"五年计划"，民主德国的经济增长率大体稳定在 5%~10%，工业总产值指数增长近 2 倍，为下一轮发展打下了良好基础。

随着 1960 年社会主义改造的完成，民主德国政府于 1963—1970年进行了新经济体制改革，使国民收入年均增长率由 3.4% 提高到

5.2%。20世纪70年代后，民主德国开始推进科技研发，通过提高劳动生产率来弥补投资不足和劳动力流失带来的缺陷。民主德国的科研经费占国民收入的比重由20世纪60年代的3%提高至20世纪80年代的4%，科研成果由1970年的4500项增加至1985年的49780项。这些使民主德国于1975年超额完成"五年计划"，生产性国民收入提高了31.1%。最终至1989年，民主德国的劳动生产率较1949年提高了9.5倍，居世界第六位，和英国相当，约为联邦德国的70%。民主德国也就此成为世界第十大工业国，以及掌握微电子等科技的发达工业国家之一。

很显然，尽管民主德国与联邦德国在工业基础、社会制度等方面情况各异，但两者的工业化路径却很相似，基本都是先从煤炭、钢铁等能源重工业起步，过渡至化学、机械设备制造重工业，再向微电子等高技术行业升级。这为日后德国再次统一做出重要铺垫。

（三）两德统一后的工业化发展（1991年之后）

1991年10月3日，民主德国正式合并至联邦德国，实现两德统一，当代德国诞生。这一阶段，德国的工业化发展主要有三个方面：

第一，援助原民主德国地区。在两德统一之前，德国整体上已经形成涵盖钢铁、汽车、微电子、生物技术、航空航天、新材料等从基础至高技术的多层次工业化体系。在西德统一之后，虽然联邦德国和民主德国在煤炭、钢铁、机械、汽车等制造业领域重合度很高，且各自拥有一批高素质的工人群体，但并没有形成预期中"1+1>2"的效果。两德间的经济差距和制度差异让联邦德国地区不得不从多个方面支援民主德国地区。在1991—1994年的国有企业私有化改制过程中，民主德国地区大约有1.4万家国营企业实现私有化，3600家企业关闭，大批工人失业。① 为此，德国政府一方面进行大量公共基础设施建设来为民主德国提供大量就业机会，带动经济发展，如 1991 年兴建莱比锡博览会和会议中心，1994 年建造柏林至汉堡的磁悬浮高速列车；另一方面则是大力向民主德国地区投资，仅 1991 年来自联邦德国地区的工业投资就有近 100 亿马克，同时西门子、大众、奔驰等众多企业也先后向民主德国投资建设 10 亿元规模以上的工业项目。由于对民主德国的经济支援加重了德国的财政负担，因此德国在 1991—1993 年国内生产总值平均增长率仅为 0.5%，1993 年更是跌为 -1.1%，不增反降。

第二，遏制制造业衰败。从 20 世纪 70 年代开始，联邦德国第三产业超过第二产业，并开始和其他发达国家一样逐渐出现去工业化趋势，最明显特征便是制造业的衰败。统一后，德国制造业在国内生产总值的比重从 1970 年的 36.5% 已然降至 1994 年的 23%。为此，德国政府一方面采取干预手段提振制造业，遏制下行趋势，例如施罗德政府在 2000 年前后对企业实施的多方面减税政策，以及同期进行的劳动力市场改革。另一方面不同于美国、英国等国，德国第三产业的崛起与制造业密不可分，德国公司在出售制造业产品和设备的同时，通常还会提供配套的技术培训、售后服务等，即第三产业的服务相当于伴随制造业的产品进行了"捆绑销售"，因此制造业与服务业协调发展也成为德国政府大力推进的方向。正是凭借这些努力，到 2014 年德国制造业在国内生产总值的比重依然达 22.3%，高于法国（11.4%）、英国（9.4%）和欧盟国家平均水平（15.3%），位居欧洲之首。

第三，推动新一轮产业升级。统一之后，为追赶与美国和日本在信息科技方面的差距，凭借在微电子领域的工业基础，德国从 20 世纪 90 年代中期开始积极发展计算机和信息科技产业，展开新一轮产业升

① 吴友法，等．德国通史·第六卷　重新崛起时代（1945—2010）［M］．南京：江苏人民出版社，2019：2857.

级。对此，德国政府在 2006 年提出《德国高科技战略（2006—2009年）》，该战略将包括能源、健康和生物技术在内的 17 个未来新兴领域列为重点扶持对象；随后德国政府在 2010 年提出《德国 2020 高技术战略》，该战略挑选了气候和能源、健康和食品、交通工具、安全、通信五大领域作为"未来项目"（Future Project）加以重点支持。

2011 年之后，德国开始展开"工业 4.0"计划①，以求进一步将信息技术产业同制造业融合。德国"工业 4.0"战略的着力点主要在两个方向：一是将信息和通信技术、微电脑技术引入制造业，让制造业由互联化向物联化升级；二是引入信息物理系统（CPS），通过网络和计算机技术将工业的资源、信息、物品组合形成物联网络，实现工业的数字化升级。为此，德国政府在汽车、机械制造、信息技术等产业上重点布局，一方面鼓励企业参与高技术园区建设，形成国家投资型、混合经济型、私人企业型等多种类型的研究院、工业园和企业创新中心，有效推动了技术的交流转化和新型企业的培育；另一方面德国政府不断推进科技中介服务机构建设，成立工商会或者联合会，为企业提供科技交流、技术咨询、技术培训等服务，让企业能够有更多精力投入生产发展。德国政府期望通过"工业 4.0"，让德国工业继续领先世界，保持住对世界工业的领导权。

综上所述，德国"二战"之后经历了从基础工业向高科技工业一步步过渡升级的工业化过程，自身的条件、合适的制度设计和坚持不懈的科技研发是其成功的关键因素。不同于美国，德国在科技创新领域更为注重与制造业的融合，通过科技服务来加快提升制造业的质量，这也是值得不发达国家和地区借鉴工业化发展的重要经验。

---

① 从《国家工业战略 2030》看德国当下产业政策的成败得失［EB/OL］. 澎湃新闻.（2019-11-08）［2021-06-08］. https：//www.thepaper.cn/newsDetail_forward_4889116.

三、日本的工业化经验

日本是亚洲工业化起步最早、最先完成工业化的国家。从 1868 年明治维新开始，日本通过对内改革和对外侵略战争取得工业化的原始积累，并于第二次世界大战之前初步实现工业化，"二战"后完全实现工业化。总体而言，日本在"二战"后最终实现工业化实际是因战争而进行的一种"修补"行为①；20 世纪 80 年代后，日本开始步入后工业社会，其所面临的主要问题是如何依靠自身市场维持经济增长。

第二次世界大战之后，日本政府开始实行倾斜生产方式，将煤炭工业和钢铁工业作为重点产业以恢复工业部门，并实施土地改良政策以恢复粮食生产。经过初期的恢复，日本经济在 20 世纪 50 年代中期开始面临三大障碍，即电力不足、铁路运力不足和粗钢供给不足，而电力不足作为主要矛盾率先表现出来。② 对此，日本政府于 1956 年制定"电力五年计划"，该计划中的主要发电形式是由水电向火电转变，开始进行以电力工业为中心的建设，并将火力发电作为第一基础产业发展。大容量火力发电站的建设间接刺激了仪表、自动化机器等相关工业部门的壮大，为后续石油钢铁产业积累了人才。随着火力发电规模的持续扩大，石油加工设备行业也开始兴起，带动了石油加工和石油制品成本的降低，电力行业则反过来逐渐以石油取代煤炭作为能源，从而与火力发电形成良性循环。能源成本的降低使原料运输的需求增加，加之彼时日本拥有较为廉价的劳动力，于是造船业作为新的市场得以壮大，顺带引起钢材需求的增加，带动钢铁工业与造船业共同成

---

① 赵江林.马克思主义工业化理论及其在亚洲的实践［M］.北京：中国社会科学出版社，2016：81.

② 刘伟，等.工业化进程中的产业结构研究［M］.北京：知识产权出版社，2020：118.

长。因此，以电力工业为基础，在一环扣一环的需求刺激下，日本在 1955 年后进入工业上升期，形成石油加工、石油化工、钢铁、造船等一批主导产业，成为推动日本经济增长的核心动力。1955—1957 年，日本出现第一次经济发展高潮，工矿业生产水平比"二战"前高出 90%，国民生产总值年平均增长率达到 7.8%，这一轮经济增长高潮也被日本人称作"神武景气"。

紧接着，在电力、石油、钢铁等原材料产业的基础上，经济、科技等方面的发展已经为资金密集型和技术密集型的新产业创造出良好的物质条件和技术条件。一方面，居民收入水平提升扩大了日本的潜在消费市场，且随着居民消费的提高，潜在需求开始向有效需求转化，国内市场扩大，内需强劲；另一方面，技术的成熟使原材料质量得到提升，同时建立起批量生产体制，带动原材料成本和制成品价格下降，为大规模供给创造条件。于是，1958 年开始，日本的生产重心不断向汽车、电视、半导体收音机等家用产品转移，成为新的增长点。日本国内的成功也让日本将产业不断向海外拓展，在对外贸易方面以钢铁等重工业产品取代纺织品等轻工业产品成为主要出口品。自此，日本在第一轮经济增长后，立刻迎来了第二轮高潮，并持续至 20 世纪 80 年代。这一时期，日本于 20 世纪 60 年代达到 GDP 增长的最高峰，平均增长率达到 10.12%，形成覆盖钢铁、家用电器制造等上游和下游产业的综合工业体系，GDP 跃居世界第二，成为亚洲唯一发达国家。

20 世纪 70 年代初期第一次石油危机后，日本的技术潮流逐渐由过去的耗费能源和大型资本设备为重心的重化工业技术革新，转变为知识密集化和技术密集化的电子机械为主的技术革新；[①] 经济发展也从追

---

① 刘伟，等. 工业化进程中的产业结构研究 [M]. 北京：知识产权出版社，2020：119.

赶欧美，向自主开拓尖端领域，推动产业高级化发展。20世纪80年代前期，日元汇率的升值，特别是1985年签订"广场协议"后，日本曾经的造船、钢铁等优势产业在世界的竞争力开始下滑，电器机械等加工组装型制造业也因为出口数量增长放缓和海外的产业转移，吸纳就业能力降低。对此，日本政府将推动经济向内需型增长转型定位为国家发展目标并出台多项政策。例如，1996年将信息技术、新的制造技术、环境保护、新能源和节能等15个领域作为21世纪的新增长方向。① 由于经济高速增长时期的成功，以及其间形成以供给为基本出发点的思维定式，日本出现了转型惰性。1991—2001年，日本迎来了"失去的十年"，连续的经济低增长和负增长使之不得不进入工业调整期。这一时期日本的汽车、电子产业成为国家支柱产业，但面对彼时的互联网浪潮却连续错失机遇。例如，日本手机产业在技术路线选择、软件设计方面与世界潮流脱节。2011年，在智能手机领域仅有索尼公司在全球市场占有率超过1%，已然落后于苹果、三星、华为等品牌。于是，互联网产业发展的滞后使日本被中国、韩国等国家迎头赶上，工业发展面临的竞争大大加剧。

面对互联网产业发展的不足，日本政府在2016年、2017年先后提出"超智能社会——社会5.0"（以下简称"社会5.0"）、"互联工业"两项战略，以期亡羊补牢。"社会5.0"为日本对应德国的"工业4.0"、中国的"中国制造2025"等提出的科技发展战略，该战略有三项核心要素：①社会系统在虚拟空间与物理空间上高度融合；②物质和服务能够超越年龄、语言等差异，精准对接多样化的社会需求；③形成以人为本、全民享有高质量生活的新型社会。为此，日本政府计划在生产、生活、能源和经济4大领域内的科技发展、医疗卫生等

---

① 赵江林. 马克思主义工业化理论及其在亚洲的实践［M］. 北京：中国社会科学出版社，2016：84.

12 个子领域进行智能化建设，以为工业和社会发展提供科技力量支撑。"互联工业"则强调通过物与物的连接、人与技术的联结等各种关联，创造新的产品和服务，以提高生产力，产出新的价值。日本政府就此设定五大重点发展领域，即无人驾驶—移动服务、生产制造—机器人、生物—材料、工厂—基础设施安保和智能生活，并通过三方面政策来展开：一是通过数据共享企业认证制度、修订"数据合同指南"等方式推进实时数据的使用与共享；二是通过扩充国际标准化人才、强化对中小企业的支持等方式推进针对数据有效利用的基础设施建设；三是面向包括中小企业在内的各类企业进行合作与推广。在这些目标下，日本政府最终期望借助工业的互联发展带动智能化社会的建设，实现国家经济的全面升级。综合来看，由于日本"二战"后实行的是"政府主导型市场经济体制"，政府作为经济决策的主体，在经济计划与产业政策方面都紧密结合自身条件，适时地制定了与市场情况相吻合的政策。度过经济恢复期后，日本政府的发展目标正是实现现代化、追赶欧美，与之配合的发展战略则是扬长避短，实现加工贸易立国。在具体实施上，日本从最基础的原材料和能源工业做起，以电力产业为中心，循序渐进地延伸推进，不断扩大需求与供给，又不断与之接洽满足，由此形成产业之间的良性循环，在经过两轮高增长之后，日本成为世界经济大国。但是，互联网发展机遇的错失也造成了当下日本工业在新型科技方面的滞后，这也提醒不发达国家和地区要把握世界科技发展的趋势，勇于迎挑战、抓机遇。

四、韩国的工业化经验

韩国的工业化进程开始于第二次世界大战之后，崛起于 20 世纪 60 年代，通过采取出口导向型发展战略，历经半个多世纪，韩国成为当今世界由落后的农业国向工业国转型的典型案例。韩国工业化过程与日本略有相似，但不同于日本的是，韩国没有侵略战争的原始积累，完全是依赖从发达国家获得的市场份额。因此，韩国对世界市场的依赖更重于日本。

韩国自然资源匮乏，且由于日本殖民时期推行"北方工业、南方农业"政策，故而在工业化起步时期几乎没有任何工业基础，也缺乏能够用于开发的自然资源，韩国的工业化难度远超多数国家。对此，韩国在发展战略选择上所利用的资源主要来自两个方面：一是地缘战略地位；二是人力资源。① 首先，美国为韩国提供了一定的经济支持，这为和平时期的韩国提供了不少可以利用的资源。1945—1970 年，美国对韩国的援助总计为 37.8 亿美元；1950—1969 年，以联合国为首对韩国的多边援助总计达到 6.26 亿美元。② 这些援助大约占到当时韩国年均 GDP 的 15%，成为韩国工业化进程中重要的启动资金。美国的庇护也间接让韩国以更低的成本参与国际资本市场，使其能够大量举债用于工业化。从 1962 年开始，韩国政府先是尝试引入国际贷款用于国家基础设施建设，再是到 1983 年修改外资引入法，实施投资自由化政策，大规模引进外资，包括扩大外商投资领域、鼓励外商直接投资、实行外汇汇款自由化等。因此，不同于日本的是，韩国工业化起步及上升期的大量资本都源于外国，其对世界市场有很深的依赖。其次，人力资源主要源于教育，相较于自然资源能够更好地跟随产业变化而调整升级。韩国尽管因缺乏自然资源而在工业化过程中面临多方困难，但也使其在产业选择时可以不为自然资源所束缚，可以以相对较低的

① 赵江林．马克思主义工业化理论及其在亚洲的实践［M］．北京：中国社会科学出版社，2016：116.
② 赵月华，李志英．模式Ⅰ——美国、日本、韩国经济发展模式［M］．济南：山东人民出版社，2006：350.

成本进行转换。在产业结构方面，从电力、水泥到钢铁、化学，再到造船、半导体，韩国每一次产业升级对劳动力的质量要求都在不断提升，产业对人力资源的要求与人力资源提升收入的要求得以有机结合，从而使产业与资源实现了同步升级。[①]

韩国的工业化是依照政府制定的六次"五年计划"并分三个阶段展开的：第一阶段为 20 世纪 60 年代初期至 1988 年，是工业化起步及上升期；第二阶段为 1988—1997 年，是工业化稳定期；第三阶段为 1997 年至今，是工业化后期和后工业化时期。其中前两个阶段是韩国工业发展的主要时期。

20 世纪 60 年代初期，韩国政府制定了实现国家工业化的"三步走"战略目标：一是建立自主经济体制，发展第一产业为工业化积累资源；二是实现原材料进口替代，为重化工业发展打基础；三是"不均等发展"，根据国民经济各部分发展需要，优先将部分产业作为优势产业加以扶持，以完成劳动密集型向资本密集型、"贸易立国"向"技术立国"的产业升级。其间，政府作为计划调节者保持对经济发展计划的调控。1962—1966 年，韩国政府开始第一个"五年计划"，一方面展开消费资料及其中间产品的进口替代，另一方面重点进行能源、交通等社会基础设施建设，发展电力、水泥、炼油等核心产业，以建成独立自主的工业化基础。整个"一五"计划时期，韩国工矿业年均增长 16%，占国民生产总值比重达到 25.7%；电力、交通及公用事业年均增长 8.1%，占国民生产总值比重达到 42.6%。1967—1971 年，韩国开始第二个"五年计划"，将重工业的进口替代、工业结构现代化和外向型工业化作为战略目标，重点围绕钢铁、石油化工和机械工业展开。为此，韩国政府取消了进口

---

① 赵江林. 马克思主义工业化理论及其在亚洲的实践［M］. 北京：中国社会科学出版社，2016：116.

替代产业的国内保护，通过减免营业税、法人税等手段加强对出口替代产业的扶植，实现新一轮产业升级。整个"二五"计划时期，韩国工矿业年均增长 19.9%，国民生产总值占比达到 29.9%；社会公用事业即服务业年均增长 12.5%，国民生产总值占比达到 45.9%。1972—1981 年韩国分别实行第三、第四个"五年计划"，主要围绕吸收西方发达国家产业转移，建设重化工业体系展开，在原先钢铁、机械、石化产业的基础上，继续向造船、汽车、家用电器等产业推进，并对这些产业都给予大力度的税收优惠。至此，韩国的工业化体系基本建成，整个建设过程也使韩国经历了近 20 年的经济高增长时期，"亚洲四小龙"之首和"汉江奇迹"也自此闻名世界。然而，1979 年世界第二次能源危机的冲击使第四个"五年计划"进行得并不顺利，韩国政府也着手新一轮产业结构调整，让劳动密集型和资本密集型产业向技术、知识密集型产业转型，于是韩国开始步入工业化稳定阶段。

1982—1991 年韩国先后实施了第五次和第六次"五年计划"，开始推动"政府主导型"经济向"民间主导型"经济过渡，政府从积极干预经济到让位于市场自动调节，工业化布局转向"技术立国"，并从以下三个方面实施：一是对韩国具有优势但在发达国家已然衰弱的钢铁、家电、汽车、造船等产业，利用技术升级、扩大国有化比重等方式提高其国际竞争力，形成出口主力产业；二是将韩国尚处于引进吸收阶段的计算机、航空航天等世界潮流产业，作为本国的战略支柱加以重点扶植，力争使之成为 21 世纪的主导产业，以及在 20 世纪末以前最大的出口产业；[1] 三是将信息、新材料等萌芽阶段产业作为现代产

---

① 刘伟，等. 工业化进程中的产业结构研究［M］. 北京：知识产权出版社，2020：135.

业在未来的替代产业，积极与发达国家合作，为高技术产业创造条件。① 这一阶段的调整最终取得了成功，1980—1997 年韩国 GDP 年均增长率为 8.1%，保持上升期的高水平，整个国家也彻底跻身工业国，成为世界经济前 10 位的重要经济体。

步入 21 世纪，韩国的工业体系日趋完整，经过多年发展后进一步成长为世界第六大制造强国。其间，韩国的主导产业已然处于成熟期，开始向衰退期迈进；同时智能化建设不足、企业创新能力不足也造成了韩国与世界顶级技术间差距的扩大。制造业支撑能力、新兴产业增长和产业生态系统三个方面的不足成为当下韩国工业发展面临的难题。对此，韩国政府于 2019 年提出"韩国制造业复兴战略"，以期完成韩国工业的新一轮升级。到 2030 年，"韩国制造业复兴战略"主要目标有四点：①制造业附加值率由 2018 年的 25% 提升至 30%；②新产业和新产品在制造业的比重由 2018 年的 16% 提升至 30%；③世界一流企业数量由 2018 年的 573 家增加至 1200 家；④制造业规模由 2018 年的世界第六位提高至世界第四位。基于这一系列目标，韩国政府设定了四个战略方向：一是加快产业智能化和环保化建设，通过基于 5G 和 AI 的工业智能技术建造智能工业园区，通过建造清洁工厂、开发清洁产品发展生产型环保市场。二是将系统半导体、未来汽车、生物技术三大新兴产业培育为主导产业，并改造工业园区，打造制造业创新集群。三是推进人力资源培养，推动研发体系革新，重塑产业生态系统。四是强化政府对国内投资和创新的支持力度，加强对尖端科技、新技术研发等领域的"一站式"支持。韩国政府希望以此为契机，逐步摆脱市场追随者的形象，转变为新兴制造业强国。

① 赵江林. 马克思主义工业化理论及其在亚洲的实践 [M]. 北京：中国社会科学出版社，2016：122.

综上所述，韩国的工业化能够从一无所有到发展成体系，主要得益于在政府干预下，精准地把握住自身特点，选择与之相符的产业发展模式。与日本相似，韩国工业化也基本是从能源等基础工业向造船、石油化工、计算机等中高端产业不断往上延伸，由点到面，最终形成自己的工业体系。[①] 在工业发展遭遇瓶颈时，韩国政府也是将科技创新作为主要突破方向，寻求制造业的智能化升级。因此，贵州作为后发地区，在现有产业基础上，选取合适的延伸方向与推进科技发展，将是贵州寻求"工业化大突破"的关键点。

五、国际经验总结与借鉴

纵览上述四个国家在"二战"后的工业化历程可以看出，无论是在原工业基础上二次复兴的德国和日本，还是作为后发国家代表的韩国，其工业化进程都是起步于煤炭、电力等能源产业，之后依次向钢铁、石化等原材料产业，车船、机械等制造产业及计算机、航空等高技术产业层层升级。美国作为"二战"后全球科技领导者，科学技术成为其工业发展最主要特色，依托军用技术向民用领域的转化，美国在半个世纪里培养出一大批高科技企业，为创新经济的产生打下基础。在进入 21 世纪后，美国在科技进步方向继续发力，推动科技产业进一步规模化、集聚化，形成了独特的创新经济。德国和韩国原有的制造业不约而同地遭遇了瓶颈，为此两国也均在科技创新方面发力，将科技与制造业融合、制造业智能化作为未来升级方向，以寻求工业发展的突破。日本则在 21 世纪初期错失互联网发展机遇，沦落为追赶者；相应地，日本政府不仅将智能化、物联化引入工业领域，更是将其规

---

① 刘伟，等．工业化进程中的产业结构研究［M］．北京：知识产权出版社，2020：120．

划至社会整体，以实现科技创新领域的跨越式发展，重新提升工业实力。

　　对于贵州而言，美国、德国、日本和韩国的经验表明：第一，工业化发展首先要认清自我，结合自身特点，循序渐进，一步一步地完成。贵州在当前工业基础上，已经进入制造加工产业的发展阶段，下一步应当瞄准制造业，打造产品生产制造基地。第二，"科技是第一生产力"，科技创新不仅成为各国工业发展的最终形态，也是各国工业寻求转型突破的着力点。因而贵州在寻求"工业大突破"时，必须要积极引进技术和人才，以科技作为动力，提升发展质量。第三，工业发展要善于发现机遇、把握机遇，依靠机遇实现弯道超车。作为后起之秀，贵州在寻求"工业大突破"时，要紧跟国家政策，参与国家建设规划，寻找突破的借力点。

第三节　贵州特色的工业化新路

一、工业化的基础条件

1. 自然条件

　　（1）矿产资源。贵州地处云贵高原，属西部高原山地地貌，地势西高东低，自中部向北面、东面、南面倾斜，平均海拔约为 1100 米，山地丘陵约占总面积的 92.5%。多山的环境造就了贵州丰富的矿产资源，全省矿物门类齐全、分布广泛、储量丰富、成矿地质条件好，已探明矿种（含亚矿种）超过 128 种，矿床、矿点超过 3000 余处①。截至 2019 年，全省主要矿产资源包括饰面用灰岩、锰矿、重晶石等 40 余种，其中排名位于全国第 1 位的资源包括饰面用灰岩（225514.8 万立方米）、锰矿（83555.53 万吨）、重晶石（12790.76 万吨）等 8 种；排名位于全国第 2 位的资源包括冶金用砂岩（8624.28 万吨）、陶瓷用砂岩（1042.5 万吨）、硫铁矿（9.2 亿吨）等 4 种；排名位于全国第 3 位的资源包括铸型用砂岩（1734 万吨）、稀土矿（87.08 万吨）、铝土矿（11.27 亿吨）等 6 种；排名位于全国前 10 位的资源共计 37 种。从开发利用的角度来看，贵州矿产资源不仅种类丰富、门类齐全、优势矿产显著，而且分布相对集中、规模大、质量较好。贵州主要矿产资源潜力大、远景好，尤其非金属类矿产的多用途砂岩、石灰岩等水泥、砖瓦原料和金属类矿产的锰、稀土等黑色、有色金属最具优势，在全国占有重要地位，并且人均、国土面积占有的矿产资源潜在经济价值量都高于全国平均水平与邻近省份水平。丰富的矿产资源为省内以铝、金为主的冶金工业，以磷、重晶石为主的化学工业和以水泥为主的建筑材料工业打下坚实基础，但是矿产资源在分布上也存在共伴生矿产较多、资源丰歉不均等问题，这些问题成为资源开发和工业发展的不利条件。

（2）能源储备。贵州能源资源以煤炭和水为主。2019 年，全省煤炭资源保有储量达到 766.42 亿吨，居全国第 5 位，仅少于山西、内蒙古、陕西、新疆，高于南方 12 个省份的储量之和。贵州作为江南煤炭第一大省，现有六盘水煤田、织纳煤田、黔西北优质无烟煤田等大型产区。全省煤炭资源煤质良好，煤种齐全，分布集中，尤其是可供开发利用的优质煤资源储量丰富，占全省总量近 1/3，有利于集中建设大

---

① 数据来自 http://gz.zwbk.org/MyLemmaShow.aspx? lid=2483。

中型矿区。在水资源方面，全省水系依地势从北、东、南三大方向上向西部、中部分流，主要河流有乌江、赤水河、清水江等，长度超过10千米的河流有984条，2019年全年水资源总量为1116.99亿立方米。贵州河流的山地特征明显，大部分河流上游河谷开阔，水流平缓，水量小；中游河谷星罗棋布，水流湍急；下游河谷深切，水量大；河流因此势能集聚，蕴藏出丰富的水能资源，开发条件优越。总而言之，水、煤兼备的能源资源格局，不仅使贵州成为江南最大的炼焦煤生产基地和商品煤输出最多的省份，也让全省成为"西电东送"在南方地区的重要节点，加上紧靠经济发达、能源短缺的华中、华南地区的区位条件，使贵州成为中国南方适宜的能源供应基地。

（3）气候条件。贵州全省属于亚热带季风气候，气温变化小，全年最冷的月份（1月）平均气温一般为3℃~6℃，高于同纬度其他地区；最热的月份（7月）平均气温多在22℃~25℃，属于典型的夏凉地区。全年降水多而集中，阴天较多，年阴天日数一般超过150天，常年湿度在70%以上。总体上省内气候对于工业生产限制较小，且较小的温差有利于工业的持续生产，但是受大气环流及地形等影响，全省气候变化多样，灾害性天气种类较多，干旱、凌冻、冰雹等频度大，这对于工业发展有一定的不利影响。

2. 历史人文条件

（1）1978年以前。新中国成立初期，贵州尚是一个极为贫困的农业省，1949年全省GDP仅为2.06亿元，工业的占比仅有12.5%。在党和国家的支持和全省人民的共同努力下，经过"一五""二五""三年调整"时期的不断发展，以及在大规模"三线建设"时期，东部、中部一大批工业企业的内迁贵州，使贵州先后建立起航空、航天、电子三个工业基地，形成覆盖机械、电子、冶金、化工、建材等行业的一大批企业，为省内工业发展打下基础，成为现今"工业大突破"的

91

重要推力。截至 1978 年，全省工业总产值达到 41.26 亿元，GDP 占比上升至 44.34%，为 1949 年的近 4 倍。

（2）1978—2000 年。1978 年开始，贵州贯彻《中共中央关于加快工业发展若干问题的决定（草案）》，加快工业企业整顿和改革，陆续促成一大批新建和技术改造项目投产运营。截至 1980 年末，全省工业总产值达到 45.27 亿元，其中轻工业总产值 16.6 亿元，占比为 36.69%，重工业总产值 28.64 亿元，占比为 63.31%。1981—1992 年，贵州基于开放、搞活的发展方针，陆续投产多项工业项目，截至 1985 年底基本建成具有一定生产规模和技术水平的工业体系，涵盖冶金、电力、煤炭、机械电子、建筑材料等多个工业部门，组建各种公司达 4093 个，其中煤炭、铝、建材、烟、酒等产品在国内占据重要地位。截至 1992 年，贵州形成特大型企业 1 户，大型企业 68 户，中型企业 83 户，实现工业总产值 293.39 亿元，较 1985 年扩大 2.51 倍。从 1993 年开始，贵州贯彻党的十四大精神，以建立社会主义市场经济体制为目标，开始推进现代企业制度建设，加快国有企业改革。截至 2000 年，全省工业增加值达到 328.73 亿元，年均增长 15%，为 1992 年的 4 倍多，并成功引导一批国有大中型骨干企业完成现代企业制度建设，其中有 54 户初步建立现代企业制度，有 8 户工业企业成功上市。

（3）2000—2010 年。2001 年后伴随"西部大开发"战略的实施，依托国家的投资和财政支持，贵州省工业部门努力推动本省资源优势向产业优势、经济优势和竞争优势转化，逐步培养出一批本地特色工业，成为全省工业经济增长的核心力量。截至 2005 年，能源工业已经是贵州的第一支柱产业，工业重头也由过去单一的烟酒工业转向涵盖能源、烟酒、冶金等产业的多元化工业布局。具体而言：能源工业实现增加值 171.83 亿元，占全部规模以上工业的比例达 30.6%；原材料工业实现增加值 72.9 亿元，占全部规模以上工业的 13%；发电量和原煤产量分别达到786.78亿千瓦和1.06亿吨；铝和磷矿石产量分别达41.99万吨和878.79万吨。全省37个工业行业大类中，全年增加值超过10亿元的行业共计10个，其中电力、烟草、饮料、化工和医药行业对工业增长贡献合计达71.8%，拉动工业增长12.21个百分点。能源原材料产业，烟酒产业和磷、铝等特色优势产业的主营业务收入增长超过规模以上工业主营业务收入增长的平均水平，电力、烟草、煤炭、磷及磷化工、铝及铝化工、铁合金冶炼和交通运输设备制造7个优势工业行业主营业务收入超过50亿元。2007年和2008年贵州的工业增加值和规模以上工业增加值先后突破千亿元大关。截至2010年，全省工业增加值达到1516.87亿元，年均增长16.5%，其中规模以上工业增加值为1227.17亿元，年均增长14.1%，占比约为80.24%。规模以上工业企业数量达到2693家，资产规模达5960.13亿元，主营业务收入达3926.01亿元，利润总额达317.63亿元。同时，这一阶段贵州还重点就高新技术产业化展开布局，集中力量推进航空航天产业、电子产业等加快发展，全省高新技术产业和装备制造产业实现工作增加值分别为57.62亿元和48.04亿元，占总体规模以上工业增加值的比重分别达到10.3%和8.6%，成为贵州工业发展新的突破点。

总体上，至此贵州省工业对经济增长额贡献率达到41.6%，正形成以能源、建材、有色金属等优势原材料加工产业和烟酒产业为主，制药、航空航天、电子信息和装备制造等产业为辅，呈现多元化发展的工业体系。在此基础上，以贵阳和遵义为核心的黔中经济圈，以毕节、六盘水、黔西南为主的西部经济带，以黔南、黔东南、铜仁为主的东部经济带，也正通过集聚形成"一圈两带"的工业发展布局，成为"工业大突破"的基础。

二、贵州"工业化大突破"的趋势

1. 一、二、三产业融合发展

"十三五"时期贵州工业化发展取得重大成就,"十四五"时期将进一步与其他产业联动,形成第一、第二、第三产业融合发展,以实现更大突破。

第一,城镇地区推进数字产业化升级和产业数字化落地,促进工业发展的深度和广度全面提升。一是向高端电子信息制造业,重点向智能终端、锂离子电池、新型电子元件、新型显示设备、高性能服务器和计算机等领域重点布局,打造行业示范、重点企业和关键产品,让高技术产业成为工业下一步发展的核心。二是实施数字经济万亿倍增计划,大力发展以云计算服务为核心的软件和信息技术服务业、互联网和相关服务业,打造南方最大、服务全国的云计算服务产业集群;同时依托云计算、大数据、人工智能等高技术加快工业的数字化改造,利用工业互联网推动企业全流程和全产业链转型升级,加快工业向智能化生产、网络化协同、个性化定制和服务化延伸融合升级。三是加速培育平台经济、共享经济等新业态,在国产数据库等软件开发领域形成突破,推动服务业向平台型、智慧型和共享型融合升级,推进智慧教育、智慧医疗、智慧物流等数字化新业态,以服务业带动工业的进一步深化。

第二,推动农村第一、第二、第三产业融合发展。一是培育龙头企业、合作社、家庭农场等新型经营主体,健全农业专业化、社会化服务体系,提高农产品加工转换率,建设农产品加工强县、强镇。二是深化农业产销智慧对接,发展智慧农业,加快农业的生产管理精准化和市场销售网络化升级;通过对农产品批发市场、产地市场等的升级改造，争取建成多个农产品集散中心，并以点带面，形成省、市、县、乡、村五级农产品流通服务网络。三是丰富乡村经济业态，推动农业与文化、旅游、健康等第三产深度融合，形成覆盖全产业链、全供应链和全价值链的综合服务体系，促进上游、下游产业间的联动。

2. 工业化、城镇化等协同发展

工业化决定城镇化，是城镇化的"发动机"；城镇化反作用于工业化，是工业化的"加速器"。近些年，在工业大发展的基础上，贵州的城镇化水平取得极大进步。截至 2016 年末，贵州城镇化率达到 44.2%，较 2010 年增长 10.4%，与全国平均水平的差距由 16.1%缩减至 13.2%；截至 2020 年末，贵州城镇化率达到 53.12%，较 2016 年增长 8.92%，与全国平均水平的差距再度缩减至 10.74%。因此，加快城镇化进程，寻求与工业化的协同发展，是"工业大突破"下另一大方向。就贵州而言：

第一，以工业化为基础，做大做强城镇工业经济。首先是坚持以城聚产、以产兴城，努力实现产—城融合以集聚创新要素，提升产业发展能级，形成城市"动力引擎"，进而增强城镇人口承载力、内需带动力和发展竞争力。其次是促进工业园区与城镇间融合发展，提高工业园区的集聚效力和产出效率；同时搭建创新平台，培育引进高新企业，打造更多、更优质的"双创"基地。最后是强化城镇服务经济发展，强化现代物流业、文化旅游业、金融业、会展业等产业发展，在流通领域为"工业大突破"助力。

第二，优化城镇发展格局。在空间布局上，推进"强省会"战略，加快构建以黔中城市群为主体，以贵阳、贵安新区为龙头，以贵阳、贵安新区、安顺都市圈和遵义都市圈为核心增长极，其他市（州）区域中心城市为重点，县城为重要载体，黔边城市带和特色小城镇为支撑的新型城镇空间格局。提升贵阳的首位度，充分发挥其作为省会城市的辐射作用，形成中心联动外围的特色城镇体系。

第三，加快基础设施建设，全面提升城镇品质。提升城镇品质，一方面是完善旧有基础设施，加强城镇老旧小区的建设，健全网格化管理机制，为现有工业的效率提升做好辅助。另一方面是推动新型基础设施建设和创新能级向国内一流水平迈进，以5G、数据中心、人工智能等数字基建为基础，力争建成新型互联网交换中心，实现"百兆乡村、千兆城区"的光纤网络覆盖；同时推进北斗卫星大数据基础设施和新型基础测绘体系建设，为工业技术升级和体系完善夯实基础，保驾护航。

第四，统筹城乡区域协调发展。工业发展的红利必须能够覆盖乡村地区，才能带动全省形成突破。因而，在脱贫攻坚成果的基础上，要进一步统筹城乡规划，建立健全城乡融合发展机制成为必要任务。这需要推进城乡基本公共服务均等化，统一城乡交通、水利、能源、医疗卫生、通信、邮政、环保、防灾等方面的规划布局，并强化城乡接合部及革命老区、民族地区的管理和帮扶。以人才、资本等要素在城乡间的双向流动和平等交换为目标，形成工农互促、城乡互补、全面融合、共同繁荣的新型城乡工业布局及发展格局。

第三章

贵州十大优势工业产业

第一节　贵州十大优势工业产业的总体情况

一、贵州十大优势工业产业的确立和微调

在习近平总书记的指示以及贵州省委省政府的大力推动下，贵州逐渐形成并确立了十大优势工业产业。习近平总书记对贵州工业发展多次作出重要指示，2015 年，总书记在视察贵州时指出，要推动新型工业化、新型城镇化、农业现代化、旅游产业化四个轮子一起转。2021 年初，总书记在贵州视察中再次强调，要培育壮大战略性新兴产业，加快发展现代产业体系。总书记的重要指示对贵州明确工业产业的发展方向和重点具有重要意义。在此指导思想下，贵州省委、省政府高度重视新型工业化的发展，实施"千企改造""千企引进"工程，大力推进十大优势工业产业集群化发展。贵州省委十二届八次全会、九次全会、省委经济工作会议均提出，要把加速推动新型工业化作为经济高质量发展的首要任务，大力实施产业发展提升行动，推动产业高端化、绿色化、集约化发展，奋力推进"工业大突破"。

2018 年 12 月，贵州印发《省人民政府关于印发贵州省十大千亿级工业产业振兴行动方案的通知》（黔府发〔2018〕33 号），该通知确立集中力量推动"基础能源、清洁高效电力、优质烟酒、新型建材、

现代化工、先进装备制造、基础材料、生态特色食品、大数据电子信息、健康医药"十大千亿级工业产业发展，打造成为引领发展、拉动增长、融合创新的支撑性、示范性、带动性核心产业。2021年3月，贵州印发《关于实施工业倍增行动奋力实现工业大突破的意见》和《关于推进开发区高质量发展的指导意见》。同年8月，贵州印发《"十四五"战略性新兴产业集群》，强调立足本省战略性新兴产业发展基础，综合考虑特色优势产业发展情况，从产业现有基础、未来产业规模、产业竞争力、产业带动能力等维度进行分级分类规划发展。

贵州"十四五"规划进一步指出要做大做强十大工业产业，并出台《贵州省"十四五"工业发展规划》，其中把基础能源和清洁高效电力统一整合为现代能源产业，并将新能源汽车和新能源电池新增进入十大优势工业产业中。此外，贵州也出台了相应各产业的"十四五"发展规划。一是稳步发展优质烟酒产业，提高白酒产业发展水平，优化卷烟结构，巩固提升酱香白酒、贵烟品牌地位；二是大力发展基础能源和清洁高效电力，做优煤炭产业，扎实推进能源工业运行新机制，推进煤层气、页岩气、氢能、地热能等加快发展，着力构建清洁低碳、安全高效的能源体系；三是促进现代化工业发展，推进磷化工精细化、煤化工新型化、特色化工高端化，打造一批具有较强国际影响力的知名品牌；四是推进基础材料向新材料领域提升转化，持续优化钢、合金等产业结构，推进铝、镁、钛、锰、黄金等产业链延伸；五是加快发展高端先进装备制造业，特别是发展航空、航天、汽车产业，大力发展电力装备、工程及矿山机械产业，积极培育山地农机及食品加工装备、智能装备及其他特色装备产业；六是推进新型建材产业优化产能、升级产品，坚持节能环保低碳导向，打造成绿色发展示范型产业；七是加快发展生态特色食品加工，提升产品附加值，巩固"贵州绿色食品"形象；八是充分发挥民族医药特色优势，推动中药材精深加工，巩固提升中药民族药，培育发展生物医药，推进生物资源产品和药物新品种研发和产业化；九是做强大数据电子信息产业；十是培育发展燃料电池汽车、智能网联汽车，大力发展新能源电池产业，打造千亿级新能源汽车及新能源电池产业集群。

二、"十四五"发展目标

1. 总体目标

《贵州省国民经济和社会发展第十四个五年规划和 2035 年远景目标纲要》《关于实施工业倍增行动奋力实现工业大突破的意见》《贵州省"十四五"工业发展规划》等文件也明确了"十四五"时期贵州工业发展的目标。事实上，贵州 2018 年印发的《省人民政府关于印发贵州省十大千亿级工业产业振兴行动方案的通知》（黔府发〔2018〕33号）就指出，到 2020 年，全省工业总产值要达到 1.8 万亿元，十大优势工业产业总产值要达到 1.46 万亿元，年均增长 10% 左右；到 2022年，全省工业总产值要达到 2 万亿元，年均增长 10% 左右，高质量发展取得重大突破，十大优势工业产业总产值要达到 1.75 万亿元，年均增长 10% 左右，基础能源、清洁高效电力、新型建材、现代化工、优质烟酒等产业要达到 2 千亿元级台阶，先进装备制造、基础材料、生态特色食品、大数据电子信息、健康医药等产业达到千亿元级。从实际完成情况来看，2020 年贵州全省工业总产值达到 1.4 万亿元，十大优势工业产业合计总产值达到 1.39 万亿元，基本完成了预计的目标。

2. 向产业链中高端提升

除了数量目标外，贵州还旨在推动产业链供应链向中高端跃升。

《省人民政府关于印发贵州省十大千亿级工业产业振兴行动方案的通知》提出，要深入实施创新驱动战略，鼓励企业加大科技创新投入，培育建设一批引领行业发展、技术水平占据制高点的产业创新中心、制造业创新中心、重点实验室、工程研究中心、企业技术中心、工业设计中心、技术创新示范企业、科技资源共享服务平台等创新和服务平台，从而提高工业整体科技水平和竞争力；培育一批全国制造业单项冠军企业、单项冠军产品，以及具有国际竞争力的品牌企业，促进产业提质增效。

3. 推进产业绿色发展

在碳达峰、碳中和的背景下，绿色低碳发展是工业化发展的大趋势、大潮流。因此，贵州强调在推动十大优势工业产业发展中，要强化绿色准入，严格执行新建项目节能、环保、安全等准入门槛，坚决杜绝高消耗、高污染、低效益、不安全的落后企业、产能和项目进入；大力构建和完善绿色生产供应链，开展企业清洁生产，加快大宗工业固废资源综合利用，提高资源利用效率；注重绿色产出，鼓励企业应用轻量化、模块化、集成化、智能化等绿色设计共性技术；严格退出机制，利用综合标准依法、依规推动落后产能退出，稳妥、有序化解过剩产能；开展绿色工厂、绿色园区创建工作，重点打造一批试点示范园区。

4. 推进智能制造，促进工业化与信息化深度融合

随着第四次产业革命的不断发展，工业机器人、人工智能技术将在制造业中不断普及，智能制造是未来产业发展的趋势，是产业竞争力的关键，因此推进智能制造十分迫切。贵州也顺势提出，要以"千企改造"工程为载体，以"万企融合"行动为抓手，系统构建全省工业互联网网络、平台、安全三大功能体系，打造人、机、物全面互联的新型网络基础设施，加快推进互联网、大数据、人工智能与实体经济融合，不断提升融合应用的广度、深度、精度；以工业互联网平台为核心，鼓励工业企业登云用云，促进企业优化管理模式、降低生产成本、提高产品质量、增加企业效益，组织实施智能制造专项，重点支持企业基于智能制造标准、核心支撑软件、工业互联网与工业控制信息安全开展关键生产工序和先进制造二艺的集成应用。

5. 优化产业区域空间布局

《省人民政府关于印发贵州省十大千亿级工业产业振兴行动方案的通知》也指出，要优化省域内的工业产业布局，将在黔中经济区重点发展大数据电子信息、健康医药等产业；在黔北经济协作区重点发展优质烟酒、基础材料等产业；在毕水兴经济带重点发展基础能源、清洁高效电力等产业；在黔东南州、黔南州、黔西南州等民族地区重点发展新型建材、生态特色食品等产业。

三、总体发展情况

在政策的推动作用下，贵州十大优势工业产业发展势头良好，对贵州经济发展的拉动作用不断提升，表3-1给出了相应的统计数据。

表3-1 贵州十大优势工业产业发展统计数据

年份	2019	2020	2021
总产值（亿元）	12500.00	13887.28	15194.88
地区生产总值（亿元）	16769.34	17826.56	19586.42
占地区生产总值比重（%）	74.54	77.90	77.58
规模以上工业单位数（家）		4266	4422
实现营业收入（亿元）		11043.25	12749.48
实现利润总额（亿元）		1203.84	1173.06

续表

年份	2019	2020	2021
上缴各类税金总额（亿元）		972.02	964.34
平均用工人数（万人）		87.80	107.74

资料来源：笔者根据贵州省统计局数据整理而成。

从 2019 年十大优势工业产业的发展情况来看：全省十大优势工业产业总产值为 12500.00 亿元①，带动全省规模以上工业增加值增长 9.6%，增速位居全国前列。十大千亿级工业产业全部跃上千亿级规模。新型建材、清洁高效电力、优质烟酒产业总产值达到 1500 亿元以上；基础能源、现代化工、先进装备制造、基础材料、大数据电子信息产业稳步发展，先进装备制造业完成工业总产值 1190 亿元，数据电子信息产业收入达到 1500 亿元左右，大数据产业发展指数排名全国第三，数字经济增速连续四年全国第一；生态特色食品、健康医药产业跻身千亿级行业。十大千亿级工业产业对全省经济增长的贡献非常高，占全省 GDP 的比重达到 74.54%，占全省规模以上工业总产值比重达到 95%，占全省规模以上工业增加值比重达到 96.4%，对全省规模以上工业增加值增长贡献率达到 98.9%，拉动全省工业增速 9.4 个百分点。从规模以上工业增加值增速来看，基础能源、优质烟酒、大数据电子信息、清洁高效电力、基础材料产业分别增长 17.5%、13.6%、12.9%、11.2%、20.8%。现代化工、先进装备制造、生态特色食品、健康医药、新型建材等产业保持稳定发展。全年建成投产一批工业产业项目，新建成投产入规模以上工业企业达到 220 户。在重点项目中，吉利 1.5TD 发动机、普安 2×66 万千瓦火电、务川年产 100 万吨氧化铝、中晟泰科集成电路半导体产业园等重点项目建成投产。兴仁登高

---

① 各产业之间存在行业交叉，在核算十大优势工业产业总体数据时已剔除重复行业。下同。

新材料煤电铝一体化项目25万吨电解铝生产线全面投产，磷化集团2万吨/年电池级无水磷酸铁、湿法净化磷酸扩能改建等项目建成投产。在技术升级方面，"千企改造"工程启动实施技术改造企业有1256户、项目达1321个。规模以上工业企业研发费用同比增长118%，大幅高于利润总额增速。新认定国家级技术创新示范企业2家、省级企业技术中心有26家。工业企业"两化融合"发展指数同比提高1.4，全国位次提升2位。在绿色发展方面，规模以上工业企业单位增加值能耗同比下降4%左右。新增国家级绿色园区有1家、绿色工厂有4家，省级绿色园区有2家、绿色工厂有7家。新增磷石膏综合利用能力200万吨以上。建立水泥窑协同处置城市垃圾运行保障机制，协同处置城市生活垃圾（污泥）65万吨左右。

从2020年十大优势工业产业发展情况来看：全省十大优势工业产业合计总产值13887.28亿元。其中，清洁高效电力总产值为1866.39亿元，优质烟酒总产值为1780.69亿元，新型建材总产值为1595.48亿元，生态特色食品总产值为1400.85亿元，大数据电子信息总产值为1400.07亿元，基础材料总产值为1358.91亿元，先进装备制造总产值为1281.47亿元，基础能源总产值为1279.56亿元，现代化工总产值为1188.91亿元，健康医药总产值为1164.67亿元。全省十大优势工业产业中规模以上工业单位数为4266家，其中年产值10亿元以上的企业数为121家；合计实现营业收入11043.25亿元①，其中规模以上工业实现营业收入8748.97亿元；实现利润总额1203.84亿元，其中规模以上工业实现利润总额1029.11亿元；上缴各类税金总额972.02亿元，其中，规模以上工业上缴税金827.77亿元；平均用工人数为87.80万人，其中规模以上工业平均用工人数为70.22万人；

---

① 部分产业包括除了工业外的其他关联行业，部分关联行业无效益指标。

入驻全省各类园区的规模以上工业企业共 3364 家，入园率为 78.9%；总产值增速逐渐转好，实现增长 4.1%。

从 2021 年十大优势工业产业发展情况来看：全省十大优势工业产业合计总产值 15194.88 亿元。其中，现代能源总产值为 3520.05 亿元，基础材料总产值为 1721.40 亿元，优质烟酒总产值为 1618.51 亿元，生态特色食品总产值为 1600.68 亿元，大数据电子信息总产值为 1597.63 亿元，新型建材总产值为 1508.74 亿元，先进装备制造总产值为 1398.74 亿元，现代化工总产值为 1390.37 亿元，健康医药总产值为 1168.08 亿元，新能源汽车总产值为 575.36 亿元。全省十大优势工业产业单位数为 4422 家，较 2021 年初增加 456 家，其中年产值 10 亿元以上的企业数为 143 家；合计实现营业收入 12749.48 亿元；合计实现利润总额 1173.06 亿元；上缴各类税金总额 964.34 亿元；平均用工人数为 107.74 万人；入驻全省各类开发区的规模以上工业企业共 3286 家，入驻率为 77.7%。开发区中规模以上工业企业总产值为 8339.22 亿元，占十大工业产业总产值的 54.9%；实现营业收入 7266.19 亿元，占比为 57.0%；实现利润总额 905.88 亿元，占比为 77.2%；上缴税金 480.89 亿元，占比为 49.9%；平均用工人数为 54.87 万人，占比为 50.9%。

四、机遇与挑战

1. 面临的机遇

随着新一轮科技革命的加速演进，东部产业迭代升级，产业转移大潮势头汹涌，加上"一带一路"倡议及国家长江经济带、粤港澳大湾区、成渝地区双城经济圈等区域发展战略深入实施，西部陆海新通道节点优势逐步显现，区域全面经济伙伴关系协定（RCEP）开放市场，"贵州+"合作模式不断深化，区域合作空间进一步拓展，为贵州工业发展开辟了新空间。经过"十三五"的长足发展，贵州交通、信息等基础设施基本能与发达地区相媲美。大数据国家级节点建成投用，互联网体系日益完善，西南地区中心区位优势不断凸显；贵州大抓工业、抓大工业，十大优势工业产业发展全力全速、稳扎稳打，规模总量跃上新台阶、增长速度实现新提升、转型升级迈出新步伐、质量效益取得新突破，为工业发展打下了坚实基础。

2. 面临的挑战

（1）国家层面。当前世界正经历百年未有之大变局，新型冠状病毒肺炎疫情全球大流行影响持续深化，全球范围内贸易战、科技战、网络战、金融战不断升级，"逆全球化"趋势加速演变，全球产业链供应链深度调整。发达国家重振制造业，发展中国家大力推动劳动密集型产业发展，制造业向发展中国家转移加速，我国工业面临"两端挤压"。此外，在"碳达峰""碳中和"背景下，我国经济进入高质量发展阶段，经济发展面临的资源环境约束趋于强化，对经济发展造成了一些影响。

（2）省域层面。由于地理环境等方面的客观原因的影响，相对其他省份来说，贵州工业化水平仍较低，工业经济总量小、结构需要优化、产业链供应链不健全等问题仍然突出。在绿色发展要求下，保护环境的任务更加迫切，资源环境约束进一步加大。此外，贵州还面临人才支撑不足、土地资源匮乏、产业储备较少、融资压力增大、创新能力较弱等短板，这使关键核心技术突破难度较大，对新产业、新产品发展支撑不足。而且，未来省际区域竞争将日趋激烈，东部及周边地区战略性新兴产业集群化发展走在前列，可能进一步拉大贵州与其他省份的差距。

从2019—2021年各行业数据发展趋势来看，部分支柱行业增长慢，增长动力不足。全省规模以上工业新建投产企业减少、新增动能不足，2019 年全省规模以上工业新增入库企业为 221 户，同比减少 94 户。新增企业主要集中在煤炭、建材等传统行业，新兴产业企业占比仅为 25%，同比下降 8.3%。民营企业生存压力较大，2020 年规模以上民营工业企业有 4174 家，占全省规模以上工业企业的 86.3%，是全省工业发展的重要基础，受疫情影响，目前民营企业库存量多，被拖延货款和垫资情况明显，资金仍紧张。高技术制造业增长乏力，2019 年高技术制造业增加值仅增长 3.2%，同比回落 11.6 个百分点，比全国水平低 5.6 个百分点。高技术制造业增加值占规模以上工业的比重由 2018 年的 7.6% 下降至 6.9%，回落 0.7 个百分点。2020 年，高技术制造业增加值同比下降 1.3%，增速仍未能转正，而全国高技术制造业已实现增长 7.1%，增加值占全省规模以上工业比重为 5.9%，比2019 年同期下降 1.0 个百分点。

五、政策思路和举措

1. 总体原则

坚持稳中求进的总基调，加大工业经济高质量发展。重点把握四个关系：一是把握好稳增长和提效益的关系。将十大优势工业产业发展贯穿始终，确保一张蓝图绘到底，一以贯之抓落实，扎实推进产业转型升级和提质增效，为全省经济社会发展作出更大贡献。二是把握好优存量和扩增量的关系。一方面，聚焦十大优势工业产业，通过巩固提升特色优势产业，加快转型升级传统产业，优化存量；另一方面，通过培育壮大新兴产业、强化招商引资、产业发展和项目引进的协调性，不断增强规模实力。三是把握好补短板和扬长板的关系。持之以恒推进优势产业加快发展，把招商引资和项目建设摆在突出位置，重点抓集群、抓首位，全力推进高端补链、终端延链、整体强链，打造引领性、支撑性、示范性核心产业。四是把握好定性和定量的关系。在重点任务上，既体现工作的定性要求，也注重具体量化指标的设定，确保指标具有针对性、实效性和可操作性。

2. 政策思路

第一，稳住并做大做强优质烟酒、现代能源、现代化工、基础材料等工业占比较大的传统优势产业，增强对经济增长的支撑能力。煤、电、酒作为贵州传统行业，对工业经济具有压舱石的作用，必须下大力气稳住基本盘。要进一步扩大能源运行新机制的良好推动作用，加快煤矿智能化、机械化改造，加大煤炭资源综合利用力度，推动煤炭持续生产均衡、供应充足、价格合理的良好运行态势；扩大电力市场交易方式，激活工业用电大户扩大生产，力争电力行业保持稳定增长；要提升以茅台集团为引领的贵州白酒整体品牌知名度，打造适应消费结构升级的白酒市场，培育出以茅台集团为龙头的企业梯队，更好地推动白酒行业的大发展。

第二，稳住并做大做优做特生态特色食品、健康医药、新型建材、特色轻工等地方特色产业，提高特色优势产业在工业经济中的占比。

第三，聚焦产业高端化发展，依托贵州数据资源和军工技术等优势，做专做精大数据电子信息、先进装备制造、新能源汽车及新能源电池、节能环保等新兴潜力产业，从而增强贵州高端制造能力，提升其产业高端化发展水平。积极拓展工业经济增长空间，充分发挥大数据资源优势，推进数字产业化和产业数字化进程，着力培育新业态新模式，布局前沿技术产业。

3. 政策举措

第一，进一步促进产业聚集。以产业为依托，围绕产业的主导产品及其上游和下游产品，形成集聚效应，按照省委、省政府对经济社会发展的要求，积极推动上游和下游产业对接互补，推动产业向园区聚集，形成以龙头企业引领、配套企业支撑的产业集群，增强集群内企业的优势互补。

第二，促进十大优势工业产业协同发展。优化提升优质烟酒、生态特色食品、民族医药等特色优势产业的品牌建设、产品结构、区域集聚；推动促进基础材料、基础能源、现代化工、新型建材、先进装备制造业、清洁高效电力等传统产业的转型升级、提质增效，提升其智能化、机械化、绿色化、高端化发展水平；培育壮大大数据电子信息产业，积极承接东部地区优质产业链转移，全面提升产业链技术水平和产业价值。

第三，积极大胆扩大招商引资力度。强化产业链招商，突出以商招商，着力引进一批投资规模大、经济效益好的优质企业，要加大对生态特色食品等行业规模化发展，对农产品加工进行补链、延链、强链，提升产业带动力，搭建同行业交流合作平台，促进招商企业与本土企业合作共赢，补齐拓宽产业链条，提高相关产业互补性和契合度。

第四，强化技术创新引领高质量发展，增强产业核心竞争力。重点是要处理好继承和创新的关系，解决创新能力不足、产业竞争力弱的问题。加强创新企业培育，鼓励企业加大科研投入，支持企业自主研发和引进消化，引导资金、人才、资源、服务向创新型企业倾斜，推动企业根据市场需求及时优化产品、创新营销模式；加大招商引资力度，引进科技含量高、成长性好的企业，以子公司的形式共享集团公司先进技术、生产线和销售网络，促进企业在省内落地生根；支持校企合作，促进科技成果转化和价值释放；加强人才培育和引进，既要引进高层次管理人员和技术人才，也要加强技能人才队伍的建设。

第五，培育壮大市场主体，特别是落实、落地相关政策，扶持民营企业发展。针对民营工业企业经营面临的困难，一要延长民营企业扶持政策有效期，给予企业足够的缓冲时间进行自我修复；二要协调上游和下游的企业，帮助企业拓宽订单来源，提高产品本地销售率；三要切实维护企业合法权益，建立清理和防止拖欠企业账款长效机制，帮助民营企业回流现金；四要想方设法拓宽融资渠道，协调金融机构对于贷款到期且还款困难的企业，予以延期或续贷。同时，加快民间借贷制度建设，使民间借贷阳光化、规范化，积极推进利率市场化。

第六，坚持信息化、数字化与工业化深入融合。深入推进大数据、云计算、量子通信、人工智能等新一代信息技术与高端装备制造、新材料、新能源、生物等产业的创新融合，将大数据手段运用到节能环保、新能源汽车、数字创意产业的全产业链、全生命周期中，促进战略性新兴产业向数字化、网络化和智能化转型，解决智能化、数字化发展水平低的问题。

第七，守好生态发展底线，构建绿色制造体系。重点是处理好发展和生态的关系，解决资源粗放式利用、集约化程度低的问题。

第八，依托十大优势工业产业，完善"两区六基地"的产业空间布局。一是以赤水河流域为中心，打造世界酱香白酒产业集聚区；二是以贵阳、贵安为核心，打造全国大数据电子信息产业集聚区；三是以"毕水兴"能源资源富集区为重点，打造国家新型综合能源战略基地；四是以福泉-瓮安-开阳-黔西-织金磷煤资源连片区域为核心，打造全国重要磷煤化工产业基地；五是以贵阳贵安-黔南为核心，以铜仁、黔西南、六盘水为支撑，打造全国重要新型功能材料产业基地；六是以黔南、黔东南、铜仁为重点，打造全国重要绿色食品工业基地；七是以黔南、黔东南、贵阳为重点，打造全国重要中药（民族药）生产加工基地；八是以"贵遵安"三大军工基地为依托，打造全国重要高端装备制造及应用基地。

第二节　巩固提升传统优势产业

一、优质烟酒

1. 产业发展情况

从现有规模来看，2021 年贵州优质烟酒产业的总产值为 1618.51 亿元，规模以上工业单位数为 159 家，实现营业收入 1517.99 亿元，利润总额达到 692 亿元，上缴各类税金总额为 610.52 亿元，在十大优势工业产业中的盈利能力和缴税能力均保持第一位。

从近年来的发展情况来看，2019—2021 年，优质烟酒产业总产值有所增长，但是增幅不大。2019 年，优质烟酒产业的总产值就达到1500 亿级，2020 年上升到 1780.69 亿元，但是在 2021 年又下降到1618.51 亿元，导致营业收入、利润、缴税能力也有所下降。从优质烟酒产业占十大优势工业产业生产总值比重来看，占比由 2020 年的12.82% 下降到 2021 年的 10.65%，这一方面说明优质烟酒产业本身的增长幅度不大；另一方面也反映出其他产业的发展更快，使贵州产业结构不断优化（见表3-2）。

表 3-2　优质烟酒产业统计数据

年份	2019	2020	2021
总产值（亿元）	1500 亿级	1780.69	1618.51
十大优势工业产业生产总值（亿元）	12500.00	13887.00	15194.88

续表

年份	2019	2020	2021
占十大优势工业产业生产总值比重（%）		12.82	10.65
规模以上工业单位数（家）		151	159
实现营业收入（亿元）		1770.89	1517.99
实现利润总额（亿元）		772.79	692.00
上缴各类税金总额（亿元）		591.30	610.52
平均用工人数（万人）		7.04	10.11

资料来源：笔者根据贵州统计局数据整理而成，下同。

（1）从特色白酒产业来看，贵州是中国白酒第一大省，名酒众多。

一是从白酒产业发展来看，"十三五"时期，贵州白酒产业持续健康发展，年均增速达到 12.7%，白酒产业贡献的工业增加值占全省工业的比重达 30%。2019 年，贵州规模以上白酒企业完成产值 1131 亿元，完成增加值达 1089.2 亿元，同比增长 15.8%。2020 年，规模以上酒饮料行业增加值同比增长 6.3%，增速高于全省规模以上工业 1.3 个百分点，拉动全省规模以上工业增长 1.8 个百分点，增加值占规模以上工业比重超过三成，高达 31.2%。2020 年，酒业产值达到 1200 亿元左右。这意味着未来五年，贵州白酒产业规模将增长 108%，实现翻番，每年平均增长率将达到 16%，是全省第二产业增加值的两倍，几乎每年增长 200 亿元以上。2021 年，酒的制造增加值增长 42.3%，全年全省白酒产量 34.81 万千升，比上年增长 30.5%。此外，2021 年，贵州制定实施赤水河流域酱香白酒产业规范发展的意见和产区保护规划，优质烟酒产业增加值增长 24.1%；引进落地酒类、农产品加工类包装配套项目 40 余个，其中习水白酒包装材料产业园等加快建设，白酒包装省内配套率达 81.6%。酒饮料行业引领发展，增速屡创新高。随着贵州酱香白酒知名度和认可度的明显提升，全省白酒生产销售形势持续向好，全年持续实现 20%以上的高速增长。

二是从白酒产业市场主体和品牌来看，贵州目前有八大名酒，分别为：茅台酒、董酒、平坝窑酒、安酒、习水大曲酒、金沙窑酒、鸭溪窑酒、湄窖。茅台酒、鸭溪、赖永初等酒业公司获得"中华老字号"称号，并有十多枚白酒注册商标获得"中国驰名商标"。在茅台的带动作用下，贵州省从高端到中低端白酒的市场认可度不断提升，习酒、金沙、国台、董酒、珍酒、酒中酒、青酒、贵酒、安酒等品牌逐渐被更多的消费者所熟知，从而增强了贵州白酒产业发展的核心竞争力。目前，茅台集团已经实现"千亿元营收"，成为全国首家千亿级酒企。习酒、国台、金沙等贵州名优白酒势头强劲。

（2）就烟草行业来看，贵州的烟叶具有比较优势。

一是从烟草行业发展情况来看，2019 年，烟草制品业增加值同比增长 6.8%，拉动工业增长 0.6 个百分点，占全省规模以上工业增加值比重为 8.4%，比 2018 年提高 0.2 个百分点。2020 年，烟草行业进一步优化产品结构，巩固"贵烟"品牌建设，提升产品市场占有率，规模以上烟草行业增加值同比增长 4.1%，拉动规模以上工业增长 0.3 个百分点，增加值占规模以上工业比重达 9.2%。2021 年，烟草行业生产平稳，增速略有加快，全省规模以上烟草制品业增加值比 2020 年增长 7.5%，增速比 2020 年加快 3.4 个百分点，拉动规模以上工业增长 0.8 个百分点。

二是从烟草行业市场主体和品牌来看，2016 年来，"贵烟"品牌商业销量、批发收入增量和增幅均在全国重点品牌中靠前，其中"国酒香""玉液"等牢牢占据全国高端烟的地位，市场占有率很高。重点规格卷烟销量稳定增长、结构快速提升，高端卷烟带动作用凸显。此外，贵州还有"黄果树""遵义"等著名香烟品牌。

2. 产业发展前景

一是国家层面，国家政策的持续支持。2022 年 1 月 26 日，国务院印发《关于支持贵州在新时代西部大开发上闯新路的意见》，该意见从国有企业、酒类展会、生产基地、生态环境四个方面，明确支持贵州白酒产业的发展，该意见还指出："稳妥推进白酒企业营销体制改革""发挥赤水河流域酱香型白酒原产地和主产区优势，建设全国重要的白酒生产基地"。这将为贵州"十四五"时期的白酒产业发展提供新的动力。

二是省级层面，贵州在"十四五"时期力争实现白酒"工业大突破"，将全力优化政策服务，谋划实施"白酒雁阵"培育打造计划。力争到 2025 年形成"龙头领军企业、优势骨干企业、快速成长企业"的雁阵企业群。希望在 2025 年将茅台集团打造为"世界 500 强"企业，将习酒培育打造为 200 亿元级企业，将国台、金沙、珍酒培育打造为 100 亿元级企业，将董酒、钓鱼台培育打造为 50 亿元级企业。推进一批企业上市，推动实现成长企业挂牌上市"增数量"，形成"百亿产值、千亿市值"的企业梯队。

三是企业扩张产能的潜力较大。2022 年 1 月 27 日，贵州茅台发布公告，决定投资 41.1 亿元来实施"十四五"酱香酒习水同民坝一期建设项目。该项目建成后，有望形成系列酒，制酒产能约为 1.2 万吨、制曲产能约为 2.94 万吨、贮酒能力约为 3.6 万吨。

但是也要看到，近年来贵州白酒的产量增长有限，更多是靠价格的上升。从 2016 年开始，贵州白酒产量就逐年下降，2019 年贵州白酒产量为 27.39 万千升，比 2018 年白酒产量减少 3.48 万千升，同比下降 11.3%。

可见，贵州白酒产业仍是具有较大潜力的，但需要在稳中求进。持续巩固优质烟酒产业在全省工业经济中的支柱地位，进一步加快推进烟酒产业结构升级，着力抓好品牌、品质、品种建设，打造优质烟酒精品。重点依托不可复制的生态和资源禀赋，以及"酱酒核心·赤水河谷"地域品牌为优势，大力发展酱香为主、多香并举的白酒产业，持续打造世界酱香白酒产业集聚区。到2025年，力争全省白酒产量达到60万千升，优质烟酒产业总产值达到3500亿元，其中白酒总产值达到3000亿元、卷烟总产值达到500亿元。

3."十四五"产业发展建议

对于白酒行业，建议依托不可复制的生态和资源禀赋，充分发挥贵州酱香型白酒原产地和主产区核心优势，按照"做大、做强、做特、做优"的发展思路，持续推进白酒产业转型升级和提质增效，全力把赤水河流域产业带打造成为世界酱香型白酒产业基地核心区，把茅台集团打造成为千亿级世界一流的企业集团，推动贵州白酒产业集群不断发展壮大，成为引领行业未来发展的新风向标，持续巩固优质烟酒产业在全省工业经济中的支柱地位。

第一，推进产业转型升级。一是推进产业集聚、企业集群。以赤水河流域产业带为核心，按照"抓大、扶优、扶强"的思路，大力促进竞合发展、共生共荣，构建"龙头舞起来、龙身活起来、龙尾动起来"的产业发展格局。二是推进结构优化、提质增效。坚持走以质取胜的发展道路，推进产业从追求产量向追求质量转变、从规模扩张向结构升级转变，不断提高发展效益。

第二，实现绿色可持续发展。坚持以环境容量确定产能，立足资源禀赋和生态环境保护，强化绿色准入、注重绿色产出，推动绿色发展。全力保护好赤水河，划定赤水河流域酱香白酒生产保护区，统筹酒产业空间布局，整合现有酿酒资源，提升白酒产业发展质量。坚持品质优先，持续优化品种结构，提升产品品质，打造贵州酱香型白酒品牌，构建"品牌强大、品质优良、品种优化、集群发展"的贵州白酒产业发展体系。

第三，推进品牌打造、营销再造、品牌梯度。进一步加快推进烟酒产业结构升级，着力抓好品牌、品质、品种建设，打造优质烟酒精品。实施"产区、企业、产品"三位一体品牌战略，通过产区品牌引领、企业品牌支撑、产品品牌发力，不断提升整体品牌竞争力。

第四，发挥白酒产业对经济发展的和其他产业的带动作用，促进产业链供应链延伸。充分发挥产业"上带一产、下促三产"的优势，促进第一、二、三产业深度融合，形成"工农贸"一条龙、"产加销"一体化的发展体系。科学规划白酒包装配套区，推进全产业链协调联动发展、产业配套，加快推进坛厂包装—物流—仓储综合项目、茅台酱香系列酒包装物流园、贵定昌明玻璃瓶厂、习酒公司李子春包装物流园、申仁白酒纸质包装品生产技改扩建等项目建设。

第五，充分发挥茅台集团领航优势，大力培育贵州"白酒舰队"，形成"龙头领军企业+优势骨干企业+快速成长企业"的发展梯队，不断增强酱香白酒产业集群竞争力。力争把茅台集团打造成为省内首家"世界500强"企业，万亿级世界一流企业。参照2020年"世界500强"企业名单来看，入围门槛为254亿美元，约合人民币1767.3亿元的营收规模，这一门槛"高度"比2019年略增6亿美元（2.5%），到2025年，茅台集团营收应达到2000亿元量级，才能确保进入"世界500强"行列。一方面加快培育习酒、国台、金沙、钓鱼台、珍酒等一批在全国具有较强影响力的骨干企业；另一方面加快推动企业上市，大力扶持茅台系列酒、董酒、小糊涂仙、人民小酒、贵酒、贵州醇、安酒等一批基础好、潜力大的高成长性企业。自2001年贵州茅台上市以来至今，贵州仍只有这一家白酒上市公司，横向对比其他白酒生产大省，四川已有四家白酒上市公司，安徽同样也有四家，江苏则有两家。因此，贵州需要推动若干家白酒公司实现上市。

第六，加强白酒行业治理，规范管理小企业、酒庄、作坊。重点推进赤水河流域中小酒企规范整合，坚持分类施策，依法依规开展综合治理，整顿维护行业市场秩序，推动白酒产业规范、健康、高质量发展。

第七，推进技改扩能和重点项目建设。重点推进茅台酒、茅台系列酒、习酒扩能技改，国台酒业、国台怀酒、国台酒庄优质酱香型白酒技改，金沙窖酒基酒扩建，珍酒、董酒、安酒、劲牌茅台镇酒业、贵州醇扩能技改等项目建设。大力推进贵酒酱香型白酒生产二期建设，宝洞酱藏酒业酱香白酒扩能技改，金沙古酒、小糊涂仙、李兴发酒业、贺天下酒业、汉御坊酒业、仁帅酒业、鹏彦酒业酱香型白酒技改，仁怀酱香酒酒业标准生产基地等项目建设。挂进茅台201厂3万吨酱香系列酒技改工程及配套设施、习酒1.9万吨技改、国台酒庄1万吨优质酱香型白酒技改、鸭溪酒业年产5万吨白酒技改、岩博酒业1万吨人民小酒扩建及配套设施建设、联美集团安酒2万吨酱香型白酒技改、董酒4万吨产能扩建、珍酒扩建工程（二期）、金沙酒业1万吨酱香型白酒扩建、步长集团洞酿洞藏酒业5000吨酱香型白酒技改、小糊涂仙酒业3000吨浓香型白酒及配套、金沙古酒1万吨技改二期、劲牌酒业新增1.5万吨酱香型白酒技改、平坝酒厂6000吨基酒生产扩能、无忧酒业年产2000吨技改、青酒二期技改、都匀匀酒年产1万吨迁建等项目建设。

对于卷烟行业的发展建议如下：第一，发动政府和社会力量，共同培育和发展贵州优质烟叶和卷烟品牌。强化贵州烟叶对贵州卷烟品牌的支撑作用，提升贵州卷烟品牌对贵州烟叶品牌的拉动作用。第二，推进结构调整。进一步优化产品结构，做强做大一二类卷烟；在巩固省内市场的基础上，全力拓展省外市场；调整原料储备结构，更好地支撑品牌发展。第三，强化品牌建设。立足自然生态条件，集聚资源要素，集中区域布局，打造享誉全国的蜜甜香型、清甜香型山地生态烟叶产业带，进一步增强"贵烟"品牌的影响力。第四，增强内生动力。坚持创新引领，大力实施技术创新、管理创新、机制创新、产品创新、营销创新，推动设施升级、技术升级、管理升级、生产和营销方式升级，构建和完善资源利用节约高效、生产过程绿色环保、投入品减量循环、能源消耗低碳安全的绿色发展体系。

二、现代能源

1. 产业发展情况

从现有规模来看，2021年贵州现代能源产业①的总产值已经超过3500亿元，成为贵州第一大产业。规模以上工业单位数超过855家，新增47家；实现营业收入3015.64亿元，位列十大优势工业产业第二；利润总额达到94.60亿元，上缴各类税金总额达147.38亿元，在十大优势工业产业中的盈利能力和缴税能力都保持在第二位。

从近年来的发展情况来看，2019—2021年，贵州现代能源产业总产值增速较快。2019年，现代能源产业的总产值仅为2500亿级，2020年上升到3145.95亿元，2021年进一步上升到3520.05亿元，并带动营业收入、利润、缴税能力也快速提高。从现代能源产业占十大优势工业产业生产总值比重来看，占比由2020年的22.65%下降到2021年的23.17%，说明现代能源产业发展增速比十大优势工业产业平均速度要高，现代能源产生的重要性进一步提高（见表3-3）。

---

① 2018年底公布的十大优势工业产业包括基础能源和清洁高效电力，2021年将基础能源和清洁高效电力合并，统称为现代能源。

表 3-3　现代能源产业统计数据

年份	2019	2020	2021
总产值（亿元）	2500 亿级	3145.95	3520.05
十大优势工业产业生产总值（亿元）	12500.00	13887.28	15194.88
占十大优势工业产业生产总值比重（%）		22.65	23.17
规模以上工业企业单位数（家）		808	855
实现营业收入（亿元）		2667.89	3015.64
实现利润总额（亿元）		90.68	94.60
上缴各类税金总额（亿元）		132.99	147.38
平均用工人数（万人）		31.02	33.91

注：2020 年数据为基础能源和清洁高效电力的加总，2021 年将基础能源和清洁高效电力合并为现代能源。

资料来源：笔者根据贵州统计局数据整理而成。

　　具体来看，2019 年，能源运行新机制取得成效，"煤电联动"政策的实施推动了煤炭、电力行业稳定发展。2019 年，煤炭、电力行业增加值同比分别增长 18.2%、11.3%，比 2018 年分别提高 10.5 个、2.7 个百分点。2020 年，全省"黔电送粤"累计送电量首次突破 500 亿千瓦时，带动全省发供电创历史新高。2020 年，规模以上电力行业增加值同比增长 3.1%，拉动规模以上工业增长 0.4 个百分点，增加值占规模以上工业比重为 11.0%，比 2019 年提高 0.8 个百分点。从发电看，火力发电达 1329 亿千瓦时，同比下降 0.8%；水力发电达 710 亿千瓦时，同比增长 7.7%，水力发电量占比 32.7%，比 2019 年提高 0.7 个百分点。2021 年，规模以上煤炭开采和洗选业增加值比 2020 年增长 14.9%，拉动规模以上工业增长 2.3 个百分点。原煤产量比 2020 年增长 7.6%。2021 年，全省规模以上电力、热力生产和供应业增加值比 2020 年增长 2.7%，拉动规模以上工业增长 0.6 个百分点。

　　从产业的空间分布来看，贵州的能源产业主要分布在毕节、六盘水、黔西南等地。从市场主体来看，主要的煤矿包括金沙县龙凤煤矿、盘州市土城煤矿、肥田煤矿、黑塘煤矿等；电力企业则包括威赫电厂、盘江新光电厂、华润毕节电厂、习水二郎电厂等。

2. 产业发展前景

贵州煤炭资源丰富，煤炭资源拥有量相当于中国南方12个省的总和，煤炭工业是贵州的重要支柱产业。我国能源需求仍然强劲，现代能源产业的发展会持续保持稳健。其中，煤炭是我国的主要能源，但随着绿色发展和"碳达峰""碳中和"政策的落实，煤炭需求的增速可能难有较大幅度增长。与此同时，清洁高效电力的需求将更加强劲，可以对能源产业形成有效支撑。这对贵州能源产业由煤炭采掘和生产转向清洁电力生产提出了更高要求。贵州"十四五"工业发展规划也提出，到2025年，力争全省原煤产量达2亿吨，电力装机容量达到1亿千瓦时以上，现代能源产业总产值达到3600亿元，体现了稳中求进的总思路。

一方面，现代能源产业发展拥有诸多有利因素。一是"十四五"时期我国基础设施建设的潜力仍然比较大，对能源保持强劲的需求。二是目前各类大宗商品价格处于较高水平，企业盈利能力较强，开工意愿充足，可以极大地带动电力和煤炭等上游能源的增长。三是贵州能源产业市场集中度不断提高，应对风险和挑战的能力有所增强。四是机械化程度不断提高。贵州自2017年起全面实施能源工业运行新机制，每年投入10亿元支持煤矿智能化机械化升级改造，载至2020年底，贵州基本上实现了正常生产煤矿采煤机械化、辅助系统智能化率两个100%。五是生产效率不断提高，竞争力不断增强。贵州煤矿生产已实现从"密集作业"到"少人作业"。全省改造升级煤矿共减少井下人员近万余人，年降低人工成本为3.5亿元，产能利用率提升至90%，煤矿平均单井生产能力从2016年的30万吨/年提升到2020年的 55 万吨/年，严寒电煤供应量从 3539 万吨提高到 7000 万吨。

另一方面，贵州能源产业的发展也面临一些不利因素。一是企业融资困难，金融机构普遍对煤炭行业实现限贷，导致煤炭企业缺少生产及改造资金，部分停产煤矿难以复产，部分生产煤矿面临采掘失调，行业总体产能释放不足问题，造成市场供给能力偏弱。二是下游承受能力较低。贵州煤炭的主要用户为电力行业，占全省煤炭消费 65% 以上，由于电力价格是国家制定的，因此决定了发电企业对煤价承受能力有限。在当前煤炭市场供远小于求的情况下，煤电双方面临两难，如放开电煤价格，电力企业将严重亏损，生产难以为继，不仅影响到煤炭市场，而且将影响下游高载能企业生产；如管控电煤市场，又会影响煤炭企业盈利，对企业生产积极性带来影响。三是外省需求增幅有限。其他省份水电、风电和太阳能发电加快了发展速度，如云南水电装机突破 8000 万千瓦时，这将使电煤需求逐步下降。

3. "十四五"产业发展建议

第一，进一步提高煤矿开采生产的安全性。目前，全省煤矿采煤机械化程度达到 96%，瓦斯抽采利用率、煤矸石利用率、矿井水达标排放率分别达到 50%、83% 和 100%。到 2022 年，全省煤矿瓦斯抽采利用率、煤矸石利用率要分别达到 60%、88%，实现矿区非饮用水全部使用矿井水。"十四五"时期要加快煤矿智能化机械化改造升级，推广使用煤矿机器人，推进智能煤矿建设。

第二，对现有煤矿进行整合，提高煤矿开采的科技含量。开展全省煤炭矿区总体规划修编调整，同步开展好规划环评，统筹考虑煤炭工业发展与各级各类保护地规划重叠，对不能满足矿区开发需求的重新调整。按照"市场配置资源"的原则，优化资源开发主体，优先支持煤电铝、煤电磷、煤电化等煤电联营项目及低能耗、环保、高效等先进技术项目资源配置。支持将整装资源配置给优强煤炭企业进行开发；支持保留煤矿通过再重组来整合周边零星煤炭资源。优化煤炭矿权和气权设置，完善空白区煤层气、页岩气气权设置程序，支持将煤层气、页岩气空白区块优先配置给省内优强能源企业统筹开发，鼓励大型煤矿的矿业权人单独或与具有煤层气勘探开发实力的企业联合申请增列煤层气探矿权。做好小、散、落后及不符合环保、安全等落后产能企业的退出，加强对已配置矿产资源主体的监督管理，大力提升煤矿单井规模，通过兼并重组、产能置换等方式引导落后产能退出。

第三，推进电力产业升级发展。推进现役煤电机组节能改造、超低排放改造，分类推进煤电机组改造升级，提高煤电机组运行效率，不断降低煤耗水平。合理规划煤电基地建设规模和时序，建设大容量、高参数、超低排放的燃煤机组。深入推进水电发展，加快核准在建项目的建设进度，建成投产一批中小型水电、航电枢纽、水利枢纽等工程；积极开展抽水蓄能电站前期工作，推进纳入国家选点规划项目开工建设，满足电力系统调峰需求。大力推进智能电网建设，积极推进省内 500 千伏电网建设，加快形成"三横两联一中心"的网架结构。

第四，积极开发新能源。毕节、六盘水、习水等地正在加快勘探开发煤层气、页岩气等新能源。同时加快建设乌江、南盘江、北盘江、清水江流域"四个一体化"水风光可再生能源综合基地及风光水火储一体化项目，推进毕节、六盘水、安顺、黔西南、黔南五个百万级光伏基地建设，发展分布式光伏发电。因地制宜发展氢能，加快发展煤制氢、高压气态储氢运氢、液氢站及站内制氢、燃料电池等应用试点，推动氢能全产业链示范项目建设，培育特色氢能产业集群。

三、现代化工

1. 产业发展情况

从现有规模来看，2021 年，现代化工产业是贵州的传统优势产业，总产值已经达到 1390.37 亿元。规模以上工业单位数达到 429 家，较 2020 年减少 6 家，这反映产业正在加快重组整合；实现营业收入 1293.41 亿元，处于十大优势工业产业居中位置；利润总额达到 81.81 亿元，位于十大优势工业产业第三位，这反映盈利能力较强；上缴各类税金总额达 32.29 亿元。

从近年来的发展情况来看，2019—2021 年，现代化工产业总产值稳中有进。2019 年，现代化工产业的总产值达到 1230.00 亿元，同比增长 19%，增加值 205 亿元，同比增长 12%。2020 年，现代化工产业总产值有小幅下降，但在 2021 年上升较快，达到 1390.37 亿元，并带动营业收入和利润的上升。从现代化工产业占十大优势工业产业生产总值比重来看，总体呈下降趋势，由 2019 年的 9.84% 下降到 2021 年的 9.15%，这说明现代化工产业发展增速比十大优势工业产业平均速度要低，特别是新兴产业发展较快，使其重要性有所下降（见表 3-4）。

表 3-4　现代化工产业统计数据

年份	2019	2020	2021
总产值（亿元）	1230.00	1188.91	1390.37
十大优势工业产业生产总值（亿元）	12500.00	13887.28	15194.88
占十大优势工业产业生产总值比重（%）	9.84	8.56	9.15
规模以上工业企业单位数（家）		435	429

续表

年份	2019	2020	2021
实现营业收入（亿元）		1010.69	1293.41
实现利润总额（亿元）		55.01	81.81
上缴各类税金总额（亿元）		34.33	32.29
平均用工人数（万人）		6.69	8.37

资料来源：笔者根据贵州统计局数据整理而成。

2021年化工行业收入和利润上升幅度较大的主要原因在于价格上涨。2021年，原材料价格上升幅度较高，化工、有色等行业生产效益均大幅提高，产品价格明显上涨，下游需求旺盛，企业生产积极性大增，盈利水平改善明显。2021年，化工行业工业品出厂价格比2020年增长15.7%，使该行业始终保持两位数以上的快速增长势头。全年全省规模以上化学原料和化学制品制造业增加值比上年增长25.9%，拉动规模以上工业增长0.9个百分点。硫酸、合成氨等产品的产量也分别增长9.3%、6.4%。

贵州化工行业的重点是磷化工、煤化工以及钡盐等特色化工，其中磷煤化工占化工产业主导地位。从产业的空间布局来看，磷化工产业集中在开阳县、息烽县、福泉市、瓮安县、织金县等地；煤化工集中在毕节市、六盘水市、黔西南州等地；此外，天柱县还有钡盐化工产业。从主要的化工企业来看，主要包括贵州磷化（集团）有限责任公司、贵州轮胎股份有限公司、贵州盘江电投天能焦化有限公司、金正大诺泰尔化学有限公司、贵州芭田生态工程有限公司、贵州赤天化桐梓化工有限公司、黔西县黔希煤化工投资有限责任公司等。

2. 产业发展前景

贵州提出到2025年，力争实现现代化工产业总产值达到2500亿元，目前来看，差距仍较大。一方面，意味着产业发展的潜力较大；

另一方面，产业发展面临诸多瓶颈。

第一，产业过于集中在磷化工，而且磷化工本身集中于化肥。贵州磷化工产业以磷复肥及相关产品为主，磷复肥等初级产品比重过大，产值占磷化工比例达90%左右，精细化、高端化磷化工产品尚未形成规模，产值占比太低，结构需要进一步优化。

第二，环境保护的约束较大。磷化工会产生大量磷石膏以及大量的废气、废渣和废液，容易造成地下水污染。特别是，贵州开阳—息烽、瓮安—福泉两大磷化工产业集聚区位于长江和珠江流域，均属于国务院《水污染防治行动计划》中明确的七大重点保护流域，环保要求日益增高。

第三，生产经营的成本较高。一方面，电价较高。虽然贵州省是能源大省，但是化工企业用电价格平均高出周边省份0.1元/千瓦时左右，造成企业经营成本较高。另一方面，地理环境条件造成运输物流成本高。化肥的主要需求地在外省，由于地理环境的制约和运输成本的不断上涨，企业运输物流成本不断提高。

3."十四五"产业发展建议

第一，优化产业结构。一是加快提高特色化工在现代化工产业中的比重。积极推进贵州磷化集团3×3万吨/年无水氟化氢等项目建设；积极推进安顺红星发展2万吨/年高纯硫酸钡副产1万吨/年硫酸钠、务川氟钡化工新材料等项目建设。二是推动磷化工精细化和高端化。着力发展水溶肥、缓控释肥、中微量元素复合肥等新型肥料；提高精细磷酸盐、磷系阻燃剂、表面活性剂、抗氧化剂等功能性、专用性产品比重；提升高纯黄磷、赤磷、碳一化工等产品比重；大力开发磷石膏等磷化工副产物综合利用新技术，提高磷石膏综合利用的比重，加快构建磷矿石采选、初加工、深加工、副产物综合利用的完整产业链。

第二，积极推进煤化工新型化。以煤炭资源高效利用为主攻方向，改造提升传统煤化工产业，应用先进原煤气化技术重点改造传统甲醇、合成氨装置，采用先进技术改造现有生产装置；加快发展煤制聚乙醇酸（PGA）、煤制烯烃、芳烃、乙二醇等煤基材料及聚酯材料、可降解塑料等产品。

第三，加快促进特色化工高端化。以高端产品研发生产为突破口，改造提升现有生产装置，加快发展氟化工、碘化工、钡化工、橡胶化工等特色化工；加大磷矿伴生氟资源利用，发展电子级精细氟化工、医药级含碘中间体；积极发展电子级、试剂级、医药级等钡盐产品，加大钡盐废弃物资源综合利用；加快橡胶加工产品结构调整，发展特种轮胎、专用轮胎、氟硅橡胶等产品，实现高端化发展。

第四，推进现代化工绿色化发展。合理开发利用磷矿资源，提升磷矿共伴生资源回收利用比重，推进全省磷石膏资源综合利用；提高化工产业"以渣定产"执行力度，倒逼产业绿色高端转型。

四、基础材料

1. 产业发展情况

从现有规模来看，2021 年，基础材料产业的总产值已经达到 1721.40 亿元，位列十大优势工业产业的第二，是贵州的传统优势产业。规模以上工业企业数达到 279 家，较 2020 年减少 3 家，反映产业正在加快重组整合；实现营业收入 1590.57 亿元，位于十大优势工业产业第二位；利润总额达到 75.01 亿元，位于十大优势工业产业第四位，盈利能力较强；上缴各类税金总额达 34.10 亿元。

从近年来的发展情况来看，2019—2021 年，基础材料产业总产值增速较快。2019 年，现代化工产业的总产值刚刚达到 1000 亿级，2020 年就增加到 1358.91 亿元，2021 年进一步增加到 1721.40 亿元，并带动营业收入和利润的大幅上涨。从基础材料产业占十大优势工业产业生产总值比重来看，总体呈现上升趋势，由 2019 年的 8% 左右上升到 2021 年的 11.33%，这说明基础材料产业的发展增速比十大优势工业产业平均速度明显要快，使其占比不断上升（见表 3-5）。

表 3-5　基础材料产业统计数据

年份	2019	2020	2021
总产值（亿元）	1000 亿级	1358.91	1721.40
十大优势工业产业生产总值（亿元）	12500.00	13887.28	15194.88
占十大优势工业产业生产总值比重（%）	8% 左右	9.79	11.33
规模以上工业企业单位数（家）		300	279
实现营业收入（亿元）		1186.07	1590.57
实现利润总额（亿元）		38.73	75.01
上缴各类税金总额（亿元）		34.25	34.10
平均用工人数（万人）		5.47	6.47

资料来源：笔者根据贵州统计局数据整理而成。

2021 年，基础材料产业发展较好得益于价格因素的影响。其中，全省有色行业工业品出厂价格比上年增长 22.8%。在氧化铝、电解铝等金属原材料价格大幅上涨带动下，有色行业全年实现 20% 以上快速增长。全省规模以上有色金属冶炼和压延加工业增加值比上年增长 24.6%，拉动规模以上工业增长 1.0 个百分点。氧化铝产量增长 12.7%，海绵钛增长 24.4%，铝合金增长 65.7%。

贵州基础材料行业的重点产品是铝、钢、锰、钛以及黄金和其他有色金属，主要包括三大板块：一是以钢铁及其制品、锰及锰系材料、铁合金、工业硅等为主体的黑色金属材料；二是以铝及铝加工、钛及钛加工、黄金和锑、铅、锌、钼等冶炼加工为主体的有色金属材料；

三是以玄武岩纤维、镍钴锰三元、功能性薄膜等为代表的新材料。

从产业的空间布局来看，基础材料产业主要集中在贵阳市、遵义市、黔南州和六盘水等地。从主要的化工企业来看，主要包括贵州华仁新材料有限公司、遵义铝业股份有限公司、首钢水城钢铁（集团）有限责任公司、遵义天磁锰业有限公司、贵州格瑞特新材料有限公司、时代沃顿、威顿晶磷、振华集团、贵航股份永红散热器公司等。

2. 产业发展前景

贵州具有发展基础材料的比较优势，未来发展前景较好，到2025年，全省基础材料产业总产值有望达到或超过1900亿元。新一轮科技革命和产业变革蓬勃兴起，特别是新一代信息技术和制造业深度融合，也为基础材料的转型升级和锻造新优势提供了动力源泉。

一方面，产业发展的比较优势主要有以下几点：

第一，矿产资源储量丰富。据2019年贵州自然资源公报，全省已发现各类矿产达137种，查明保有资源储量的矿产达89种，51种居全国总量的前十位。其中锰矿保有资源储量达8.35亿吨，位居全国第一，贵州作为中国三大锰矿集中产区之一，具有资源丰富、分布集中、规模大、外部开发条件好的特点。铝土矿保有资源储量达11.26亿吨，居全国第三位；稀土矿保有资源储量达87.08万吨，居全国第三位；锑矿保有资源储量达38.06万吨，居全国第四位；钛矿保有资源储量达101.71万吨，居全国第六位；金矿（岩金）保有资源储量（金属量）达493.78吨，居全国第七位。镍矿保有资源储量达61.93万吨，居全国第七位；钼矿保有资源储量达89.63万吨，居全国第九位；锌矿保有资源储量达798.88万吨，居全国第十一位；铅矿保有资源储量达188.59万吨，居全国第十八位。2018年，毕节市赫章县发现贵州第一个超大型铅锌矿床，探明铅锌金属资源量达275.82万吨，铅锌矿床中伴生银、金、镓、镉、锗、硒等矿产，具有巨大的开发价值。

第二,产业基础增强,具有竞争优势。2020年,全省规模以上基础材料企业有300户,从业人数5.47万人;全省基础材料行业完成工业总产值1358.91亿元,同比增长10.7%;行业实现利润总额38.73亿元,税金总额34.25亿元(见表3-5)。目前,贵州在铝及铝加工、锰及锰加工方面已形成集"矿物开采—金属冶炼—深加工"为一体的产业体系,拥有国家级铝镁装备工程技术中心等一批技术研发中心;在高性能铝合金材料、电解铝提取金属镓等技术上处于国内领先水平;在锂电材料方面已形成"电池级锰盐—三元前驱体—三元正极材料—新能源汽车动力电池—梯次综合利用"的锰系锂电材料产业链、"磷酸—磷酸铁—磷酸铁锂材料—储能或动力电池—梯次综合利用"的磷系锂电材料产业链,其中电池级高纯磷酸总产能约占全国的70%。

第三,能矿组合优强,保障条件好。贵州煤、锰、铝、锑、钛等矿产资源储量位居全国前列;电力资源丰富,水火互济,是全国重要的能源基地和长江经济带"9+2"省(区、市)中唯一具备能矿组合优势的省份,具备支撑基础材料产业发展的基本条件;黔西南州地方电网支撑能力逐步提升,为贵州省承接高载能产业转移、优化调整生产力布局提供了良好条件。

另一方面,贵州基础材料发展也面临一些挑战和短板。

第一,钢铁、电解铝、电解锰等主要大宗原材料产品需求将陆续达到或接近峰值平台期,规模数量型需求扩张动力趋于减弱。面对资源能源和生态环境的强约束、"碳达峰""碳中和"的硬任务,以及人民群众对安全生产的新期盼,基础材料产业绿色和安全发展的任务更加紧迫。

第二,贵州基础材料产业结构性矛盾依然突出。中低端产品过剩与高端产品供给不足并存,关键核心技术自主可控水平低,关键战略资源保障能力不强，产业布局与区域发展、城市建设的矛盾凸显，企业节能减排水平良莠不齐等问题亟待解决。

第三，产业链发展不够完善。全省基础材料产业资源性特征明显，以中低端的资源型和粗加工产品为主，产业链条短，整体处在"微笑曲线"的底端。特殊钢的省内加工转化率低，铝、锰等资源精深加工能力弱，高附加值合金产品欠缺，高端硅材料生产线配套不足，新材料行业上下游连接不紧密，存在"缺链""断链"情况，未能形成本地配套，下游产业规模不足，产业化能力受到制约。

第四，产品结构不尽合理。全省基础材料产业总体呈现"先进基础材料单一、关键战略材料薄弱、前沿新材料短缺"的特点，基础原料加工、传统产品占比较大，关键新材料、高附加值产品开发不足，缺乏市场竞争力。钢铁企业以建筑用棒线材产品为主，中厚板、管材、型材等产品未成体系，不锈钢、巷道支护用钢、高标准轴承钢等高附加值产品尚未形成生产和配套能力。铝行业产品呈现氧化铝多、电解铝少、深加工弱的窘态。

第五，绿色发展水平不高。省内氧化铝、电解金属锰冶炼加工过程中产生的赤泥、锰渣等堆存量较大，存在一定的环境风险，目前尚没有技术可靠、适宜大规模综合利用的解决方法。传统产业装备水平不高、资源综合利用率较低、环保投入不足等问题日益突出。循环经济、低碳经济尚在起步发展阶段，以钢铁、电解铝、电解金属锰、铁合金、工业硅等为主的高载能产业节能压力大。

第六，高端矿石资源保障能力弱。贵州省钢铁、铁合金等行业发展所需的高品位矿石资源匮乏，耐火材料行业原料不足，对外依存度高，社会废钢资源蓄积量不足，资源制约瓶颈问题突出。除黔西南州依靠地方电网享受优惠电价之外，多数基础材料企业仍由大网供电，平均用电价格较高，制约了现有存量产能释放。而且，贵州地形条件复杂，交通基础设施建设造价高，距离大宗工业品消费市场远，原料与产品的双向物流成本高。

3．"十四五"产业发展建议

"十四五"时期，贵州可通过重大工程项目建设，全面推进基础材料产业基础高级化、产业链现代化，促进基础材料向新材料领域提升转化；健全产业创新生态，推动技术创新和产业发展融合，加快基础材料产业向绿色、低碳发展转型，形成具有自主知识产权的关键核心技术。具体建议如下：

第一，突出特色，做优黑色金属材料。按照"整合重组，优化布局，调整结构，绿色低碳"的思路，扶优汰劣，构建产业绿色生态、集聚发展新格局。到 2025 年，力争全省黑色金属材料产业总产值达700 亿元。针对钢铁及其制品，引导钢铁企业兼并重组，提高产业集中度，落实国家产能置换政策，适度扩大省内粗钢产能规模；持续实施技术改造，提高冶炼效率，降低生产成本，提升能源资源利用率和超低排放水平；突出"专、精、特"的竞争优势，加快拓展细分市场，完善产品系列化、品种多样化、品牌特色化，提升品牌效应。针对锰及锰加工，依托锰矿资源禀赋，科学开发利用，发展资源精深加工，延伸锰基材料的新能源电池、电子产品、锰合金制品等产业链条，提升锰系中间品配套能力和技术水平，提升资源转化效率；推进涉锰电池回收拆解、低品位锰矿及锰渣资源综合利用等项目建设，提高绿色发展水平。科学谋划发展硅基新材料，推进产业链向低磷低碳硅锰合金、高硅锰合金、高纯硅铁、硅铝钡、硅钙钡、硅钙铝等中高端延伸。

第二，凸显优势，做强有色金属材料。加强资源勘探与开发利用，提高资源保障能力，加快智能矿山、智能工厂建设，延伸链条、打造集群。力争到 2025 年，全省有色金属材料产业工业总产值达 1000 亿元。针对铝及铝加工，以铝材为代表的金属产品应用路线为重点，紧盯铝制轻量化材料、中高端铝合金及制品、铝基非金属材料的市场需求变化，完善细分产业链条；结合区域产业基础科学布局，分类培育特色优势产业集群，着力提升铝制品加工能力；坚持有保有控、调整结构的思路，推进氧化铝、电解铝、再生铝及铝矿山开采等铝加工原料保障供应，提高铝资源利用效益。针对钛及钛加工，大力培育钛合金及钛加工延伸发展，建设适用于航空、航天、医疗、3D打印等高端领域的高品质海绵钛、高附加值钛材产品项目，延长钛及钛加工产业链条，在省内形成具有特殊地位的产业集群。此外，有序推进发展铅、锌、锑产业建设采、选、冶、加工一体化项目，提升绿色发展水平。

第三，突破短板，做精生态新材料。充分发挥要素和产业基础优势，通过"延链、强链和补链"加快发展锂电池材料、功能性薄膜、玄武岩纤维材料、前沿新材料等产业。到2025年，力争全省新材料产业工业总产值达1000亿元。针对新能源电池材料，结合省内资源禀赋和产业基础，完善锂电池材料产业链条，强化与省内外新能源汽车制造业耦合配套，强化科技创新平台建设，打造国内重要的新能源动力电池材料生产和供应基地；坚持"三元"和"磷系"两条路线并重，发挥既有三元材料优势，放大净化磷酸等优势原料支配效应，培育构建具有较强影响力的锰系正极材料、磷系正极材料产业集群；积极布局原辅料生产项目，引入导电剂、电池结构件、铝塑膜、铝箔、极片、极耳、包覆材料等锂电池细分领域原辅料生产项目；紧跟新型电池技术和产品的发展趋势，抓紧布局湿法隔膜、无钴低钴电池、锂聚合物电池、锂全固态电池、石墨烯锂电池等新能源电池材料研发和应用项目。针对高性能膜材料，积极开发用于工业水处理与回用、饮用水净化及深度处理、制药行业用水制备及药物浓缩、垃圾渗滤处理等领域的功能性薄膜新产品，推进示范应用工程；引进特种分离膜、气体分离膜等膜集成应用技术，优化产品结构，强化高性能膜材料在传统产业改造升级、环境治理等方面的重要作用。结合实际，推进聚酰亚胺、高端纺织材料等加快发展，有序布局一批前沿新材料产业，培育发展稀土材料、半导体材料、高性能磁性材料、纳米材料、超导材料等产业建设。

第四，加快产业结构优化进程。紧跟产业发展趋势前沿，以钢铁及其制品、锰及锰加工、铝及铝加工、钛及钛加工、锂电池材料等产业为发展重点，实施产业基础再造工程。严格执行《长江经济带发展负面清单指南》和国家产业政策，多渠道引入钢铁、电解铝产能指标，适度扩大产能规模。有序推进基础材料产业转型升级，制定产业转型推进计划，积极应用高新技术改造提升现有生产装置，降低能源消耗、减少污染排放，促进产业提质增效，提高产业发展层次和水平。瞄准产业发展方向，开展产业"强链、补链"行动，延伸钢铁、电解铝、电解金属锰、钛、铁合金等行业后加工产业链，锻造产业链供应链长板，补齐产业链供应链短板。大力发展特殊钢、高纯铝、高品质钢绳、优质电解金属锰、精细化锰盐、高附加值合金、新型硅基材料、铝基新材料、高强度钛合金、锂电池材料等适合市场需求、前景较好的产品，培育形成具有市场竞争力的基础材料产业体系。

第三节　做大做强特色优势产业

一、生态特色食品

1. 产业发展情况

从现有规模来看，2021 年，生态特色食品产业的总产值已经达到 1600.68 亿元，位列十大优势工业产业的第四，是贵州的传统优势产业。规模以上工业单位数达到 713 家，较上年度增加 79 家，位列十大优势工业产业的第三，这反映产业的活力和投资热情仍较大；实现营业收入 847.00 亿元；利润总额达到 38.55 亿元，这反映盈利能力不是很强；上缴各类税金总额 17.57 亿元，在十大行业中处于较低水平。

从近年来的发展情况来看，2019—2021 年，生态特色食品产业的总产值增速较快。2019 年，生态特色食品产业的总产值仅达到千亿级，2020 年就增加到 1400.85 亿元，2021 年进一步增加到 1600.68 亿元，并带动营业收入上涨。但是，利润的增长并不明显，上缴各类税金总额甚至出现下降，这也反映出生态特色产业的效益并不高，存在较大的改善空间。此外，生态特色产业的平均用工人数增幅较大，这反映出其对就业的带动能力较强。从生态特色产业占十大优势工业产业生产总值的比重来看，约高于 10%，总体比较稳定（见表 3-6）。

表 3-6　生态特色食品产业统计数据

年份	2019	2020	2021
总产值（亿元）	1196.15	1400.85	1600.68
十大优势工业产业生产总值（亿元）	12500.00	13887.28	15194.88
占十大优势工业产业生产总值比重（%）	9.57	10.09	10.53
规模以上工业单位数（家）		634	713
实现营业收入（亿元）		681.94	847.00
实现利润总额（亿元）		38.91	38.55
上缴各类税金总额（亿元）		20.04	17.57
平均用工人数（万人）		5.76	7.66

资料来源：笔者根据贵州统计局数据整理而成。

生态特色产业的重点产品包括老干妈、辣子鸡、茶叶、油茶、天然饮用水、食用菌等产品。形成了以辣椒制品为主的调味品、以茶叶和天然饮用水为重点的饮料、以山地优质大米和薏仁苦荞等杂粮为主的粮油系列，以及菌菇山珍系列产品。从产业的空间分布来看，茶叶加工产业主要集聚在湄潭、都匀、凤冈、石阡等地；辣椒制品加工产业主要集聚在南明区、乌当区、花溪区、播州区、绥阳县、大方县等地；肉制品加工产业主要集聚在乌当区、惠水县、平坝区、镇宁县等地。从主要的企业来看，主要包括老干妈、黔五福、永红食品、苗姑娘、贵茶、贵天下、安顺油脂、鑫龙食品等一批本土企业。

2. 产业发展前景

贵州工业"十四五"产业发展规划指出到 2025 年，力争全省生态特色食品产业总产值达到 2700 亿元。这体现出贵州对生态特色产业的政策支持力度较大，对产业发展起到了基本的支撑作用。

一方面，贵州生态特色产业发展有其特殊的比较优势。特别是贵州具有资源禀赋和生态环境方面的优势，是全国唯一兼具低纬度、高海拔、寡日照的省份，山林水土比较优势明显。另一方面，贵州生态特色产业发展也面临诸多短板。第一，缺乏全国知名度拳头产品，品牌竞争力弱，缺乏强有力的领军品牌，特别是一些地理标志的品牌还需要培育。除老干妈之外，其他产品的知名度较小，产业规模欠缺。而且，老干妈也面临发展后劲不足，同类产品竞争激烈的状况。第二，缺乏产业发展的资金和技术等要素支持，也面临研发人员和投入不足、技术装备和包装较为落后等问题。第三，企业规模小、实力弱。目前，规模以上特色食品企业中除老干妈、娃哈哈之外，基本没有销售收入过 10 亿元的企业，大多数企业的销售收入均在亿元以下。第四，企业大多处于产业链低端。不少企业还停留在粗加工阶段，产业链条短，产业耦合度不高。

3."十四五"产业发展建议

第一,稳步发展农副食品加工业。依托贵州资源禀赋、生态优势,围绕农业特色优势产业,注重高品质原料基地建设,培育农产品(食品)深加工、高成长企业,推动农产品精深加工,延伸产业链,提升产业附加值。稳步发展谷物磨制、饲料加工、植物油加工、薯类和豆制品加工产业;培育做大屠宰、肉类、畜禽加工,以及食用菌、刺梨、核桃、板栗等蔬菜水果和坚果加工产业,积极推进竹笋、皂角、油茶等其他农副产品加工产业。

第二,重点发展食品制造业。深挖地方特色、民族特色、饮食特色,结合产业基础和发酵技术,做强以辣椒为主的调味品产业,大力发展贵州酸汤、醋、酱油等特色调味品产业。积极发展焙烤食品制造、方便食品制造与发酵制品制造产业,鼓励发展功能性食品、休闲食品和新资源食品等。坚守品质底线、培育自主优势品牌,打造特色优势产业。建议做精以辣椒为主的调味品产业。以老干妈为龙头带动贵三红、老干爹、乡下妹、苗姑娘等辣椒品牌快速发展。以油制辣椒制品为基础,发展发酵素辣椒(糟辣椒、泡椒)、辣椒干、辣椒圈、辣椒粉、西餐辣椒汁等产品系列,拓展辣椒休闲食品、方便食品开发。

第三,大力发展饮料精制茶产业。做强乳制品、饮料产业,调整优化产品结构,促进系列液态乳制品、健康营养饮料、果汁饮料的开发与规模化生产。大力发展刺梨、石斛、猕猴桃、蓝莓等优势特色果蔬饮料。加快发展巴氏杀菌乳、酸乳、超高温灭菌乳等液态乳品。推进茶叶精深加工,推动"三绿三红"、抹茶等产品做响品牌、做大规模,带动全省精制茶产业发展,推动茶多酚、茶氨酸、茶皂素等有效成分提取,不断拓展茶食品、茶日用品等产品。

第四,培育发展天然饮用水产业。加强优质矿泉水资源开发利用,支持天然饮用水规模化、品牌化、差异化多元发展,重点构建以"多彩贵州水"公共品牌为引领的"1+N"的母子品牌体系,逐步形成大规模、高效益、可持续的天然饮用水体系,将贵州打造成为全国重要的优质天然矿泉水主产区、天然饮用水产业基地。

第五,加快招商引资力度,推进农副食品加工业、食品制造业、饮料精制茶、天然饮用水等细分产业的重点项目建设。例如,道真县和黔东南州食用菌全产业链深加工项目;盼盼贵阳生产基地、宝能大食品产业园、老干妈二期及配套产业园、好彩头贵阳生产基地、南山婆食品产业园、遵义万吨辣椒产业化加工项目;中粮可口可乐生产基地、达利食品贵州食品饮料产业园。

二、健康医药

1. 产业发展情况

从现有规模来看,2021 年,健康医药产业的总产值为 1168.08 亿元,位列十大优势工业产业的第九,产业规模总体较小。规模以上工业单位数达到 166 家,较上年减少 5 家,在十大优势工业产业中排名靠后;实现营业收入 765.00 亿元;但利润总额却达到 51.64 亿元,反映产业的盈利能力比较强;上缴各类税金总额 36.62 亿元,在十大行业中处于第四位,相对其产业规模来看相对较高。

从近年来的发展情况来看,2019—2021 年,健康医药产业的总产值基本保持稳定,增速较慢。2019 年,健康医药产业的总产值就达到 1000 亿级,2020 年仍达到 1164.67 亿元,2021 年仅为 1168.08 亿元,基本没有变化。但是,利润和企业平均用工人数的增长却比较明显,这反映出产业的盈利能力和吸收就业能力比较强。从健康医药产业占十大优势工业产业生产总值的比重来看,呈现出一定的下降趋势,这也反映出相对其他产业来看发展滞后。

健康医药产业的重点产品包括艾迪注射液、参芎嗪葡萄糖注射液、仙灵骨葆、肺力咳合剂、银丹心脑通软胶囊、贵州百灵糖宁通络胶囊等产品。从产业的空间分布来看，主要集聚在贵阳、遵义和黔南3个市（州）等地。从主要的企业来看，主要包括贵州百灵、贵州朗玛公司、威门药业等一批本土企业。

表3-7　健康医药产业统计数据

年份	2019	2020	2021
总产值（亿元）	1000 亿级	1164.67	1168.08
十大优势工业产业生产总值（亿元）	12500.00	13887	15194.88
占十大优势工业产业生产总值比重（%）		8.39	7.69
规模以上工业企业单位数（家）		171	166
实现营业收入（亿元）		763.79	765.00
实现利润总额（亿元）		47.65	51.64
上缴各类税金总额（亿元）		39.68	36.62
平均用工人数（万人）		5.43	6.91

资料来源：笔者根据贵州统计局数据整理而成。

2. 产业发展前景

在国家鼓励中医药产业发展、出台若干鼓励性政策的大背景下，贵州提出到2025年，力争全省健康医药产业总产值达到2000亿元，这表明了贵州支持医药产业发展的决心，产业发展前景较好。

一方面，贵州具有民族医药特色优势，特别是苗药品牌特色优势。早在2016年，贵州民族药销售额超过亿元的品种就达到47个。其中，一批民族医药单品种在国内外医药界的影响力和知名度得到提升，如贵州百灵糖宁通络胶囊在日本开展临床试验。而且，贵州独特的地理环境优势也使其具有多种特色中医药原材料，如头花蓼、铁皮石斛、天麻、杜仲、灵芝、薏仁等中药材。贵州是全国中药材加工和中药饮片主产区，与发达省份相比，贵州发展配方颗粒具备资源优势和成本优势，目前很多中药饮片生产企业已开展配方颗粒试点前期工作，这可成为未来医药产业发展的重要方向。另一方面，贵州健康医药产业的总体规模仍较小，而且增速缓慢，产业发展存在诸多瓶颈，亟须花大力气改善。

3. "十四五"产业发展建议

第一，重点发展中药民族药。加快中药材种植基地规模化、标准化建设，以道地药材为重点，完善中药材生产技术标准体系，培育在全国有竞争力的优势单品。加快推进中药材规模化种植与产地初加工融合发展，提升重点单品产地初加工能力。稳步扩大"定制药园"建设面积和范围。强化品牌建设，培育"黔药"公共品牌和区域品牌。重点推动天然原料药有效成分萃取等中药材精深加工，巩固发展艾迪注射液、银丹心脑通软胶囊、仙灵骨葆胶囊（片）等肿瘤、心脑血管、骨科类重大疾病药，提高肺力咳合剂、骨康胶囊、抗妇炎胶囊和益肺止咳胶囊等大宗常用药品的二次开发及市场占有率。支持经典名方的研发，挖掘开发民间组方、验方，大力开发中药饮片、中药制剂、配方颗粒等产品，支持发展金刺参九正合剂、糖宁通络、黄连解毒丸、珍珠滴丸等品种，加快打造全国重要中药（民族药）生产加工基地。

第二，积极发展化学药和生物药。加快壮大化学药，发展化学药中间体、原料药、仿制药，推进发展洛铂白蛋白、替芬泰等新品种。加快发展生物药，布局发展治疗性疫苗、重组疫苗等新型疫苗；巩固提升血液制品优势，培育发展胎盘多肽注射液、人血白蛋白等生物制品，支持发展凝血因子类、特殊因子类产品。开展原研药、专利药研发，推进生物资源产品和药物新品种研发和产业化。

第三，延伸发展健康医药融合产业。依托贵州生态资源、温泉等特色优势资源，大力发展健康体育、温泉养身、药物调理（药浴、药膳、药蒸等）养生、健康管理、医疗健康大数据等产业，推动健康医药和养老养身产业融合发展。支持鼓励中药材种植、医药制造业与医药流通企业协同发展。创新发展中药材互联网应用、中医药健康融合、中医药文化交流等方面的"中医药+N"健康融合产业。培育健康医疗、健康旅游、健康运动、健康食药、健康信息与管理等产业，推进健康医药与服务业融合发展。

第四，大力引进发达地区资本，推动重点项目建设，完善医药行业的产业链供应链。在中药民族药方面，加快推动贵阳、黔南、黔东南、安顺等中药民族药基地建设，推进中南集团贵州中医药和医疗器械产业园、贵州百灵扩能技改、瑞和大健康产业园、都匀经济开发区医药产业园、开阳中药材基地及加工、葵花药业扩能技改等项目建设。在化学药和生物药方面，加快推动贵阳、毕节、黔西南等地区化学药发展，推进贵阳市化学原料药产业园、联科中贝制药抗肿瘤产业基地、景峰产业园、毕节高新区天然药物化学药物研发和生产、黔西南高新区医药产业园等项目建设。在健康融合方面，加快推动贵州养老服务基地、贵阳健康养老示范小区、百里杜鹃温泉康养旅游度假区、石阡梵净山温泉小镇等项目建设，积极推进广奕药品流通配送网络全覆盖项目、贵州现代医药物流批发交易中心项目建设。

三、新型建材

1. 产业发展情况

从现有规模来看，2021年，新型建材产业的总产值为1508.74亿元，位列十大优势工业产业的第六，产业规模处于居中水平。规模以上工业单位数达到1194家，较上年度减少66家，但仍居十大优势工业产业的首位，远多于其他产业，这反映出行业中小规模企业仍较多，产业集聚程度还是可以提高的；实现营业收入 1336.14 亿元；利润总额达到 58.98 亿元，产业的盈利能力较好；上缴各类税金总额 43.85 亿元，在十大行业中处于第三位，相对其产业规模来看是比较高的；平均用工人数为 13.87 万人，处于十大优势工业产业的第二位，对就业的贡献比较大。

从近年来的发展情况来看，2019—2021 年，新型建材产业的总产值基本保持稳定，甚至还有一定程度的下降。2019 年，新型建材产业的总产值就达到 1569.26 亿元，2020 年仅达到 1595.48 亿元，2021 年为 1508.74 亿元，相对 2020 年有小幅度下降。这也使产业的营业收入、利润和缴税能力出现一定程度的下降。由于新型建材产业近年来增长缓慢，因此其占十大优势工业产业生产总值的比重呈现出一定的下降趋势，由 2020 年的 11.49% 下降到 2021 年的 9.93%（见表 3-8）。

表 3-8　新型建材产业统计数据

年份	2019	2020	2021
总产值（亿元）	1569.26	1595.48	1508.74
十大优势工业产业生产总值（亿元）	12500.00	13887.28	15194.88
占十大优势工业产业生产总值比重（%）	12.56	11.49	9.93
规模以上工业企业单位数（家）		1260	1194
实现营业收入（亿元）		1287.83	1336.14
实现利润总额（亿元）		69.17	58.98
上缴各类税金总额（亿元）		54.70	43.85
平均用工人数（万人）		10.06	13.87

资料来源：笔者根据贵州统计局数据整理而成。

新型建材产业的重点产品包括水泥、玻璃、塑料管道、混凝土、建筑陶瓷、新型石材、保温防水材料等产品，基本形成了以水泥及制品、墙体材料、装饰石材、建筑陶瓷、平板玻璃为主导，玻璃门窗加工、塑料化学建材、铝合金装饰材料、保温材料、防水材料、耐火材料等建材深加工及新材料产业快速成长的建材产业体系。从产业的空间分布来看，主要集聚在苟江（和平）循环经济工业园区、赤水竹业工业园区、西秀工业园区、镇宁产业园区、毕节经济开发区、金沙县产业园区、福泉工业园区、瓮安工业园区、清水河工业园区、息烽工业园区等地。从主要的企业来看，主要包括中建材贵州西南水泥有限公司、贵州海螺水泥有限公司、贵州兴贵恒远建材有限公司、贵州长泰源环保建材有限公司、贵州晨春石业有限公司、贵州巨鼎实业有限公司、贵州阳光兴业绿色建材有限公司、毕节明钧玻璃股份有限公司、联塑科技发展有限公司（贵州）有限公司、贵州安凯达等一批本土企业。

2. 产业发展前景

随着中国进入高质量发展阶段，以往高速发展、粗放发展模式已经难以为继，这也可以从近年来建材产业的发展趋缓看出。《贵州省"十四五"工业发展规划》提出到2025年，全省新型建材产业总产值要达到2300亿元，但这可能存在一定的压力。

第一，国家及贵州层面的基础设施建设的高速增长将告一段落，从而对建材的需求将降低。我国基础设施建设和房地产业已经基本完成，以往高速增长的投资需求将不断下降，这也可以从近年特别是2021年基础建设投资和房地产投资的增速不断下滑中看出。从贵州来看，"十三五"时期交通运输业的基础设施建设高速发展，全省的交通已经得到根本改善，但这也使得全省各级政府的债务负担越发严重，未来进一步进行基础设施建设的空间将不断缩小。

第二，资源环境约束日趋强化，对建材行业发展提出了严峻挑战。建材行业的环境污染问题比较严重，未来将面临更加严格的环境、资源准入门槛，以及进一步降低工业增加值能耗、进一步削减二氧化碳、氮氧化物和二氧化硫排放总量等多重约束，同时还将承担进一步提高大宗工业固废综合利用规模和水平的社会责任，这将对贵州建材工业提出严峻挑战。

第三，建材工业主导产品水泥、普通混凝土、墙体材料等传统大宗建材已产能过剩，行业盈利能力持续降低。同时，资源、能源、土地、人力等要素成本的不断提高，给贵州建材企业的生存和发展带来巨大的压力。第四，贵州新型建材产业规模小，绿色环保品种少，品质档次不高，难以满足新型建筑业和人民住房消费升级的市场需求，这对贵州建材工业提出了新的挑战。

3. "十四五"产业发展建议

第一，优化产业和产品结构。深入贯彻落实《国务院办公厅关于促进建材工业稳增长调结构增效益的指导意见》，分业分类施策，优化存量产能、淘汰落后产能。同时优化产品结构，积极拓展建材产品应用新领域，培育市场新需求，大力发展满足绿色建筑和战略性新兴产业需要的绿色建材、建材深加工产品和无机非金属新材料，增强建材供给结构对市场需求的适应性和灵活性，实现建材产品结构由单一低质低效向多样高质高效的转变。

第二，全面推进绿色发展。一是加快传统建材的改造升级。严格落实水泥、玻璃、陶瓷和墙体材料等现有能源消耗限额标准，淘汰相关落后产能，加快推动水泥、预拌混凝土、机制砂、玻璃及加工等行业提质增效。支持企业开展清洁生产和资源综合利用、生产制造技术等转型升级，推进绿色化、智能化生产。充分利用乌江航运开发优势，大力发展石灰石深加工。二是倡导绿色生产消费。积极推行生态设计，优化清洁生产工艺流程，建设绿色工厂和绿色园区，大力倡导绿色消费，制定绿色建材推广应用目录，开展绿色建材评价标识管理，建立以绿色消费为导向的建材采购、生产、营销、回收及物流体系，提升新型建材产品全生命周期节能环保低碳水平。三是积极发展绿色新兴建材。加快发展装配式建筑，推进预制混凝土结构、钢结构和木结构三大类装配式建筑产品开发利用，大力发展轻质内墙隔板、硅酸钙板、保温装饰一体化等装配式建筑材料。推广使用磷石膏砌块、磷石膏砂浆、磷石膏板材等系列资源综合利用材料。推进发展防水卷材、塑料管材、节能安全玻璃制品、节能门窗、五金卫浴型材和建筑装饰材料等。鼓励开发和引进以晶体材料、光伏玻璃等为代表的先进无机非金属材料，以磷镁高效凝结材料、水泥基复合特种材料、高性能树脂基复合材料等为代表的高性能复合建材。四是培育壮大石材产业。强化"贵州大理石"品牌培育，巩固提升"贵州米黄""贵州木纹石""贵州海贝花"等优质大理石品牌影响力。

第三，提高产业创新能力。一是技术产品创新，发挥骨干企业的主导作用和高等院校、建材建筑科研院所的基础作用，建设一批技术创新示范企业和企业技术中心，组建新型绿色建筑建材技术创新联盟，攻克一批制约行业竞争力整体提升的关键共性技术，开发适应绿色建筑和战略性新兴产业发展需要的新产品；二是应用推广创新，推进新型建材业与建筑设计、房地产、建筑装饰等行业协同创新，研究推广以绿色、智能、协同为特征的建材应用先进技术，推动万众创新，促进创新成果转化和推广应用。

第四节　大力发展战略性新兴产业

贵州战略性新兴产业包括先进装备制造业、大数据电子信息产业、新能源汽车产业。2020 年，全省战略性新兴产业总产值和增加值分别约为 6300 亿元和 1600 亿元，其中工业总产值约为 3100 亿元、年均增速 12.37%；战略性新兴产业增加值占 GDP 比重为 9%，提升了 3 个百分点。国家级创新平台近 100 家，省级创新平台达到 366 家。截至 2020 年，全省国家级高新区有 2 个，高新技术企业有 1897 家。数字经济增速连续 6 年排名全国第一，大数据集聚效应逐步凸显，形成了中国南方规模最大的数据中心集聚区。其中，贵阳市信息技术服务产业集群、铜仁市新型功能材料产业集群获批国家第一批战略性新兴产业集群，示范带动作用凸显。在此基础上，《贵州省"十四五"战略性新兴产业集群》提出，到 2025 年，打造一批具有国家竞争力、区域特色优势明显的战略性新兴产业集群，力争全省战略性新兴产业集群总产值突破 1.3 万亿元，增加值占地区生产总值比重达到 15%，战略性新兴产业对区域经济增长贡献率明显增强，成为全省经济高质量发展的重要支撑。到 2025 年，全省形成 5 个千亿级、4 个五百亿级、2 个两百亿级战略性新兴产业集群。

一、先进装备制造业

1. 产业发展情况

从现有规模来看，2021 年，先进装备制造业的总产值为 1398.74 亿元，位列十大优势工业产业的第七，产业规模仍不算很大。规模以上工业单位数为 605 家，较上年度减少 97 家，这反映出行业中小规模企业仍较多，产业集聚程度还有待提升；实现营业收入 1232.16 亿元；利润总额达到 43.43 亿元，产业的盈利能力总体较好；上缴各类税金总额达 23.00 亿元；平均用工人数为 12.34 万人，处于十大优势工业产业的第三位，这反映出先进制造业对就业的贡献比较大。

　　从近年来的发展情况来看，2019—2021 年，先进装备制造业的总产值稳中有增，但是增幅仍不高。2019 年，先进装备制造业的总产值就达到 1190.00 亿元，2020 年增加到 1281.47 亿元，2021 年增加到 1398.74 亿元。然而，产业的利润和缴税能力却出现了一定程度的下降，这反映出产业的盈利能力仍不强。就其占十大优势工业产业生产总值的比重来看，基本保持稳定，甚至还有微弱的下降，由 2020 年的 9.23% 下降到 2021 年的 9.21%，相比其他行业来看，这反映出先进装备制造业的增长并不明显（见表 3-9）。

表 3-9　先进装备制造业统计数据

年份	2019	2020	2021
总产值（亿元）	1190.00	1281.47	1398.74
十大优势工业产业生产总值（亿元）	12500.00	13887.28	15194.88
占十大优势工业产业生产总值比重（%）	9.52	9.23	9.21
规模以上工业企业单位数（家）		702	605
实现营业收入（亿元）		1070.26	1232.16
实现利润总额（亿元）		57.91	43.43
上缴各类税金总额（亿元）		30.10	23.00
平均用工人数（万人）		11.60	12.34

资料来源：笔者根据贵州统计局数据整理而成。

　　目前，全省先进装备制造业已形成以航空、航天、汽车产业为重点，涵盖电力装备、工程及矿山机械等门类相对齐全的产业体系，产业基础不断夯实。2020 年，6 个重点行业（包括航空、航天、汽车、工程及矿山机械、电力装备、工业机器人）完成工业总产值 994 亿元，占先进装备制造业的比重达到 77.6%，较 2015 年提高 27.4 个百分点，其中航空航天、汽车产业引领作用进一步凸显，产值占先进装备制造业的比重达到 40.9%。机器人、增材制造、智能装备等新兴产业从无到有，实现了从技术研发到产业化的突破。金属制品、铸造、电线电缆等产业持续优化调整，加快向高端金属结构件、精密铸造、智能家电、智能输配电等高端装备制造转型，其中金属制品业产值较 2015 年下降了 6.5%，电力装备增长了 43.4%。

从产业的空间分布来看，主要集聚在贵州、遵义、安顺等地。2020 年，贵遵安核心区规模以上企业数占到全行业的 52%，工业总产值占比达 63.5%，同时，在红果经开区、悬水经开区、大龙经开区等园区逐步发展形成了以能矿机械、特色装备、电池材料等为主导的产业聚集区。从主要的企业来看，主要包括中国航天科工集团第十研究院、中国航发黎阳动力、贵飞公司、吉利汽车贵阳分公司、毕节力帆、詹阳公司、贵航股份、安大锻造、航天电器、长征电气等一批本土企业。

2. 产业发展前景

在新型基础设施建设大力发展的背景下，贵州提出到 2025 年，力争全省先进装备制造业总产值达到 2000 亿元，这一目标契合贵州实际，具有较大的可行性。

一方面，在东西部深入合作、国内产业链供应链空间布局加速优化背景下，贵州具有发展先进装备制造业的优势。第一，"十三五"发展为贵州先进装备制造业发展打下了坚实基础，路网、电网、互联网等基础设施不断完善，产业基础更加牢固、配套体系更加完善、创新活力持续增强，贵州装备制造业处于大有可为的历史机遇期。第二，"十四五"时期，省委、省政府明确提出，发展壮大贵州省工程能矿机械、电力装备等特色优势产业，培育智能装备、山地高效农机、旅游装备等新兴产业，带来了新的市场需求和政策机遇。第三，以新型工业化为引领，全速全力打造以新一代信息技术和智能制造为主要支撑的"两区六基地"，奋力推动"工业大突破"，为贵州省装备制造业育动能、转方式，实现"后发赶超"创造了良好条件。第四，贵州有一定的产业发展积累。全省先进装备制造业拥有国家重点实验室 1 个、国家企业技术中心 12 个、国家工程研究技术中心 3 个，各类省级创新平台 100 余个，国家级、省级企业技术中心数量分别占全省的 42.3%、27.7%。装备制造领域高新技术企业有 331 户，占全省高新技术企业总数的 17.4%。2020 年，全行业研发费用投入达 26.6 亿元，同比增长 64.8%，占全省工业研发费用的 38.4%。航宇科技等 30 户装备制造企业获批国家"专精特新"小巨人企业，占全省获批数的 60%。

另一方面，也应看到以产业链和产业集群为核心的区域竞争更加激烈，贵州装备制造业面临的问题和短板仍然突出存在，主要体现在：一是整机龙头企业带动不足。缺乏具有产业生态主导能力的大企业、大集团，现有整机产品少、产量小、带动弱，尚未达到规模效应临界点，难以形成以龙头企业为引领、上下游紧密衔接、专业化分工协作的圈层式产业集群。二是产业配套体系不全。除航空、航天产业链配套相对完善之外，大部分行业领域上下游配套产品、技术及服务基础较弱，企业原料及零部件采购、市场销售"两头在外"，经营成本高、生产效率低，"延链、补链"任重道远。三是产业产品结构不优。与国内先进水平相比，贵州装备制造业总体仍处于产业链价值链中低端环节，中低端装备产品多，高精尖、高附加值产品少，零配件产品多，成套产品少。四是研发创新能力较弱。设计、研发、试验、测试等创新平台少，且创新资源分布不均，主要集中在国防科技工业领域，民口领域研发创新投入和核心技术积累不足，大部分企业仍以仿制、跟研为主，自主研发能力弱，产品更新迭代慢，产业整体向价值链高端攀升动能不足。五是融合发展水平低。与大数据、工业互联网等新一代信息技术深度融合不足，制造过程数字化、智能化水平较低，智能装备产品种类少，生产效率低。同时装备制造业与省内其他产业耦合发展不足，省内市场牵引较弱，军民融合有待加强。六是高端人才结构性短缺。产业领军人才、高技术研发人才和高级技能工人较为缺乏，人才分布失衡，高端人才主要集中在贵阳等中心城市和国防军工系统，其他市、州和产业人才引进难等问题突出。

3. "十四五"产业发展建议

第一，明确"集群化、高端化、智能化、绿色化、服务化"的产业发展方向，以创新驱动和投资拉动为第一动力，走"专精特新"发展道路，狠抓产业链提升、技术创新引领、企业梯队培育、产业融合升级、智能绿色转型、开放融合协同。

第二，完善以企业为主导的"产学研用"协同创新体系，强化集成创新，引进、消化、吸收、再创新，推进重大技术装备创新突破，加速创新成果转化和产业化。培育壮大一批龙头骨干企业，以整机制造来引领产业链协同发展，夯实产业基础，提升协作配套能力，促进装备制造产业链向上下游延伸。

第三，统筹推进装备制造新旧动能的转换和接续，强化政策措施的延续性、有效性，改造提升传统产业，做强、做精潜力产业，培育壮大新兴产业。发挥数字要素赋能作用，大力实施智能化改造，搭建工业互联网平台，运用人工智能、5G、物联网等新技术、新模式改造和提升旧动能。

第四，融入"双循环"、"一带一路"倡议、长江经济带、成渝地区双城经济圈等，健全对接机制，承接产业梯次转移，推动装备制造"补链、延链、强链"。

第五，明确重点地区和重点产业。发挥国防科技工业基础优势和重大项目带动作用，围绕贵阳（贵安）、遵义、安顺打造千亿级先进装备制造产业核心区，重点发展航空航天装备、新能源汽车、工程机械、电力装备及器材、高端基础零部件等产业，打造一批产业链条完整、配套基础扎实、公共服务支撑有力的产业集群。依托贵州基础能源优势，重点在毕节、六盘水大力发展煤矿机械及配套产业，打造煤机产业集群。

二、大数据电子信息产业

1. 产业发展情况

从现有规模来看，2021 年，大数据电子信息产业的总产值为1597.63 亿元，位列十大优势工业产业的第五，产业规模仍不是很大。规模以上工业单位数为 275 家，较上年度减少 33 家，这反映出行业正在进行重组整合；实现营业收入 1455.31 亿元；利润总额达到 59.81亿元，产业的盈利能力总体较好；上缴各类税金总额达 24.01 亿元；平均用工人数为 9.64 万人，大数据电子信息产业对就业的贡献比较大。

从近年来的发展情况来看，2019—2021 年，大数据电子信息产业的总产值不断增长，且增幅仍比较大。2019 年，大数据电子信息产业的总产值达到 1002.82 亿元，2020 年迅速增长到 1400.07 亿元，2021年进一步增加到 1597.63 亿元。在总产值的带动下，产业的营业收入和利润都增长较大，但是缴税能力反而有所下降，这反映出行业依赖补贴的现象仍然比较严重。就其占十大优势工业产业生产总值的比重来看，增长幅度较大，由 2019 年的 8.02%增加到 2021 年的 10.51%，相比其他行业来看，这反映出大数据电子信息产业的增长非常明显（见表 3-10）。

表 3-10　大数据信息产业统计数据

年份	2019	2020	2021
总产值（亿元）	1002.82	1400.07	1597.63
十大优势工业产业生产总值（亿元）	12500.00	13887.00	15194.88
占十大优势工业产业生产总值比重（%）	8.02	10.08	10.51
规模以上工业企业单位数（家）		308	275
实现营业收入（亿元）		945.26	1455.31
实现利润总额（亿元）		46.3	59.81
上缴各类税金总额（亿元）		43.11	24.01
平均用工人数（万人）		7.88	9.64

资料来源：笔者根据贵州统计局数据整理而成。

目前，全省大数据电子信息产业已形成以大数据、云计算、电子产品制造、软件和信息技术服务业为主的产业体系。从产业的空间分布来看，它们主要集聚在贵阳、遵义、安顺等地，主要分布在贵阳高新区、贵安新区综合保税区（电子信息产业园）、贵阳大数据安全产业园、遵义市软件园遵义新蒲新区、安顺西秀智能终端产业园。从主要的企业来看，富士康、高通、浪潮、以晴、财富之舟、振华集团、翰瑞电子、易鲸捷、中科汉天下、航天电器、白山云等一批国内外著名企业都落户在贵州，此外，诸多大数据公司都在贵州设立了数据中心。

2. 产业发展前景

贵州提出到 2025 年，力争全省大数据电子信息产业总产值达到3500 亿元。虽然目前距离这一目标还有较大差距，但是在大数据电子信息产业快速发展背景下，完成这一目标大有可期。

第一，"十三五"时期积累了较好的产业发展基础。就电子信息制造业看，近年来贵州大力招商引资，富士康、高通、浪潮、以晴、财富之舟都落户贵州，可穿戴智能设备、智能机器人、服务器、手机、平板电脑、北斗导航设备等产品从无到有，形成了以手机、电视机、平板电脑、电子元器件、集成电路、电子材料等为主要产品的生产体系。特别是手机生产数量在全国都位于前列水平。

第二，大数据产业发展迅速。贵州大数据产业优势地位突出，数字经济增速连续六年排名全国第一，大数据集聚效应逐步凸显，形成了中国南方规模最大的数据中心集聚区。

第三，贵州具有良好的大数据产业发展基础，全省气候温度适宜、电力充足、人力成本较低、地质环境安全稳定，具有建设大数据中心的比较优势。

但是也面临一些突出问题：一是产业总体规模仍然偏小。二是产业结构仍需加快转型升级，省内整机制造实力较薄弱，上下游产业链仍不完善。三是主导产业发展偏弱，存在小、散等问题，特色产业、优势产业仍有待培育。四是骨干企业较少，大型企业的带动作用有待提升。五是产业创新投入不足，企业融资渠道较为单一，领军人才、高端复合型人才缺乏，大部分产品处于价值链低端、附加值不高。六是大数据产业的技术含量仍不高，且增速也正在被其他省份所赶超。

3. "十四五"产业发展建议

第一，围绕国家大数据（贵州）综合试验区建设，以贵阳贵安为建设核心区，大力发展大数据有关硬件、软件、终端、内容与服务产业和数据流通交易，培育发展数据中心上下游全产业链，打造面向世界、服务全国的大数据产业集群。

第二，不断优化产业布局。结合产业集群发展，完善产业配套升级，提高资源配置效率，促进行业做大、做优、做强。建立并完善部门、地区和行业之间的统筹协调机制，支持创建形式多样、机制灵活的创新型产业联盟，有效统筹各方资源优势，促进"政产学研用"相互合作，协同推进新一代信息技术研发、标准制定、知识产权利用及应用推广等各环节发展。

第三，推动产业结构调整优化。大力发展智能手机、平板电脑、智能电视、智能可穿戴设备、医疗健康电子设备、智能家居等智能终端产品，带动芯片研发、智能器件、敏感元件、印制电路板、检测维修等配套产业快速发展。加快发展软件开发和设计，支持在基础软件、嵌入式软件、应用软件等领域实现突破，加快发展自主可控融合型分布式数据库、虚拟云平台、工业 App 软件、金融系统应用集成软件、声纹识别系统、二维码摆渡系统等软件产品。积极发展智能终端操作系统、云计算操作系统、大型数据库、大数据处理系统。大力发展信息系统集成、信息技术咨询和应用等信息技术增值服务，做大云服务产业，着力开展云存储、云计算等服务业务，培育壮大软件服务外包市场。

第四，推动重点项目发展。进一步健全重大项目推进实施制度，狠抓一批标志性项目，充分发挥专项资金的引导作用，聚焦行业引领、区域带动和提质增效，充分发挥支持一个、带动一片的示范效应。对重大建设项目开辟"绿色通道"，给予重点追踪服务。把握产业发展趋势，以"强基补链、专业招商"为引领，以园区、企业为抓手，在加快实现新项目引进的同时，注重已落地整机龙头企业开展产业链招商，提高本地生产配套率。

三、新能源汽车产业

1. 产业发展情况

新能源汽车产业自 2021 年才被单独列入十大优势工业产业之一。从现有规模来看，2020 年，新能源汽车产业的总产值仅为 161.00 亿元，2021 年增长为 575.36 亿元，位列十大优势工业产业的最后，产业仍属于发展初期。规模以上工业单位数为 103 家；实现营业收入达 530.99 亿元；利润总额达到 20.38 亿元，产业的盈利能力总体较好；上缴各类税金总额 6.16 亿元；平均用工人数为 3.12 万人（见表 3-11）。

表 3-11　新能源汽车产业统计数据

年份	2020	2021
总产值（亿元）	161.00	575.36
十大优势工业产业生产总值（亿元）	13887.00	15194.88
占十大优势工业产业生产总值比重（%）	1.16	3.79
规模以上工业企业单位数（家）		103
实现营业收入（亿元）		530.99
实现利润总额（亿元）		20.38
上缴各类税金总额（亿元）		6.16
平均用工人数（万人）		3.12

资料来源：笔者根据贵州统计局数据整理而成。

从产业发展基础来看，主要聚焦于发展纯电动汽车整车制造、新能源电池和新能源配套产业，初步具备了新能源汽车及其配套产业的生产能力。全省已建成充电桩 2 万余个，贵阳、遵义等城市中心城区初步实现 2 公里充电服务覆盖。贵阳经开区率先开展氢能示范应用，盘州市综合能源站建成试运行，氢能公交车投入运营。从产业的空间分布来看，主要集聚在贵阳、遵义、安顺、铜仁等地。从主要的企业来看，近年来贵州引进了奇瑞（贵州）汽车、吉利汽车、中电新能源汽车等在贵州建立汽车生产基地，并引进宁德时代、比亚迪、中航科工、奇瑞动力等在贵州建立电池生产基地。贵州吉利新能源汽车、奇瑞万达客车等企业研发生产了插电式混合动力乘用车、纯电动和燃料电池城市公交车、纯电动物流车等一批新能源整车产品。贵州中电新能源汽车项目等重点项目也正在抓紧建设。

2. 产业发展前景

虽然贵州新能源汽车产业规模仍非常小，但是鉴于国内国际的汽车产业发展趋势，贵州提出到 2025 年，新能源汽车产业规模总量步入国内中上行列，产量达到 40 万辆，产值突破 1000 亿元，其中整车产值达 500 亿元以上，零部件产值达 200 亿元，汽车材料产值达 200 亿元，汽车服务收入达 100 亿元。发展新能源汽车顺应了产业发展趋势，如果政策举措得当，贵州新能源汽车产业的发展将大有可为。

第一，从国际形势来看，传统汽车新能源化转型将是碳减排的必选之路。世界各国都出台了停止制造传统燃油汽车和发展新能源汽车日程表：德国、法国等传统汽车制造强国和消费大国，已分别明确到 2030 年、2040 年停止销售燃油汽车；英国承诺到 2040 年禁止生产和使用所有新的柴油车和汽油车；大众、戴姆勒等近 20 家全球知名车企提出到 2025 年或 2030 年实现汽车全面电动化。美国将新能源汽车作为巩固科技竞争力，维护国家经济地位的先导产业和主要载体，新能源汽车加速替代传统燃油汽车的国际趋势已不可逆转。

第二，从国内形势来看，我国新能源汽车产销量连续六年位居全球第一，且逐步从全球汽车市场中心向技术前沿阵地转变。我国新能源汽车出口量保持高速增长，2020 年出口接近 7 万辆，同比增长 89.4%，自主品牌正阔步走向国际市场。中央出台《新能源汽车产业发展规划（2021—2035 年）》明确提出，到 2025 年新能源汽车渗透率达到 20% 左右，2021 年上半年新能源汽车占比已提高到 10%，较 2019 年翻了一番，充电基础设施等新基建加速完善，新能源汽车进入到加速发展新阶段。

第三，从贵州来看，有一定的资源禀赋优势。贵州铝土矿储量达到 11.27 亿吨，居全国第三位，电解铝产量达到 120 万吨/年，磷、锰资源及深加工比较优势突出，正极材料领先优势凸显，为轻量化材料和动力电池率先突破奠定了基础。此外，贵州具有大数据优势，贵州是国家大数据综合试验区、全国一体化算力网络国家枢纽节点，拥有和阿里巴巴、华为等互联网龙头企业合作的基础，为新能源汽车智能化、网联化变革营造了环境。

但是，贵州发展新能源汽车也面临基础差、规模小、地位弱势等劣势。同时，在区域竞争日趋激烈和国家产业政策收紧的条件下，贵州还面临着一些新的困难和挑战。

第一，存量汽车产能少，在建项目进展慢。截至 2021 年底，贵州建成整车产能达 30.5 万辆，但仅有奇瑞万达、吉利汽车、万仁汽车三家整车企业能正常生产，合计有效备案产能达 16.5 万辆，其余产能将被列入工信部特别公示，存在生产资质被撤销的风险。

第二，产业规模小，产品结构单一。2020 年，贵州汽车产量达 7.8 万辆，规模以上工业总产值达 161 亿元，其中新能源汽车产量达 0.38 万辆，在全国占比仅为 0.28%，居全国第 23 位。龙头企业带动不足，目前规模效益相对较好的吉利汽车贵阳分公司、奇瑞万达两家企业产值合计不到 100 亿元，产业链带动能力有限，配套企业引进难、生存难、成本高。

第三，研发创新能力弱，产业支撑严重不足。贵州与汽车密切相关的省级创新平台仅有 6 个，不具备完整的正向研发能力。产业链条短缺，综合竞争力弱。贵州在燃油汽车发动机、变速箱、底盘，新能源汽车动力电池、电机、电控等主要部件配套基本上都是空白。

第四，新能源汽车的发展时间窗口正加速缩短。当前，全国各省份将新能源汽车产业作为推动经济发展的重要抓手，有权威机构研判，到 2025 年全国新能源汽车规划总产能将达到 3000 万辆，已远超国内市场需求，产能过剩将加速市场优胜劣汰。截至 2021 年底，长三角、粤港澳大湾区、成渝等先发地区已初步形成集群竞争优势，龙头企业已基本完成战略布局，留给后发地区和企业的时间窗口正在加快关闭。

3. "十四五"产业发展建议

第一，明确发展方向和发展重点。重点打造贵阳贵安千亿级新能源汽车产业集聚区，以整车制造为牵引，布局研发创新平台，提升关键零部件配套能力，加速氢燃料电池汽车、智能网联汽车示范应用，培育具有国际竞争力的新能源汽车产业集群。同时，积极打造3个百亿级新能源汽车产业基地，依托遵义、安顺、铜仁现有产业基础，实施差异化发展，努力盘活存量资源，加速产能释放，壮大动力电池材料、零部件、充换电设备等配套产业。支持其他各市州立足实际，积极发展动力电池、轻量化材料等新能源汽车零部件。

第二，盘活整车存量产能。深化与吉利集团、奇瑞控股集团的战略合作，加快既有龙头企业产能释放。加强与整车在建新项目企业高层的沟通对接，加速推动在建重点项目投产。支持通过战略合作、并购重组、挂大靠强、代工生产等方式，兼并重组盘活低效产能。

第三，加大招商引资力度，加快布局整车增量产能，有序退出落后产能。支持两年内产能利用率达不到全国平均水平的企业主动削减备案产能指标，对不能盘活的低效产能，依法依规进行政策性出清。集中力量招引优质产能，以乘用车为重中之重，集中资源引进两三个具备引领性、前瞻性、标志性和竞争实力的重大整车项目。

第四，围绕整车发展需求，增强产业链供应链本土化配套能力。做强动力电池，巩固提升三元、磷酸铁锂正极材料优势，加快突破电解液、隔膜材料瓶颈，着力补齐电芯、电池模组封装、系统集成和循环利用短板，构建动力电池全产业链竞争优势。鼓励国防科技企业成果转化和产业化，发展大功率驱动电机、多合一驱动总成，探索新一代驱动电机。大力培植轻量化材料新优势，充分利用贵州丰富的电解铝资源，大力发展铝合金车身、底盘、轮毂、电池包外壳等部件的生产。

第四章

优化产业布局

贵州工业经济起步于采矿业，壮大于制造业，产业链不断向高端迈进。自实施工业强省战略以来，贵州工业在短时间内实现了历史飞跃，既有在旧日积淀基础上的分化重组，也有利用资源优势，抢抓政策机遇的成果。要研究贵州产业布局的基础与历史发展脉络，需要从当地的资源禀赋、产业发展、区位优势、国家政策等方面入手，需将它放到西南与华南的区域发展格局中去考虑，放到国际合作的大背景下去考虑。工业的发展与区域分工、地区联动、产业集群、上游和下游业务的关联，关乎长久。本章将从产业布局、区域特征、园区发展的角度展开论述。

第一节　工业布局：历史与基础

立足于本地资源，根据国家的总体部署，从现有基础出发，循序渐进，分情况、有重点、分步骤地进行布局，是我国大部分地区工业发展的基本脉络[1]，贵州工业发展基本上也是这样的发展路径。以往，中国的工业化进程总体上呈现出由东部、中部和西部地区逐步降低的梯度差距。[2]工业布局过度向东部聚集，挤压了内地的发展空间，中西部的资源输出地位强化，加剧了区域的不平衡，"过密"与"过疏"

---

[1]　李伯洲，蔡志敏. 工业经济管理学［M］. 北京：警官教育出版社，1994：141.

[2]　黄群慧. 改革开放40年中国的产业发展与工业化进程［J］. 中国工业经济，2018（9）：5-23.

并存，资源环境成为可持续发展的约束。① 近几年，科技创新为工业发展带来了新的增长点，基础设施不断完善为工业布局提供了新的思路。如何打破资源困局，利用政策优势，加入科技力量，整合已有体系，加强区域互动，融入经济发展新格局，不仅关乎贵州工业体系的逐步完善，也关系到贵州未来能否占据产业发展高地。

一、各市州资源分布与工业布局

贵州是中国自然资源富饶的省份，尤以能源、矿产、生物资源最具优势，在全国占据突出的地位，这就决定了贵州特殊的工业发展格局，它在能源、冶金、化工、建材、机械设备等领域形成了庞大的生产能力。地区资源禀赋各有不同，使其发展的侧重点有所差异。各市州以本地的资源禀赋为基础，在形成基础产业的同时，产业链条分别向上游和下游延伸，形成渐趋完善的产业链条。

贵阳是贵州的省会，是西南地区重要的交通枢纽，工业基地及物流、商贸、旅游服务中心。贵阳铝土矿保有储量占全国的1/5，是我国四大铝工业基地之一、全国三大磷矿基地之一，冶金用砂岩、耐火黏土、砖瓦用页岩保有资源储量排在贵州第一，熔剂灰岩、磷矿、水泥用灰岩、饰面灰岩储量位居全省前列。贵阳是黔中经济区重要的煤电磷、煤电铝、煤电钢、煤电化一体化深加工基地。贵阳市长期致力于铝及铝加工、磷化工产业的绿色、创新、集约、高效发展，现已形成较为完善的产业链。遵义市水能资源丰富，形成了大、中、小型为一体的水电群，煤炭资源仅次于六盘水和毕节。另外，遵义市已形成全

---

① 肖春梅.我国工业布局的演变特征，存在问题与优化策略［J］.当代经济研究，2011（1）：73-78.

省乃至全国重要的钛、锰、烧碱、高性能钢丝绳等原材料生产基地。依托赤水河的优势，遵义市还形成了以茅台为首的酒产业，并成为遵义市的主导产业。六盘水市煤种全、煤质好，是国家重点规划建设的十大煤炭基地之一，是国家"西电东送"的重点电源基地之一，形成了以煤炭、电力、冶金、建材为支柱的能源原材料工业体系。煤炭为安顺市优势矿产，同时安顺是中国主要的钡盐生产基地之一，还利用重晶石深加工生产碳酸钡。安顺市积极推动基础能源和基础材料产业的发展，持续巩固提升基础工业地位，为工业经济发展提供了可靠支撑，此外建材产业也是当地发展的重点。毕节是典型的资源型城市，矿种多、分布广、储量丰富。煤、铅锌、稀土、岩磷等居全省之冠，且兼有品位高、分布相对集中、易开采的特点。铜仁市的主导产业为电力、冶金、矿产、建材、化工等传统行业，这些行业产值占全市产值的比例超过一半。以烟、酒、茶、药、食、水等为主的特色产业也发展较好。近年来，依托于新型工业化发展机遇，铜仁市在重点发展锂电池新材料、电子信息、装备制造业等新兴产业。黔西南州有以电力、煤炭为主的能源工业；以化肥、甲醇、电石为主的化工工业；以黄金、铁合金为主的冶金工业；以水泥、页岩砖为主的建材工业；以卷烟、酿酒、白糖等为主的轻工业。黔东南州位于云贵高原东南边缘，逐渐发展出林产加工、冶金、能源、特色食品和建材五大支柱产业依托于瓮安县的磷矿资源优势，黔南州大力发展磷及磷（煤）化工行业，依托煤炭、水能等优势资源发展能源产业，此外，建材、冶金、装备制造业、医药、特色（农副）产品加工业的发展也与其矿产和自然资源优势分不开。近年来，黔南州积极推进现代中药、先进制造装备产业、新材料等战略性新兴产业的发展。

表4-1 "十三五"时期贵州各市州能源资源与矿产资源概况

	能源资源			矿产资源		
	水能资源	煤炭资源	其他能源	黑色金属	有色金属	其他矿产
贵阳市	理论蕴藏量为130.7万千瓦，可开发量为87.3万千瓦，相对集中于乌江、猫跳河、清水江等干流。拥有水力发电站10余座	储量为9亿吨，"一市三县"及3个郊区均有分布		铁矿储量为2396万吨，硫铁矿储量为2878万吨，汞（金属量）储量达2683万吨	铝土矿保有储量达4.3亿吨，占全国的1/5，矿床主要集中在修文县和清镇市，铝矿品位高，三氧化二铝含量高	磷矿储量4.64亿吨，全国70%的优质磷矿集中于此。冶金用砂岩、耐火黏土、砖瓦用页岩保有资源储量排贵州第一，熔剂灰岩、磷矿、水泥用灰岩、饰面灰岩储量居全省前列
六盘水市	水能理论蕴藏量为116.65万千瓦，可开发水力资源为70.68万千瓦	远景储量达844亿吨，探明储量达221.37亿吨；储量大、煤种全、品质优，是长江以南最大的主焦煤基地	煤层气资源储量达1.42万亿立方米，占全省的45%，在全国63个重要煤层气目标区列第12位	探明储量的还有铁、铅、锌、铀、镍、银、锗、镉、镓、铟、硫铁矿、石灰石、白云石、萤石、石膏等，以铁、铅、锌储量为最多		
遵义市	水能理论蕴藏量为350.6万千瓦，可开发量为452万千瓦	在1500米深度以上的煤炭资源总储存量在257.61亿吨以上，已探明原煤基础储量达64亿吨	页岩气储量约为300亿立方米	全市已探明矿产60多种，铝土矿7亿吨、硫铁矿7亿吨、锰矿1.6亿吨、钼镍矿707.3万吨		
安顺市	水能理论蕴藏量为450.7万千瓦，可开发利用的有295.9万千瓦	远景储量达（地表以下1000米以上）130余亿吨		重晶石累计储量达4700万吨以上，水泥用灰岩预测资源量50亿吨以上，冶金用硅石储量3500万吨以上，炼镁白云石预测5亿吨以上		

	能源资源			矿产资源		
	水能资源	煤炭资源	其他能源	黑色金属	有色金属	其他矿产
毕节市	水能理论储量为221.21万千瓦。可开发装机容量为160.08万千瓦	煤储量达364.7亿吨，居贵州省之首		铁矿探明储量为2.27亿吨，占全省探明储量的51.7%，硫铁矿有大型矿床有4个、中型矿床有1个	铅锌矿查明中型矿床3个、小型矿床13个	磷块岩储量14.3亿吨，织金县为省内四大磷基地之一
铜仁市	水能源理论蕴藏量为326.15万千瓦，是全国平均水平的1.5倍，可开发量达262万千瓦		天然出露温泉和地热井共计38处，地热流体资源量达1099.09万立方米/年	锰矿保有资源储量达6.15亿吨，居全省第一位。铁矿已探明储量达7249万吨。硫铁矿已探明储量共达22873万吨		汞矿保有资源储量达9230吨，居全省第一位。钒保有资源储量达120万吨。含钾砂页岩保有资源储量达1.45亿吨，预测资源储量在50亿吨以上。重晶石矿保有资源储量达846.7万吨。普通萤石保有资源储量达78.7万吨，居全省第三位。饰面石材资源潜力巨大，仅贵州省德江—石阡优质石材战略选区预测远景资源量就达153.19亿立方米。水泥用石灰岩保有资源储量达4亿多吨，远景储量巨大
黔西南州	水能理论蕴藏量为312.5万千瓦，可供开发的水能资源发电量达1000万千瓦以上	已探明储量达75.28亿吨，远景储量达190多亿吨，名列全省第三，多数发热量为7000~8000大卡/千克	石油、天然气	有黄金、锑、铊、铅、锌、铁、钼、萤石、大理石等。黄金远景储量在500吨以上，已探明储量达208吨。金矿已探明特大型矿床有1处、大型矿床有4处、中型矿床有1处、小型矿床有4处，矿点、矿化点数十处，保有储量占贵州省的90%以上，已探明的地质储量约为500金属吨，远景储量达1000吨以上		

	能源资源			矿产资源		
	水能资源	煤炭资源	其他能源	黑色金属	有色金属	其他矿产
黔东南州	水能蕴藏量为332万千瓦,可开发量为244万千瓦。在建水电站装机容量为216.12万千瓦					已发现的矿藏有煤、铁、金、汞、锌、铅、锑、铜、磷、石灰石、重晶石、白云石、黏土等矿种58种(含亚矿种),查明272余处,其中能源矿产有20处,有色金属矿产有38处,金属矿产有97处,贵金属有27处,稀土金属有3处,非金属有89处,按规模大型有4处、中型有20处、小型有175处。其中,重晶石资源量居全国同类矿产资源储量之首,玻璃用石英砂岩、锑矿列全省同类矿产资源储量的前三位
黔南州	水能蕴藏量为420.8万千瓦,已开发建设的水能资源发电量达180.5万千瓦					已探明的矿产资源有磷、铝、煤等50余种,其中磷矿储量达40亿吨以上,瓮安县境内的磷矿储量就达36亿吨,位居亚洲第一。独山半坡的锑矿储量达13.5吨,居全省第一位。罗甸玉石矿带面积118平方公里

注：多数市州为 2019 年的数据。

资料来源：《贵阳年鉴（2020 年）》，第 66 页；《铜仁年鉴（2020 年）》，第 33-34 页；《遵义年鉴（2020 年）》，第 10-11 页；《毕节年鉴（2020 年）》，第 58 页；《黔东南（2019 年）》，第 54-55 页；六盘水年鉴（2020 年），第 26-27 页；黔西南州数据见：http://www.qxn.gov.cn/zjjz/zqjs/zykf/；黔南数据见：http://www.qiannan.gov.cn/zjqn/qnzgk/；安顺数据见：李虹.2017中国资源型城市转型预警指数：基于转型能力、压力的各地级市转型预警评价［M］.北京：商务印书馆，2017：388.

二、国家政策与各市州的工业发展

贵州工业化从 1949 年才开始起步，1950—1965 年为初步发展阶段，工业结构逐步建立，生产形势逐步好转。1965—1978 年进入大规模的"三线"建设，国家对贵州工业的投资改变了其原有的工业结构，相继建成了煤炭、电力、冶金、机械电子、化工等一批骨干企业和航天、航空、电子三大军工基地，这对于奠定贵州现代工业的发展基础，改善贵州工业发展的布局，开发贵州的矿产资源，有效扩大贵州的工业生产规模，推动贵州经济发展起到了极其巨大的作用。[①] 贵州以既有城市和新城市为载体建成了四大工业区，即由贵阳、安顺组成的以航空、机械、冶金、电力、化学、建材、轻工业为主的黔中综合性工业区；由六枝、盘县、水城、威宁组成的以煤炭、冶金、电力、建材工业为主的黔西工业区；由遵义等城市组成的以航天、冶金、电力、电器工业为主的黔北工业区；由都匀、凯里组成的以电子工业为主的黔东南工业区，这样一来，贵州省的"三线"项目布局从总体上转变了此前全省工业高度集中于贵阳的空间指向，实现了全省相对均衡的工业布局，奠定了全省城市化发展的新基础。[②]

1978—2000 年，贵州加快了轻工业的发展步伐，酿酒、卷烟、纺织、造纸、皮革等轻工业发展迅速，重工业也依据轻工业调整了发展方向，开始大力发展民用产品生产。2000 年以后，依托国家西部大开发战略，贵州工业化进程明显加快，基本形成了电力、煤炭、冶金等十大工业体系。由于贵州丰富的矿产资源及落后的经济、技术水平，使其产品结构主要为原料输出型和高能耗产品粗加工型。到 2005 年，能源工业成为全省第一支柱产业，改变了长期以来支柱产业一直锁定在单一的烟酒工业的状况。[③] 2010 年，贵州提出了"工业强省"战略，抢抓新一轮科技革命和产业变革机遇，坚持以供给侧结构性改革为主线，加快构建现代化经济体系。贵州工业化水平在"十一五"时期末处于工业化初期，"十二五"时期末推进到工业化中期，"十三五"时

① 龚晓宽. 贵州实施工业强省战略研究［M］. 北京：中央文献出版社，2011：46-47.
② 周明长. 三线建设与贵州省城市化［J］. 中共党史研究，2016（12）：89-103.
③ 袁天志. 从 2 亿元到 3000 亿：记贵州工业发展 60 年历程［N］. 贵州日报，2009-08-05.

期工业发展迈向新阶段，由工业化中期前半阶段向后半阶段过渡。①

实施西部大开发战略，贵州省赶上了难得的发展机遇。传统生产形成了烟酒产业，三线建设形成了航天、航空、电子产业，资源禀赋形成了煤炭、磷矿、铝锭产业，西电东送形成了电力产业。②我国一直高度重视对于长江经济带世界级产业集群的打造。早在 2016 年，我国就已启动"长江经济带重大战略研究"，并明确提出"培育长江经济带世界级产业集群""对接'一带一路'"等任务目标。2016 年发改委等三部委联合下发《长江经济带发展规划纲要》，随后，《依托黄金水道推动长江经济带发展的指导意见》《加强长江经济带工业绿色发展的指导意见》两大指导性文件出台，再度强调了打造长江经济带世界级产业集群的重要性。根据长江经济带现有资源禀赋和产业分布，贵州未来将在电子信息、高端装备、汽车、家电、纺织服装领域，通过引导相关产业转移集聚，形成与资源环境承载力相适应的产业空间布局，培育具有国际先进水平的五大世界级产业集群。

三、各市州交通基础设施与工业布局

交通网络以城市为节点，既是城市形成的初始原因，也因城市发展的不断强化。铁路是早期物流运输的方式，贵州的工业发展以川黔、湘黔、贵昆、黔桂、南昆铁路干线为基本轴线，大部分城市分布于这五条铁路干线上，钢铁、煤炭、有色、机械、电子、化工、轻纺、食

---

① 封毅. 三线建设的历史意义和时代启示——基于贵州六盘水的研究 [J]. 贵阳市委党校学报，2020（6）：41-47；张懋国. 贵阳三线建设的发展历程 [J]. 贵阳文史，2020（2）：11-15；王佳翠，谯丽娟. 三线建设与遵义现代城镇发展 [J]. 遵义师范学院学报，2018（4）：37-40.

② 陈扬. 贵州经济发展 [M]. 贵阳：贵州人民出版社，2007：45.

品等骨干企业均分布在铁路沿线，大部分矿产资源也分布于这些干线的辐射范围。近年来，贵州省交通基础设施建设高速发展，已经形成了铁路、公路、航运、水运全方面发展的立体交通网络。

2020年贵州铁路营业里程达到3867千米，其中高速铁路里程达1527千米。中国已经进入高铁时代，贵州也不例外。贵州从2014年第一条高铁通车以来，贵阳已经成为全国十大高铁枢纽。贵广、沪昆、渝贵、成贵高铁在贵阳枢纽交汇，使贵州融入了全国"四纵四横"高铁网，实现了贵阳与周边省会及全国主要城市高铁的联通，为贵州经济融入国内大循环、促进产业升级打下了良好基础。从省内交通来看，贵阳至全省八个市州都有高铁，黔西南州兴义高铁站也在2022年通车，建成贵阳至各市州的"2小时都市圈"，便利了贵州省内经济联系。

公路建设按照北上四川，南下广西，东接湖南，西联云南，形成省会至各地州市高等级公路网。一个以贵阳为中心，以国道、高等级公路、跨省公路为骨架，县区公路为基础，辐射全省，连接全国的完善公路网体系已初步建成。2020年，贵州公路里程超过20万千米，其中高速公路总里程达到7607千米，总里程居全国第五位，出省通道增加至22个，农村公路"组组通"完成，形成了便捷高效的公路物流通道（见表4-2）。

表4-2　2020年各市州公路里程　　　　单位：千米

市（州）	公路里程	等级公路	高速公路	有铺装路	沥青混凝土
贵阳市	10178	9758	611	8178	1970
六盘水市	14714	13890	428	11303	3447
遵义市	39725	34075	1403	33974	5178
安顺市	14033	13047	490	11644	2229

市（州）	公路里程	等级公路	高速公路	有铺装路	沥青混凝土
毕节市	33712	29272	986	23601	4914
铜仁市	26004	23684	700	20715	2482
黔西南州	18311	15148	605	12624	2568
黔东南州	30012	25808	1073	23593	4021
黔南州	20004	18564	1311	15722	4008

资料来源：《贵州省统计年鉴 2021》。

航空运输是现代运输方式，具有成本高但速度快的特点。贵州 9个市州均已建成机场，到 2020 年，全省机场增至 11 个，开通航线数量达到 435 条。近年来，贵州的水路运输建设也得到较快发展，2020年贵州航道里程达到 3957 千米，其中高等级航道建成里程突破 1000千米，位居全国 14 个非水网省份第一，乌江水道贵州境内实现全面通航。

第二节　各市州工业发展和行业布局

"十三五"时期贵州工业快速发展成效显著，全省规模以上工业增加值年均增长 8.6%，增速连续保持在全国前列。十大工业产业全部迈入千亿级，对规模以上工业增加值的贡献率达 98%。全省建成 2 个千亿级园区、19 个 200 亿元以上园区、38 个百亿元以上园区。大数据产业异军突起，贵州数字经济增速连续五年领跑全国，形成了中国南部规模最大的数据中心集聚区，打造了具有贵州特色的现代工业体系，撑起了全省工业经济"四梁八柱"。但是,受资源分布、政策环境、基础设施等因素的影响,各市州工业发展速度存在差异,在工业产业发展方面各有侧重。

一、各市州工业发展总体情况

1. 各市州三次产业结构

经济发展的一个重要表现是产业结构变迁。一般而言,经济发展早期,农业产值占比最高,工业和服务业产值占比较低。随着经济进入工业化阶段,农业产值占比下降,工业和服务业产值占比上升,但工业产值占比上升速度更快。当工业化完成后,即进入后工业化时期,农业产值占比非常低,服务业占主导地位,其产值占比超过工业。大多数国家和地区的经济发展均遵循这一过程。此外,在一个国家或地区内部,不同地区的工业化发展速度不同,这种差异化的发展速度在客观上有利于产业在不同地区的转移,进而形成具有地区特色的工业布局,例如,产业转移的"雁阵模式"。

图4-1的数据显示,贵州各市州的经济发展水平存在较大差异。从人均地区生产总值来看,贵阳市作为贵州的省会,经济发展水平最高,2020年人均地区生产总值达到72246元,超过全国人均GDP(72000元),而其他市州的人均地区生产总值均距离全国平均水平有较大的差距,这说明贵州的总体经济发展水平较为落后。此外,贵州内各市州的经济发展差距也较大。其中,经济发展水平最低的毕节市人均地区生产总值只有29295元,只占贵阳市人均地区生产总值的40.55%。

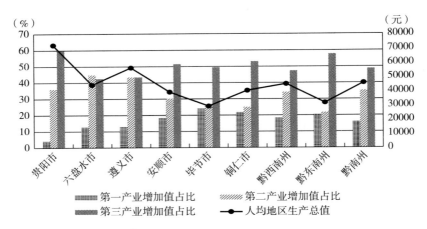

图 4-1　2020 年各市州三次产业增加值占比及人均地区生产总值

资料来源:《贵州统计年鉴 2021》。

经济发展水平差距与产业结构差异直接相关。经济发展水平最高的贵阳市,第一产业增加值占比只有 4.15%,第二产业和第三产业增加值占比分别为 36% 和 59.86%。第二产业由工业和建筑业构成,从图 4-2 中可以看出,2020 年贵阳市工业增加值占第二产业的比例只有56.92%,这说明贵阳市第二产业增加值较高的一个重要原因是其建筑业增加值较高。总体来看,贵阳市已经基本完成工业化。

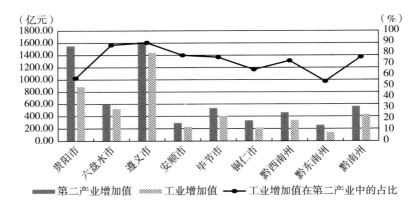

图 4-2　2020 年各市州工业产值及其在第二产业产值中的占比

资料来源:《贵州统计年鉴 2021》。

遵义市和六盘水市处于加速工业化时期。遵义市和六盘水市的第一产业增加值占比已经处于较低水平，分别为13.16%和12.75%，但与全国第一产业增加值占比（7.7%）相比还有一定的下降空间。这两个城市另外一个明显的特点是第二产业与第三产业增加值占比较为接近，且均处于较高水平，这说明这两个城市正处于工业化加速发展时期（见图4-1）。

黔南州、安顺市和黔西南州处于工业化快速发展阶段。这三个市州的第三产业增加值占比超过了第二产业，但第一产业增加值占比仍然较高，且人均地区生产总值较低。例如，经济发展水平相对较高的黔南州，第一、第二、第三产业增加值占比分别为15.97%、35.31%、48.73%，说明这三个市州仍处于工业化发展阶段（见图4-1）。

毕节市、黔东南州和铜仁市的工业化水平还较低。具体表现为人均地区生产总值较低，第一产业增加值占比过高，且第一产业和第二产业增加值较为接近。以经济发展水平最低的毕节市为例，毕节市第一产业和第二产业增加值占比分别为24.08%和26.4%，这说明毕节市的二元经济特征还较为明显。黔东南州和铜仁市与毕节市类似，只是这两个城市发展水平较毕节市稍好一些。

2. 工业增加值在市州之间的分布

从前面的三次产业结构来看，贵州的工业化和经济发展水平还较低，且各市州的工业化水平存在较大差异。图4-2列出了贵州内各市州的工业增加值。从图4-2中可以看出，贵州的工业主要分布在遵义市、贵阳市和六盘水市，2020年这三个城市的工业增加值分别为1441.43亿元、883.68亿元和522.47亿元，占贵州工业增加值的比例分别为31.32%、19.2%和11.35%，总计达到61.87%。其中，六盘水市人口规模较小，在贵州九个市州中排在倒数第三位，但工业产值较高，这与六盘水市主要发展重工业有关。

黔南州、毕节市和黔西南州的工业增加值在贵州处于中间位置，2020 年这三个市州的工业增加值分别为 429.24 亿元、404.96 亿元和 337.7 亿元，占贵州工业增加值的比重分别为 9.33%、8.8% 和 7.34%。从产业结构来看，毕节市的工业化水平较低，但毕节市是贵州人口规模最大的市州，这或许可以为其工业增加值较高提供一个合理解释。由于毕节市农业增加值占比很高，且乡村从业人员规模较大，劳动力从农业向第二产业转移有利于提高劳动生产率和促进工业化，这意味着毕节市发展工业有较大的劳动力资源优势。

安顺市、铜仁市和黔东南州的工业产值较低，2020 年这三个市州的工业增加值分别为 227.41 亿元、215.72 亿元和 140.07 亿元，在贵州工业增加值中的比重分别为 4.94%、4.67% 和 3.04%。其中，安顺市靠近省会贵阳，具有较好的地理位置优势，工业化程度较高，但安顺市人口规模小，是整个贵州人口规模最小的市州，因而工业增加值较低。铜仁市和黔东南州工业增加值较低的最主要原因则是其工业化水平较低。此外，铜仁市和黔东南州工业占第二产业增加值比重均不到 70%，说明这两个市州来自建筑业的产值较高，这表明铜仁市和黔东南州的交通基础设施建设正在不断完善，可以为未来工业化的推进创造条件（见图 4-3）。

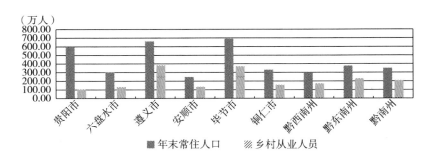

图 4-3　2020 年贵州各市州年末常住人口

资料来源：《贵州统计年鉴 2021》。

3. 各市州近年来工业发展速度

近年来，贵州经济高速发展，经济增长速度远远超过全国平均水平。贵州的工业化也在加速推进，工业总产值逐年上升。但从贵州来看，各市州工业发展速度存在较大差异。表4-3列出了2010—2020年贵州各市州的工业增加值。

从时间上的变化趋势来看，贵州各市州工业增加值总体呈上升趋势，但某些市州在部分年份存在波动。例如2019年，贵阳市、六盘水市、毕节市和黔东南州工业增加值较2018年有所下降。2020年安顺市和铜仁市工业增加值也有小幅下降，这可能是受到新冠肺炎疫情的影响。此外，黔东南州除在2019年工业增加值出现下滑外，2017年工业增加值也较2016年有较大幅度的下降，且2020年工业增加值仍未恢复到2016年的最高水平，这说明黔东南州的工业基础还较为薄弱（见表4-3）。

各市州工业发展速度的差异导致工业增加值在省内的排序发生了变化。贵阳市在2012年之前工业增加值居全省第一位，但在2012年之后被遵义市取代，屈居第二位。六盘水市2019年工业增加值出现了较大幅度的下降，2020年虽然有所回升，但距离2018年的水平还有较大差距，只是六盘水市工业基础较好，其在贵州一直处于工业增加值的第三位。黔南州和毕节市的工业增加值排序出现了交替，由于2019年毕节市工业增加值出现了大幅下降，而黔南州有较大的幅度上升，使得毕节市在全省工业增加值中的排序从第四位下滑至第五位，而黔南州则取代毕节市，上升至第四位。近年来，黔西南州工业平稳增长，只是增长速度不突出，工业增加值一直位列贵州第六。安顺市工业增加值在全省的排序有一定的波动，从2015年以前的第七位一度下降至2015年的第九位，但在2019年又恢复至第七位。说明与其他市州相比，安顺市在2015年和2016年工业增长速度相对较慢。黔东南州和铜仁市工业发展较为落后，除了 2015 年和 2016 年以外，这两个市州的工业增加值基本处于贵州的倒数两位，其中 2017 年以前，黔东南州的工业增加值高于铜仁市，但 2017 年及以后，铜仁市的工业增加值略高于黔东南州（见表 4-4）。

表 4-3　2010—2020 年贵州各市州工业增加值　　单位：亿元

年份	贵阳市	六盘水市	遵义市	安顺市	毕节市	铜仁市	黔西南州	黔东南州	黔南州	省工业增加值
2020	883.68	522.47	1441.43	**227.41**	404.96	**215.72**	337.7	140.07	429.24	4602.68
2019	**869**	**512.24**	1417.48	232.12	**403.55**	216.23	330.12	**139.69**	429.08	4549.51
2018	874.96	621.09	1110.82	204.42	547.84	204.81	295.83	142.48	343.71	4345.96
2017	872.57	617.86	1016.14	203.75	545.95	196.01	273.92	**141.88**	306.47	4174.55
2016	771.33	563.42	867.86	172.24	488.6	174.04	241.68	180.74	267.31	3727.22
2015	714.15	528.27	799.82	159.66	453.1	160.55	223.92	161.66	247.16	3448.29
2014	678	500.14	716.75	149.98	425.88	140.82	198.73	148.17	222.95	3181.42
2013	608.32	452.43	634.53	133.06	373.06	112.18	172.94	125.19	192.46	2804.17
2012	534.73	402.52	541.84	114.46	333.06	99.63	153.86	110.61	170.35	2461.06
2011	454.9	353.06	430.98	96.09	295.6	74.08	122.28	92.32	148.92	2068.23
2010	352.77	278.58	333.67	76.4	226.817	57.17	95.45	69.38	114.45	1604.687

资料来源：《贵州统计年鉴》（2011—2021 年）

表 4-4　2010—2020 年各市州工业增加值在省内排序

市州	2020 年	2019 年	2018 年	2017 年	2016 年	2015 年	2014 年	2013 年	2012 年	2011 年	2010 年
贵阳市	2	2	2	2	2	2	2	2	2	1	1
遵义市	1	1	1	1	1	1	1	1	1	2	2
六盘水市	3	3	3	3	3	3	3	3	3	3	3
毕节市	5	5	4	4	4	4	4	4	4	4	4
黔南州	4	4	5	5	5	5	5	5	5	5	5
黔西南州	6	6	6	6	6	6	6	6	6	6	6
安顺市	7	7	8	7	9	9	7	7	7	7	7

续表

市州	2020 年	2019 年	2018 年	2017 年	2016 年	2015 年	2014 年	2013 年	2012 年	2011 年	2010 年
黔东南州	9	9	9	9	7	7	8	8	8	8	8
铜仁市	8	8	7	8	8	8	9	9	9	9	9

资料来源：根据表4-3计算得到。

二、各市州的工业行业分布

由于资源禀赋、工业发展的历史基础差异及受交通建设和地理区位对工业发展的影响，贵州各市州工业行业分布差异较大。

1. 各市州轻重工业结构

在轻重工业发展方面，总体上看，2020 年贵州轻重工业比重较为均衡，其中轻工业占比为 49.8%，重工业占比稍高，为 50.2%。然而，贵州较为均衡的轻重工业结构背后是各市州失衡的轻重工业相互中和的结果。具体而言，六盘水市轻工业占比只有 2.69%，除了遵义市和贵阳市以外，其他六个市州的轻工业占比也较低，这些市州几乎都以重工业为主。由于贵阳市轻重工业结构较为均衡，这意味着贵州轻工业产值主要来自遵义市。从数据中也可以看出，工业产值最高的遵义市 2020 年轻工业占比达到 84.4%。换言之，贵州的轻工业主要依靠遵义市的发展（见图 4-4）。

从轻重工业发展变化的时间趋势来看，贵州轻工业占比近年来逐渐上升，其中 2016 年贵州轻工业增加值在规模以上工业增加值中的比重只有 38.7%，到 2020 年就提升至 49.8%[①]，除了遵义市轻工

---

① 本部分数据来自《贵州统计年鉴 2021》。其他市州的数据来自各市州国民经济与社会发展统计公报。

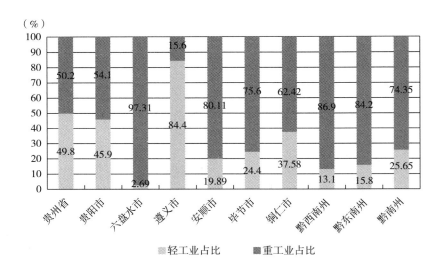

图 4-4　各市州轻重工业占比

注：由于数据的可获得性问题，贵阳市、六盘水市、遵义市的数据年份为 2020 年，其他市州的数据年份为 2017 年。

资料来源：各市州国民经济与社会发展统计公报。

业占比在逐年上升以外，大部分市州均在有意识地逐年提升轻工业比重。其中遵义市轻工业占比从 2015 年的 73.98% 提高至 2020 年的 84.4%。

贵州轻工业占比上升是其工业化加速推进的重要表现。作为一个能源大省和三线建设的重要省份，在工业化初期，贵州发展重工业是适应政策发展的需要，也符合其比较优势。毕节市、黔东南州等当前工业化发展较为落后的市州重工业比重较高，就是贵州工业化初始状态的直接体现。随着贵州工业化的加速推进，各市州轻重工业结构也将逐渐得到调整。

2. 各市州工业重点发展行业

由于遵义市、贵阳市和六盘水市三个城市的工业企业增加值总和占贵州工业增加值的比重均超过60%，这三个城市的行业分布可以在很大程度上反映出贵州的工业行业分布。表4-5列出了2020年贵阳市、遵义市、六盘水市规模以上工业企业产值的行业分布。

遵义市作为贵州工业产值最高的城市，制造业在工业中占据绝对优势，其中酒、饮料和精制茶制造业占规模以上工业企业增加值的比例达到77.41%，而酒的制造占规模以上工业企业增加值的比重就达到77.08%。遵义市是以茅台为代表的酱香型白酒制造基地，并延长了酒类包装产业链。除了酒业生产以外，烟草制品在遵义市的占比相对于其他产业要稍高一些，这充分显示了遵义市以轻工业为主的发展模式，但烟草制品增加值占比也只有4.47%。尽管遵义市还有少量金属和非金属制造业，但占比很低。新兴产业中，计算机、通信和其他电子设备制造业、汽车制造业和医药制造业增加值占规模以上工业增加值的比重分别为0.25%、0.09%和0.18%。高技术产业增加值占规模以上工业增加值的比重仅为1.3%。总体来看，遵义市行业相对较为单一，这种行业结构很容易受到市场的冲击。

六盘水市产业结构与遵义市有明显的差异。六盘水市的第一大主导产业是采矿业，主要是煤炭开采和洗选业，占工业企业增加值的比例接近50%。尽管制造业得到了一定的发展，但仍然以资源类相关的制造业为主，主要包括黑色金属冶炼及压延加工业、石油加工、炼焦和核燃料加工业、非金属矿物制品业和有色金属冶炼及压延加工业，这四个制造业行业加上煤炭开采和洗选业，占六盘水市工业企业增加值的比例达到77.24%，这充分体现了六盘水市以重工业为主的行业发展特征，且与六盘水市煤炭和矿产资源丰富的特点直接相关。

贵阳市行业发展较为均衡，与遵义市和六盘水市相比，并没有特别突出的主导产业。贵阳市以制造业为主，在烟草制品业、计算机、通信和其他电子设备制造业、医药制造业、有色金属冶炼及压延加工业、非金属矿物制品业、化学原料和化学制品制造业、汽车制造业、铁路、船舶、航空航天和其他运输设备制造业、橡胶和塑料制品业等行业均有较好的发展。总体来看，遵义市和六盘水市以传统制造业为主，而贵阳市的制造业则以新兴产业和高新技术行业为主。此外，贵阳市的电力、热力生产和供应业产业占比也相对较高。

表4-5　2020年贵阳市、遵义市、六盘水市规模以上工业企业增加值的行业分布

单位：%

行业	贵阳市	遵义市	六盘水市
采矿业	2.01	2.07	**47.29**
煤炭开采业和洗选业	0.2	0.54	**46.29**
黑色金属开采业、洗选业		0.02	
有色金属矿采选业	0.52	1.23	0.31
非金属矿采选业	1.28	0.29	0.69
制造业	**82.68**	**93.25**	**40.74**
农副食品加工业	2.67	0.25	0.38
食品制造业	4.89	0.26	0.51
酒、饮料和精制茶制造业	1.6	**77.41**	1.20
烟草制品业	**9.3**	**4.47**	
纺织业	0.01	0.01	0.09
纺织服装、服饰业	0.03	0.03	0.24
皮革、毛皮、羽毛及其制品和制鞋业	0.33	0.01	0.07
木材加工及木、竹、藤、棕、草制品业	0.02	0.09	0.02
家具制造业	0.19	0.36	
造纸和纸制品业	0.38	0.67	
印刷和记录媒介复制业	0.7	0.07	
文教、工美、体育和娱乐用品制造业	0.03	0.2	0.001
石油加工、炼焦和核燃料加工业	2.97		**6.24**
化学原料和化学制品制造业	**5.92**	0.45	0.26

续表

行业	贵阳市	遵义市	六盘水市
医药制造业	**7.31**	0.18	0.08
橡胶和塑料制品业	**5.33**	0.11	0.31
非金属矿物制品业	**6.38**	**3.17**	**5.93**
黑色金属冶炼和压延加工业	2.09	0.79	**13.70**
有色金属冶炼和压延加工业	**6.4**	**2.24**	**5.08**
金属制品业	1.19	0.55	2.51
通用设备制造业	1.34	0.42	0.04
专用设备制造业	1.18	0.08	0.72
汽车制造业	**5.53**	0.09	0.05
铁路、船舶、航空航天和其他运输设备制造业	**5.47**	0.55	
电气机械和器材制造业	1.96	0.48	1.58
计算机、通信和其他电子设备制造业	**8.16**	0.25	1.18
仪器仪表制造业	0.47	0.03	
其他制造业	0.6	0.02	
废弃资源综合利用业	0.05	0.01	0.15
金属制品、机械和设备修理业	0.2	0.01	0.41
电力、热力、燃气及水生产和供应业	**15.31**	**4.68**	**11.96**
电力、热力生产和供应业	13.54	4.28	11.36
燃气生产和供应业	0.99	0.16	0.27
水的生产和供应业	0.77	0.23	0.34

注：三个城市的统计口径存在差异，六盘水市的行业分布数据根据工业企业增加值计算得到，六盘水市2020年规模以上工业增加值占工业增加值的比重达到93.5%，因此工业企业增加值的行业分布可以代表规模以上工业企业的行业分布。

资料来源：贵阳市、遵义市、六盘水市2021年统计年鉴。

作为一个工业化程度相对较低的城市，铜仁市尽管仍以重工业为主，但轻工业占比相对较高。其第一大主导产业为非金属矿物制品业，2018年这一行业占规模以上工业企业增加值的比重达到20.89%，黑色金属冶炼及压延加工业的占比也有 5.18%，此外，电力、热力生产和供应业占比达到 12%，这些行业是铜仁市的主要重工业行业。在轻工业方面，铜仁市的酒、饮料和精制茶制造业、烟草制品业、化学原料和化学制品制造业、农副食品加工业产业占比也相对较高，分别达到 11.17%、5.77%、5.25%、5.22%。[①]

安顺市靠近省会贵阳，有较好的市场优势和地缘优势。安顺市的计算机、通信和其他电子设备制造业，非金属矿物制品业，煤炭开采和洗选业，电力、热力生产和供应业，铁路、船舶、航空航天和其他运输设备制造业，医药制造业发展较好，2017 年这些行业的产值占规模以上工业企业增加值的比重分别达到 18.54%、17.87%、14.81%、8.66%、7.43%、6.12%。[②] 这些行业既有传统的能源型行业，又有新兴行业和高新技术行业，与贵阳市产业发展相协调。

黔东南州是重工业占主导的城市。工业增加值较高的行业主要是电力、热力生产和供应业，非金属矿物制品业，有色金属冶炼及压延加工业，黑色金属冶炼及压延加工业，酒、饮料和精制茶制造业，木材加工和木、竹、藤、棕、草制品业，2017 年这几个行业的增加值占比分别为 30.89%、15.45%、11.21%、8.91%、7.66%、5.36%。[③]

黔南州工业行业较为集中，其主导行业主要包括非金属矿物制品业，化工原料和化学制品制造业，非金属矿采选业，医药制造业，酒、饮料和精制茶制造业，2018 年这几个行业占主营业务收入占工业企业主营业务收入的比例分别为 22.20%、21.83%、5.59%、5.42%、4.48%。[④]

黔西南州重工业占比也较高，其主导产业主要为煤炭开采和洗选

① 数据根据 2019 年《铜仁统计年鉴》计算得到。
② 数据根据 2018 年《安顺统计年鉴》计算得到。
③ 数据根据 2018 年《黔东南州统计年鉴》计算得到。
④ 数据根据 2019 年《黔南州统计年鉴》计算得到。

业，电力、热力生产和供应业，有色金属冶炼及压延加工业，非金属矿物制品业，电气机械和器材制造业（主要是锂离子电池制造），黑色金属冶炼及压延加工业，农副食品加工业，2019年这几个行业占规模以上工业增加值的比例分别为 21.45%、15.46%、13.0%、12.57%、9.57%、8.41%、4.31%。[①]

根据毕节市的轻重工业结构和工业园区的主导产业[②]，毕节市的工业行业主要是煤炭、磷化工、电力、新型建材行业，还有部分食品加工和医药行业。这与毕节市资源禀赋有关，表4-1显示，毕节市的煤炭储量在贵州居第一位，铁矿和磷矿储量在贵州也位居前列。

总体而言，除了遵义市、贵阳市和安顺市以外，贵州其他几个市州工业行业发展较为相近，以重工业为主，且细分行业相似度较高，这与贵州大多数市州资源禀赋相似且处于工业化早期有直接关系。

第三节　开发区的发展情况

贵州山地、丘陵面积占92.5%，相对平坦的地势较为稀缺，发展工业的地形条件较差。此外，贵州喀斯特岩溶出露面积占比为61.2%，生态环境脆弱，在经济发展过程中面临着生态环境承载力过低、产业和城市扩张的空间有限等自然约束。这意味着贵州产业集聚规模和城市发展规模受到了很大限制，这也是造成贵州经济发展较为落后的客观原因。面对这种客观条件，开发区的发展模式对贵州而言是一种较好的选择。因为贵州在地形上不适宜分散的产业

---

① 数据根据2019年《黔西南统计年鉴》计算得到。
② 毕节市没有电子版统计年鉴，所以没有相应的行业分布数据。

布局，所以开发区更容易形成产业集聚，而且将开发区与城市相融合，有利于土地的集约高效利用。近年来，贵州工业化的快速推进，离不开开发区的发展。

一、贵州开发区发展的总体情况

开发区包括国家级新区、经济技术开发区、高新技术产业开发区、综合保税区、特色工业园区等，是工业发展的重要载体，是工业经济的主战场，是改革发展和开放创新的重要窗口。其中，经济技术开发区、高新技术产业开发区、综合保税区是国家级别的，非国家级开发区不能使用这些称谓，大多使用上述称谓以外的，且命名为开发区或工业园区的，均为省级或市级开发区。由于省级、市级开发区和工业园区众多，所以通常会把开发区与工业园区混用。贵州有 1 个国家级新区，即贵安新区；2 个国家级经济技术开发区：贵阳经济技术开发区和遵义经济技术开发区；2 个国家级高新技术产业开发区：贵阳高新技术产业开发区和安顺高新技术产业开发区；3 个综合保税区：贵阳综合保税区、贵安综合保税区和遵义综合保税区。这些国家级开发区由国家不同部门管理，对开发区的产业发展和职能管理有不同的规定。① 此外，根据《贵州省规范开发区管理机构促进开发区高质量发展的实施意见》，经过清理规范，贵州从原有 139 个开发区管理机构中保留 100 个，即除了贵安新区以外，贵州有上述 7 个国家级开发区，还有 93 个省级开发区，或称工业园区。表 4-6 列出了贵州包括 7 个国家级开发区和 93 个省级开发区在内的 100 个省级监测开发区。

---

① 国家级经济技术开发区由商务部管理，高新技术产业开发区由科技部管理，综合保税区由海关总署管理。

开发区或称工业园区是各市州工业发展的载体，开发区的发展也是贵州工业化的具体体现。截至 2021 年上半年，贵州全省千亿级开发区已达 2 个，200 亿级以上开发区有 19 个，100 亿级以上开发区有 38 个；已成功创建 14 个国家新型工业化产业示范基地、44 个省级新型工业化产业示范基地，6 个国家级绿色园区和 16 个省级绿色试点示范园区；开发区获授权发明专利数占全省获授权专利总数的 1/5。① 2021 年上半年，贵州 100 个省级监测开发区（包括国家级和省级开发区）规模以上工业企业总产值同比增长 17.6%，其中 39 个开发区增速达 20% 以上；规模以上工业企业总产值占全省比重达 81%，比 2020 年底提高 1 个百分点；规模以上工业企业数占全省比重达 80.2%，比 2020 年底提高 1.2 个百分点。开发区呈现出规模以上工业企业总产值占比、规模以上企业占比双提高的发展态势。根据贵州省人民政府办公厅发布的《省人民政府办公厅关于推进开发区高质量发展的指导意见》，"十四五"时期，预期贵州开发区工业总产值、工业增加值、工业投资、工业企业户数等主要经济指标实现倍增。到 2025 年，全省开发区规模以上工业总产值、工业增加值占全省工业的比重均达到 90% 左右，初步建成千亿级开发区 5 个、五百亿级开发区 10 个、百亿级开发区 40 个。

二、开发区的发展特点

表 4-6 列出了贵州监测的 100 个开发区（工业园区）的发展情况。总体来看，贵州开发区的发展具有以下特点：

第一，由于工业化发展水平和区域面积大小的差异，贵州各市州

---

① 数据来自：http：//www.scio.gov.cn/xwfbh/gssxwfbh/xwfbh/guizhou/Document/1711550/1711550.htm.

国家级和省级开发区的数量各有不同。其中开发区数量最多的是遵义市，有18家开发区，包括3个国家级开发区和15个省级开发区，主要原因在于遵义市工业化水平较高，且辖区面积较大。但遵义市开发区的规模差异较大，最大的贵州仁怀经济开发区规模近千亿级，最小的道真上玉工业园区规模只有几亿元。黔东南州开发区数量达到15个，这是因为黔东南州辖区面积较大，开发区较为分散，所以数量较多，但其工业发展水平落后，黔东南州单个开发区的规模很小，2020年黔东南州所有开发区的规模以上工业总产值均未超过50亿元。由于开发区数量多、规模小，导致黔东南州工业发展的规模化优势不明显。黔南州开发区的数量也较多，有13个，并且2020年规模以上工业总产值超过100亿元的有4个，其中规模最大的贵州龙里经济开发区规模以上工业总产值达到308.72亿元。贵阳作为省会城市，尽管区域面积小，但仍有12个开发区，包括4个国家级开发区和8个省级开发区，且开发区产值规模均较大。铜仁市有10个省级开发区，规模较大的贵州大龙经济开发区主要是发展新能源材料产业，2020年规模以上工业总产值为120.05亿元。六盘水市和毕节市开发区数量均为9个，但六盘水市区域面积狭小，开发区数量较多的主要原因是六盘水市是贵州省的重工业中心，工业基础较好，工业发展水平较高，所以六盘水市各开发区的工业产值也较高。虽然毕节市辖区面积大，但开发区数量相对而言并不多，主要原因是工业发展水平还较低。与黔东南州相比，毕节市开发区数量较少，所以单个开发区产值较黔东南州高。安顺市和黔西南州的开发区数量最少，均为7个。安顺市开发区数量少的主要原因是其辖区面积小，但安顺市凭借与贵阳市毗邻的优势，工业发展水平相对较高，安顺市有1个国家级开发区，即安顺高新技术产业开发区。黔西南州辖区面积较大，但开发区数量较少，各开发区产值较为均衡，与黔东南州规模小、开发区分散相比，黔西南州的规模化优势相对更为明显。总体而言，不同开发区规模存在较大差异，工业产值小至几亿元，大至上千亿元。这主要受到贵州省山地多、平原少等自然因素的影响，导致开发区空间扩张有限，也与贵州省工业化进程的地区差异有关。

第二，园区产业多样化发展，集聚效应还有待增强。有些园区产业较为集中，但有的开发区主导产业不明显，同时发展好几个产业，很难形成集聚效应。集聚效应发挥较好的一个典型案例是铜仁的大龙经济开发区，其以新型功能材料产业集群为主导，着力打造中国西部新能源材料产业集群基地。目前，大龙开发区已经形成了以正极材料、负极材料、综合回收研发利用于一体的锂离子动力电池新材料循环产业链，以高纯硫酸锰、镍钴锰三元前驱体、锰酸锂、锂离子动力电池负极用石墨等为核心的新型功能材料产业集群。现有新型功能材料产业企业 10 家，高纯硫酸锰市场份额的全国占比为80%，锂离子动力电池负极用石墨市场份额的全国占比为 15%。以中伟新材料股份有限公司为龙头的锂电池正极材料三元前驱体的全球市场占有份额为 23%，年产销量、出口量全球行业排名第一。聚集以贵州银科环境资源有限公司、贵州重力科技环保股份有限公司为代表的废物无害化处置、废物资源化利用、重金属污染防治产业，建设循环经济环保产业园区。2019 年 9 月，大龙开发区以重力科技、银科环境资源为主体的固废回收处置和综合利用产业被列入国家大宗固体废弃物综合利用基地。

第三，部分开发区由于多产业发展，导致产业链不完善，产品较为单一，缺乏深加工，产品附加值较低。当然有些产业园区的产业链在不断完善，例如六盘水市水城经济开发区的电解铝产业初步形成了上下游配套发展的深加工产业链，这是贵州开发区发展的一个典型案例（见下文的案例分析）。

第四，不同市州、市州内部不同区县工业园的产业相似度较高，缺乏合理的省内产业布局。此外，开发区还存在缺乏发展效率，资源利用率不高，部分园区厂房闲置，存在僵尸企业等问题。

案例分析：水城经济开发区铝及铝加工产业链

六盘水市水城经济开发区地处素有"四省立交"之称的川滇黔桂结合部，毕水兴经济带的中心，六盘水市中心东部城区，铁路、高速以及国道等在开发区境内构建成高效便捷的"三横四纵"对外交通网络。六盘水市水城经济开发区以一家电解铝企业的改造为起点，依托六盘水市煤炭电力资源优势，以及水城经济开发区的区位优势，形成了较为完善的铝及铝加工产业链。

一、产业发展现状

2015年底，原江阴新仁下属公司双元铝业因市场原因停产后，为降低对六盘水市工业经济发展的重大影响，2016年初，市委、市政府果断决策，全资收购原江阴新仁下属公司双元铝业，216台电解槽经过大修，保持满负荷生产，年产能达13万吨以上，2016年完成产值19.32亿元，2017年完成产值19.48亿元，增速达0.8%；2018年完成产值30.02亿元，增速54.1%；2019年完成产值40.06亿元，增速达33.4%；2020完成产值60.41亿元，增速达50.8%；2021年完成产值95.94亿元，增速达59%。实现铝产业产值逐年递增。

二、产业发展方向

依托双元铝业14.5万吨铝资源，按照"1+3+N"（"1"即双元铝业，"3"即棒材、线材、卷材，"N"即电解铝下游关联企业）和"三链两集群"（铝合金棒及其深加工链条、铝板材及其深加工链条、铝线材及其深加工链条、铝型材加工集群、铝智能家居产业集群）的发展模式，遵循围绕"做大上游、做强中游、做精下游"和提高产业耦合度的基本思路，形成"电解铝→铝板→热轧→冷轧→圆片→电饭煲、电解铝→铝板→热轧→冷轧→铝箔→电池箔—电池、电解铝→铝杆→铝丝→漆包线、电解铝→铝棒→铝型材→门窗、电暖炉、行李箱、电解铝→铸轧→冷轧→装饰板"等多条产业链，力争到"十四五"时期末，将铝产业打造成为200亿级产业集群，是全省电解铝产能最小、上下游配套最完善的全产业链集群发展样板。

三、产业发展集群

以双元铝业为头部企业，以贵州安润吉材料科技有限公司铝线杆产品往下游延伸的产业链条有1家，可生产铝丝、漆包线等2类产品，从而推动铝线杆下游铝丝、漆包线、电机等下游产业发展；以亮星铝业、铝王铝业、六鑫企业铝合金棒产品往下游延伸的产业链有5家，可生产型材、热轧板材、扣板等4类产品，以十九度铝业、九衡铝业等3家为代表的建筑型材产业板块，可生产断桥、门窗、护栏等6类产品，从而推动型材产业集群发展；以莹聚恒热轧板、吉恒睿冷轧板等板材产品往下游延伸的产业链条有4家，可生产电饭煲、圆片、幕墙板等5类产品，从而推动下游铝箔轧、铝圆片、铝制箱包、炊具等产业集群发展；以富筑电器、贵炬电器2家企业为代表的智能家居产业板块，可生产电暖炉、气电两用电暖炉、生物质燃料炉等5类产品，从而实现智能家居产业集群发展；截至2021年底，铝产业上下游关联企业达40家，拥有45个项目，工业产值突破95亿元，带动就业达2000余人。

表4-6 贵州各市州开发区概况

编号	地区	园区名称	产业概况	2020年经济指标					
				规模以上工业总产值（亿元）	规模以上工业增加值（亿元）	税收（亿元）	进出口贸易	入园企业	提供就业岗位
1	贵阳	贵州修文经济开发区	首位产业为现代装备制造业，潜在产业为大健康医药，商贸物流业发展势头强劲	232.02	51.97	8.82	600万美元	177家	16000余个
2	贵阳	贵州息烽经济开发区	着力发展现代化工（磷化工）、新型建材（磷石膏精深加工、新型管材）两个百亿级首位产业，大力发展装备制造、节能环保、新医药、日用消费品、现代生产性服务业	73.00	12.77	1.20（规上①企业）			
3	贵阳	乌当区工业园区	大力发展大健康医药产业和装备制造业，配套发展特色食品产业和新材料产业	158.62	46.54	9.20	0.2亿美元	152家（规上83家）	23148个
4	贵阳	贵州双龙航空港经济区	以特色食品业为龙头，同时发展传统食品业、食品包装业、生物制药业、物流及物流信息服务业等	106.60		26.83			
5	贵阳	贵州清镇经济开发区	大力发展以铝基新材料、绿色建筑、现代装备制造等为主的"1+6"特色产业	173.67	44.61	6.03		97家（规上45家）	7811个

① "规上"代表"规模以上企业"。

续表

编号	地区	园区名称	产业概况	2020年经济指标					
				规模以上工业总产值（亿元）	规模以上工业增加值（亿元）	税收（亿元）	进出口贸易	入园企业	提供就业岗位
6	贵阳	贵州开阳经济开发区	重点发展"磷煤化工、新能源材料、铝及铝加工"三大产业，配套发展黄磷尾气、磷石膏"三废"综合利用及氟硅化工、碘化工等磷矿伴生资源综合利用产业	98.90	27.86	4.66	0.2409亿美元	81家（规上38家）	15441个
7	贵阳	花溪产业园	"新型建材、节能环保、生物科技及其他"三大主导产业	82.36	16.89	2.95	2万美元	54家（规上42家）	1080个
8	贵阳	贵州白云经济开发区	以锂电池及配套的新能源智能制造产业、以发动机及配套产业为重点的先进装备制造业、以生态特色食品为重点的中高端消费品制造业	66.90		2.79	1.09亿美元	130余家（规上33家）	
9	贵阳	贵阳综合保税区	围绕铁路弹簧、高性能钢丝、钛合金紧固件、汽车发动机曲轴和水介质缓速器等重点产品，大力发展以机械加工为主的装备制造产业。积极创建以进境粮食加工为领的保税加工与现代物流深度融合产业集群，依托富士康等重点电子制造企业，打造以服务器、SMT加工、锂电池等产品为代表的电子信息制造产业。围绕电子信息产业方向，引领电子信息等基础能源产业	5.90	0.68	2.32	1.5亿美元	10家（规上3家）	600个

191

编号	地区	园区名称	产业概况	2020年经济指标					
				规模以上工业总产值（亿元）	规模以上工业增加值（亿元）	税收（亿元）	进出口贸易	入园企业	提供就业岗位
10	贵阳	贵安综合保税区	"十三五"时期，贵安综保区完成固定资产投资166.89亿元，规模工业增加值31746.49万元，新引进产业项目实际到位资金160.47亿元，实际利用外资达7.8亿美元，外贸进出口总额达46.9亿美元，一般公共预算收入为52504万元						
11	贵阳	贵阳国家高新区	首位产业为大数据电子信息，潜力产业为先进装备制造和新能源汽车	159.63	40.79		4.45亿美元	113家（规上74家，规上中高新技术企业42家）	
12	贵阳	贵阳经济技术开发区	以先进装备制造、大数据电子信息、健康医药、新能源，做强航空航天、电子信息、健康医药及能矿装备、汽车及零部件、烟草六大产业集群业体系"4+1"为主导产业，工程机	251.60	55.90（非烟部分）		1.2322亿美元		
13	遵义	贵州余庆经济开发区	新型建材、生态特色食品、新型烟花	8.70	3.10	1.55	350万美元	68（规上24家）	
14	遵义	贵州习水经济开发区	白酒、白酒配套、煤电、新型建材、电子信息产业	155.84（其中白酒为133.35亿元）	135.90（其中白酒为129.23亿元）	36.98	0.2亿美元	规上企业30家	约2万个

续表

编号	地区	园区名称	产业概况	2020年经济指标					
				规模以上工业总产值（亿元）	规模以上工业增加值（亿元）	税收（亿元）	进出口贸易	入园企业	提供就业岗位
15	遵义	务正道煤电铝循环经济工业园区	以氟钡化工为首位产业，努力打造氟化工全产业链，稳步扩大冶金氧化铝产能，积极开发高纯度氧化铝、棕刚玉、蓝刚玉、陶瓷、耐火材料等延伸产品	6.70	1.74	1.12		54家（规上4家）	3150个
16	遵义	贵州绥阳经济开发区	"以装备制造业为首位，以医药大健康、绿色食品工业为潜力"的产业集群	36.58	7.57	2.60		72家（含代管企业。规上19家）	7046个
17	遵义	贵州仁怀经济开发区	以白酒为主导产业，大力发展仓储、物流等现代服务业	992.50	954.60	376.10	3.4亿美元	182家（投产124家，规上84家）	5.6万个
18	遵义	湄潭经济开发区	绿色食品加工	22.78	6.68	1.40	1650.13万美元	138家（规上21家）	7515个
19	遵义	贵州娄山关经济开发区	以现代能源化工为主导产业，协调发展新型建材、轻工、生态特色食品等产业	42.28	12.80	1.01		72家（规上23家）	

续表

编号	地区	园区名称	产业概况	2020年经济指标					
				规模以上工业总产值（亿元）	规模以上工业增加值（亿元）	税收（亿元）	进出口贸易	入园企业	提供就业岗位
20	遵义	贵州娄山关高新技术产业开发区	以大数据电子信息为首位产业，以钛及钛精深加工、生态特色食品为潜力产业	11.74	2.03	0.61		50家（规上13家）	6300余个
21	遵义	贵州和平经济开发区	电及电循环、酒及酒配套两条主导产业链条	55.31	19.27	1.002		267家（工业企业76家。规上20家）	7000余个
22	遵义	贵州苟江经济开发区	着力提质升级铝及铝加工为首位产业，大力发展现代物流、建材汽贸等潜力产业	150.07	39.16	4.00		166家（规上37家）	1.4万个
23	遵义	贵州凤冈经济开发区	以有机生态农特产品精深加工、水暖卫浴系列产品生产为主	7.8086	2.56	2.22		2019年底，园区入驻142家（工业企业118家）	14640个

续表

编号	地区	园区名称	产业概况	2020年经济指标					
				规模以上工业总产值（亿元）	规模以上工业增加值（亿元）	税收（亿元）	进出口贸易	入园企业	提供就业岗位
24	遵义	道真上玉工业园区	食品加工、药品加工、能源工业、矿冶工业	4.07	1.1	0.585	342万美元	77家（规上工业企业9家）	2500余个
25	遵义	贵州赤水经济开发区	着力发展竹浆纸制品、绿色食品、竹木家具三大产业；优先发展竹浆纸制品、绿色食品重点产业。	71.29	27.69			211家（规上62家）	15788个
26	遵义	遵义经济技术开发区	先进装备制造、优质烟酒、生态特色食品和其他战略性新兴产业	321.11	136.24	57.00		260余家（规上72家）	1413个
27	遵义	遵义高新技术产业开发区	着力发展基础材料产业、壮大先进装备制造和健康医药产业	76.47	16.84	11.48		106家（规上34家）	17500个
28	遵义	贵州新蒲经济开发区	深耕扩筑辣椒全产业链集聚、配套完善印刷包装产业供应链，深入推进航天配套产业能技改，扶优扶强数字创新产业发展，扶持家居建材产业发展壮大	34.50	6.18	0.62	3.28亿美元	122家（规上24家）	3000个

续表

编号	地区	园区名称	产业概况	2020年经济指标					
				规模以上工业总产值（亿元）	规模以上工业增加值（亿元）	税收（亿元）	进出口贸易	入园企业	提供就业岗位
29	遵义	遵义综合保税区	以高端电子信息器件、紧固件生产加工制造为主的装备制造业作为首位产业，以辣椒、茶叶、竹制品、白酒等特色产品深加工为主的特色轻工业，跨境电商＋海外仓产业为潜力产业			0.02686	19.20亿元人民币		219个
30	遵义	贵州正安经济开发区	按照"绿色轻工业、新兴产业、现代服务业"布局，形成了"以吉他制造为主的正安·国际吉他产业园，以大数据、电商为主的电子信息产业园，以特色农副产品加工为主的绿色有机食品产业园，以页岩气开发为主的能源化工产业园"	19.52			1.71亿美元	规上27家	
31	六盘水	六盘水水月产业园区	钢材深加工、装备制造业、绿色食品加工、新型建材及相关附产品综合利用的循环产业链	191.40（非规上）	32.00（非规上）	5.00		规上工业24家	
32	六盘水	盘南产业园区	将现代能源作为首位产业，以电力设施建设、电力生产、电力供应为主攻方向，将现代化工（主攻方向：煤焦化＋新型煤化工）及新型建筑材料（主攻方向：新型防水材料＋装配式建筑材料）作为潜力产业发展	77.01	29.22	4.59		23家（规上16家）	4500个

编号	地区	园区名称	产业概况	2020年经济指标					
				规模以上工业总产值（亿元）	规模以上工业增加值（亿元）	税收（亿元）	进出口贸易	入园企业	提供就业岗位
33	六盘水	贵州红果经济开发区	以先进装备制造产业（能源装备产业）为首位产业，以生态特色食品产业为潜力产业，物联网产业。在沪昆高速以南发展商贸物流、仓储物流、电子商务等产业，在沪昆高速以北发展能源矿装备等实体产业	109.00		3.85		109家（投产84家，高新技术9家，规上49家）	3665个
34	六盘水	水城区发耳产业园区	以年产300万吨的发耳煤业、总装机容量4×60万千瓦的大唐发耳电厂等龙头企业为依托，综合利用发耳电厂的粉煤灰、脱硫石膏和发耳煤业的煤矸石等固体废物						
35	六盘水	贵州盘北经济开发区	以发展现代化工产业、新型建材产业作为首位产业，以基础材料产业作为潜力产业，着力打造煤化工产业链（煤洗选→焦化工、铝制品产业链（电解铝→铝板、铝卷→铝制品）、锂电池产业链（铜箔→锂电池→锂电池→新能源汽车）	162.16	43.89	12.01		规上企业48家	2000个
36	六盘水	六盘水高新技术产业开发区	以先进装备制造为首位产业，生态食品加工为潜力产业	204.26（工业总产值）		5.05		规上企业25家，高新技术企业15家	

续表

编号	地区	园区名称	产业概况	2020 年经济指标					
				规模以上工业总产值（亿元）	规模以上工业增加值（亿元）	税收（亿元）	进出口贸易	入园企业	提供就业岗位
37	六盘水	六盘水大河经济开发区	以煤炭、焦炭、热能、电力等为主的现代能源作为首位产业，形成以现代能源、新型建材、现代化工、纺织产业为板块的全产业链	10.5871	2.8585	1.2693		47家（规上18家）	1426个
38	六盘水	贵州六枝经济开发区	以新型建材为首位产业，以生态特色食品、先进装备制造和新能源作为潜力产业	29.27		1.00		63家（规上16家）	
39	六盘水	水城经济开发区	以铝及铝加工产业、玄武岩纤维新材料、锰锂新能源化工产业为代表的基础产业，以煤电瑚锂一体化为代表的现代化工及以刺梨加工为代表的生态特色食品作为潜力产业	113.28	27.54	3.44		168家（规上41家）	2800个以上
40	安顺	紫云自治县产业园区	以新型建材产业为首位产业，培育特色农产品加工、装备制造等潜力产业	7.39		0.67		73家（规上12家）	4616个
41	安顺	镇宁产业园区	轻纺、石材	19.37	5.28				
42	安顺	贵州普定经济开发区	围绕安顺电厂"三废"资源循环利用、重点打造"煤—电—建材"循环产业链	42.54	12.76				
43	安顺	贵州西秀经济开发区	先进装备制造产业（智能终端合装备制造产业）、电子信息制造业（电子信息产业）、生态特色食品产业	224.68	50.37	1.38	0.46亿美元	1872家（规上100家）	

编号	地区	园区名称	产业概况	2020 年经济指标					
				规模以上工业总产值（亿元）	规模以上工业增加值（亿元）	税收（亿元）	进出口贸易	入园企业	提供就业岗位
44	安顺	关岭自治县产业园区	以生态特色食品、健康医药、新型建材为主导产业	12.71	4.32	1.12		45家（规上22家）	5000余个
45	安顺	贵州省安顺经济技术开发区	先进装备制造、大健康民族医药、特色生态食品、大数据等产业	157.94	40.16	11.84	428万美元	600余家（规上53家）	24215个
46	安顺	安顺高新技术产业开发区	以新型建材机械和智能设备、以航空、航天、高性能工程机械和智能装备制造为次位发展产业，电线电缆等先进装备制造，培育新大健康生物医药产业等	71.89	19.38	3.10	3139.92万美元	266家（规上65家）	20705个
47	毕节	赫章县产业园区	短流程铸造、有色冶金等产业	43.60	13.17	2.01	0.21亿美元	65家（规上25家）	5563个
48	毕节	贵州织金经济开发区	以煤化工、磷化工、电力产业为核心，布局煤化工、磷化工、电力等下游产业	81.59	29.84	4.18		47家（规上22家）	6200个
49	毕节	贵州威宁经济开发区	以农特产品深加工为首位产业，以轻纺发电及电子信息、新型建材为潜力产业，以电商物流为配套产业	86.10	20.66		215万美元	101家（规上41家）	4126个

续表

编号	地区	园区名称	产业概况	2020 年经济指标					
				规模以上工业总产值（亿元）	规模以上工业增加值（亿元）	税收（亿元）	进出口贸易	入园企业	提供就业岗位
50	毕节	贵州黔西经济开发区	以现代化工（乙二醇相关产业）、精细化工（邻甲基苯甲酸等相关产业）为首位产业，以新型建材、装备制造、服装制造为潜力产业	70.91	28.36	5.34	0.024亿美元	93家（规上35家）	8678个
51	毕节	贵州七星关经济开发区	首位产业为新型建材产业，潜力产业为服装纺织、光电电子、特色食品药品产业等	56.50	17.00	5.22	0.1867亿美元	149家（规上36家）	1.2万个
52	毕节	贵州纳雍经济开发区	以煤电产业、农产品加工、新能源新材料和煤化工为主导产业	37.85	13.23	0.84	0.10亿美元	116家（规上26家）	6682个
53	毕节	贵州金沙经济开发区	以优先发展白酒及有机食品精深加工、五金电镀为主导产业，积极培育发展装备制造、电子元器件及家电、循环建材、特色轻工等关联产业	139.00	42.95	9.38	0.1123亿美元	155家（规上36家）	7500余个
54	毕节	贵州大方经济开发区	着力发展生态特色食品、新型建材两个主导产业和健康医药为潜力产业	38.51	—	3.47	0.2146亿美元	118家（规上24家）	5000左右
55	毕节	毕节高新技术产业开发区	以储能、绿色建筑、新医药大健康为三主导产业	125.80	—	7.70	1.08亿美元	123家（规上66家）	5000余个

续表

编号	地区	园区名称	产业概况	2020 年经济指标					
				规模以上工业总产值（亿元）	规模以上工业增加值（亿元）	税收（亿元）	进出口贸易	入园企业	提供就业岗位
56	铜仁	贵州玉屏经济开发区	在田坪镇打造以钙粉加工为主导产业的新型建材产业，在双桥园区以高端轻工产业为首位产业	10.70	2.30	2.20	0.0156亿美元	104家（规上24家）	
57	铜仁	贵州印江经济开发区	"特色食品及大健康、建材及装饰、大数据电子信息"三大主导产业					76户（规上46户）	近6000个
58	铜仁	贵州万山经济开发区	汞化工，万山汞系列产品占全国70%的市场份额					92家	1500余个
59	铜仁	贵州松桃经济开发区	以锰系储能新材料为首位产业，绿色生态特色食品（纺织、服装箱包、电子、玩具等产业）协同发展	51.70	13.61	3.16		136家（规上42家）	11682个
60	铜仁	贵州思南经济开发区	建材、石材、装备制造、轻工、绿色食品加工、化工、物流等产业	81.11	18.66	4.05	1334万美元	141家（规上57家）	2.1万个
61	铜仁	石阡县工业园区	建材及营养健康两大产业	10.90	2.60	0.30		27家（规上14家）	3000个
62	铜仁	江口县凯德特色产业园区	以特色水产业、农特产品加工产业及大健康医药为三大主导产业	6.38		0.14			1000余个

贵州推动"工业大突破"

续表

编号	地区	园区名称	产业概况	2020年经济指标					
				规模以上工业总产值（亿元）	规模以上工业增加值（亿元）	税收（亿元）	进出口贸易	入园企业	提供就业岗位
63	铜仁	贵州德江经济开发区	大力推进新型工业化，紧紧围绕"农特产品加工、新型建材、五金加工及装备制造"为首位产业和潜力产业	28.65	6.65	2.95	0.06亿美元	135家（规上43家）	6354个
64	铜仁	贵州大龙经济开发区	以新能源材料产业为主导产业	120.05	22.35	2.38		466家（规上36家）	10200个
65	铜仁	贵州碧江高新技术产业开发区	清洁高效电力产业、生态特色食品产业	114.60	37.63	12.99	554万美元	221家（规上52家）	16373个
66	黔东南	天柱开发区	以钡盐加工为首位产业、以农林产品加工、汽车零配件及金属制品加工等为主导产业	8.67	3.01	0.77		70家（规上13家）	3200余个
67	黔东南	贵州台江经济开发区	北部片区以动力电池制造、再生铅冶炼为主，南部片区在推进轻工业等产业发展	44.14	7.01	2.35		50家	2600余个
68	黔东南	施秉工业园区	硅系高新材料（企业自建、已停产）、特色食品加工、苗族刺绣和轻工建材	截至2018年7月累计完成工业总产值19.3				23家	

编号	地区	园区名称	产业概况	2020年经济指标					
				规模以上工业总产值（亿元）	规模以上工业增加值（亿元）	税收（亿元）	进出口贸易	入园企业	提供就业岗位
69	黔东南	贵州三穗经济开发区	以针织服装业为首位发展产业，以新型建材产业为潜力发展产业	5.19	1.87			60家（规上8家）	9500余个
70	黔东南	榕江工业园区	以农林产品深加工为主，电子信息、轻纺服装等为辅	14.88	3.18	4.91	876.9万元	96家（规上26家）	5670个
71	黔东南	贵州黔东经济开发区	以电子信息产业为首位产业，加快白酒、冶金、建材等传统产业转型升级	22.04	8.13	1.5		180余家（规上16家）	
72	黔东南	贵州侗乡大健康产业示范区	以优势农特食品加工首位产业，同步发展轻纺加工产业、大健康医药业以及清洁能源等产业	7.25	2.45	0.798		37家（规上11家）	
73	黔东南	贵州炉碧经济开发区	以有色金属、装备制造、新型建材相特色食品为主导（铝及铝加工、优质玻璃、陶瓷、酸汤）	48.25	8.59	1.79		130家（规上32家）	
74	黔东南	贵州黎平经济开发区	特色农林产品精深加工等轻工业、电子信息等产业	9.93	3.56		77万美元	86家（规上19家）	4348个

贵州推动"工业大突破"

续表

编号	地区	园区名称	产业概况	2020年经济指标					
				规模以上工业总产值（亿元）	规模以上工业增加值（亿元）	税收（亿元）	进出口贸易	入园企业	提供就业岗位
75	黔东南	贵州锦屏经济开发区	以农特产品精深加工为首位产业和以新型建材、电子科技为主导产业	6.61	1.98	0.50	0.024亿美元	40家（规上17家）	3316个
76	黔东南	剑河工业园区	林产林化产业、特色食品加工业、医药及大健康产业					21家	1600余个
77	黔东南	黄平工业园区	槐花工业区以特色食品、健康医药为主导；谷陇工业区以基础材料产业、新型建材工艺间民族民间工艺产业为主导	2.93	0.78	0.20		42家（规上7家）	
78	黔东南	贵州丹寨金钟经济开发区	以装备制造为首位产业和以生态特色食品、生物医药为潜力产业	5.30	1.45	0.3559		109家（规上11家）	2386个
79	黔东南	贵州岑巩经济开发区	优势轻工、现代化工、特色农产品加工、新型建材、基础材料	优势轻工产值5.25余亿元，现代化工产业4.77亿元，特色农产品加工产业产值0.23亿元，新型建材产业产值9.06亿元，基础材料产业产值10.41亿元				规上13家	
80	黔东南	黔东南高新技术产业开发区	大数据电子信息产业、民族医药产业	11.60					
81	黔南	长顺县威远工业园区	承接配套贵阳（贵安）相关产业，以装配式建筑建材为首位产业，以装备制造为潜力产业	73.40	17.44	1.27	0.1083亿美元	253家（规上68家）	8500余个

续表

编号	地区	园区名称	产业概况	2020年经济指标					
				规模以上工业总产值（亿元）	规模以上工业增加值（亿元）	税收（亿元）	进出口贸易	入园企业	提供就业岗位
82	黔南	瓮安经济开发区	以现代化工为主导产业，以磷煤化工为首位产业，以精细化工为潜力产业，以轻工制造、现代物流、特色食品为配套产业	136.72	24.55	2.34		205家（规上78家）	1.2万余个
83	黔南	三都县工业园区	重点发展特色轻工业、新型建材、新技术制造业	15.34	4.07	0.73		27家（规上17家）	1770个
84	黔南	平塘工业园区	新型建材、农产品加工业等	22.43	5.19	1.43		9家	2000个
85	黔南	罗甸县工业园区	健康医药、轻工业（打火机）产业	31.88	8.50	1.02	68万美元	72家（规上39家）	3000人
86	黔南	贵州龙里经济开发区	以生态特色食品等轻工业为首位产业，年年抓住健康医药、新型建材等潜力产业，巩固提升装备制造及机械加工等传统产业	308.72	81.48	13.03	313.82万美元	328家（规上164家）	9364个
87	黔南	贵州惠水经济开发区	先进装备制造业、生态特色食品产业	164.22	50.63	7.36	0.1878亿美元	363家（规上126家）	19125个
88	黔南	贵州昌明经济开发区	以生态特色食品为园区首位产业，以新型建材为主潜力产业，以特色轻工、先进装备制造为主攻产业的产业体系	115.62	54.49	30.45	0.0394亿美元	255家（规上70家）	20434个

编号	地区	园区名称	产业概况	2020年经济指标					
				规模以上工业总产值（亿元）	规模以上工业增加值（亿元）	税收（亿元）	进出口贸易	入园企业	提供就业岗位
89	黔南	黔南高新技术产业开发区	立足于丰富的磷矿资源优势，重点发展精细化工、新材料、节能环保等主导产业，并加快向生物医药、高端装备制造等新兴产业领域延伸						
90	黔南	独山麻尾工业园区	发展基础材料、新型建材产业、基础材料产业主攻方向包括锰系、铬系合金冶炼及余热余压利用、工业废渣综合回收冶炼等	54.99	13.38	0.3	1亿美元	124家（规上26家）	5000余个
91	黔南	贵州独山经济开发区	以电子信息机电产品制造、先进装备制造两大产业为首位产业，以新型建材、生态特色食品、新能源、纺织服装为潜力产业	71.92	19.23	3.21	0.52亿美元	263家（规上60家）	1.5万个
92	黔南	都匀市绿茵湖产业园区	以包含绿色食品、新型纺织业、以消防产业、新型墙体材料、石材业、新型墙面装修装饰业等在内的特色轻工产业作为首位产业	85.52	20.95	4.9	262万美元	93户（规上44户）	5000余个
93	黔南	都匀经济开发区	以健康医药产业为首位产业，特色轻工业为潜力产业	15.20	3.94	2.68	154万美元	128家（规上12家）	2245个
94	黔西南	普安县工业园区	青山循环经济产业园（煤电一体化循环经济）、江西坡轻工业聚集区、白沙石材产业园区	28.50	13.06	1.36	0.15亿美元	33家（规上25家）	1073个

续表

编号	地区	园区名称	产业概况	2020 年经济指标					
				规模以上工业总产值（亿元）	规模以上工业增加值（亿元）	税收（亿元）	进出口贸易	入园企业	提供就业岗位
95	黔西南	安龙工业园	石材产业、生态载能产业	60.70	15.78	2.4		84家（规上25家）	3500 个
96	黔西南	贞丰县开发区	主导产业为新型建材、煤焦、冶金、火电、特色食品及其他轻工产业等	64.97		3.48		40家	1885 人
97	黔西南	黔西南高新区	大力发展新材料、生态载能、医药健康、大数据、资源综合利用等主导产业	121.60	30.44			规上工业企业76家	
98	黔西南	贵州兴仁经济开发区	着力发展铝及铝加工、纺织、服装、薏仁米加工等产业	83.29	27.9	4.84	461万美元		
99	黔西南	贵州威舍经济开发区	煤化工、冶金	66.00		1.50		41家	6000 余个
100	黔西南	贵州清水河经济开发区	发展"煤电+"产业，经过10余年的发展，已初步形成能源、煤电冶、煤电化、煤电建等支柱产业	82.30	31.80	3.20	558万美元	81家（规上23家）	8527 个

资料来源：笔者根据贵州省人民政府网站（https：//www.guizhou.gov.cn/ztzl/ssgybzxdflsxgydtp/kfq/）中开发区的资料整理得到。

第四节 贵州产业布局的问题及对策

近年来，贵州经济高速发展，其中"工业化大突破"功不可没。各市州工业化均在加速推进，产业结构不断完善，工业基础不断增强，为后续工业化的进一步发展创造了良好的基础。

一、贵州省工业产业布局存在的问题

第一，区域发展不平衡，不同市州工业化进程差异较大。贵阳市已经基本完成工业化，但毕节市、铜仁市、黔东南州还处于工业化发展早期阶段。

第二，尽管从宏观层面来看全省轻重工业结构较为均衡，但各市州轻重工业结构差异巨大。除了贵阳市和遵义市以外，贵州其他市州多为高耗能、高污染的重工业，在"双碳"目标约束下，工业转型可能需要付出较多的成本。遵义市作为贵州第一大工业城市，同时也是第一大轻工业城市，产业结构较为单一，主要以酒的制造为主，这种产业结构可能容易受到市场冲击。

第三，大多数市州产业结构相似度较高，产业布局有待优化。贵州的新兴行业和高新技术行业主要分布在贵阳市，在安顺市也有少部分，其他大多数市州以与矿产资源和能源相关的行业为主导，导致产业较为分散，不利于规模化经营和产业链的延伸。

第四，部分工业园区主导产业不明显，集聚效应有待增强。贵州多山地和丘陵、少平原，喀斯特地貌面积较大，生态环境脆弱，这就要求贵州必须走土地集约型和环境友好型的工业化发展思路。在这种情况下，产业集聚显得尤为重要。贵州近年来交通基础设施的不断完善为实现产业集聚创造了重要条件。

二、贵州优化产业布局的对策

第一，在市州层面，需要从全省的角度宏观考虑产业的区域分布，统筹推进各市州工业化进程。根据各市州的资源禀赋条件、地理条件和行业发展状况，以贵阳—贵安—安顺都市圈为核心，立足大数据先发优势，打造黔中产业核心区，重点发展大数据电子信息、新能源汽车、先进装备制造、健康医药等产业，建设全国大数据电子信息产业集聚区和全国重要高端装备制造及应用基地。以遵义都市圈为核心，打造黔北产业核心区，重点发展优质酱香白酒、先进装备制造、基础材料、生态特色食品等产业，建设世界酱香白酒产业集聚区。以成渝双城经济圈经遵义、贵阳、黔南的高铁和高速交通为纽带，贯穿两个产业核心区，构成贯通南北的产业发展轴，重点发展现代化工、健康医药、生态特色食品、新型建材等产业，建设全国重要磷煤化工产业基地和中药（民族药）生产加工基地。依托毕节市、六盘水市、黔西南州能矿资源富集优势，以毕水兴交通为纽带，打造西部产业发展带，重点发展现代能源、现代化工、基础材料、新型建材等产业，建设国家新型综合能源战略基地。依托铜仁市和黔东南州生态环境和区位优势，打造东部产业发展带，重点发展生态特色食品、基础材料、新型建材等产业，建设全国重要新型功能材料产业基地和绿色食品工业基地。表4-7列出了贵州对"十四五"时期十大优势工业产业的区域分布的规划，为各市州和各工业园区的发展指明了方向。

第二，以工业园区为载体，完善产业链和实现产业集聚。深入开展开发区首位产业培育提升行动，按照"一园一主导""一园一特色"的要求，突出地方特色，准确定位产业发展重点和方向，科学选准首位产业和潜力产业。围绕首位产业集聚发展、成链发展、关联发展，引导产业向开发区集聚，优质资源向优势产业集聚，着力打造首位产业突出、特色鲜明、优势互补、环境优良的产业聚集区。引进一批具有产业引领效应的龙头型、基地型项目，带动上下游企业集聚，构建共生互补的产业生态，形成集聚发展格局。依托各具特色的开发区，推动产业功能区建设与人口集聚、城市发展有机结合，形成"以工兴城、产城互动"的新格局，促进新型工业化与城镇化融合发展。

第三，以工业园区的高质量发展为手段，实现工业的高质量发展。完善开发区体制机制，统筹全省各类开发区产业发展和考核，制定开发区高质量发展的相关政策措施，分类指导各地开发区发展，提升全省开发区综合竞争力、辐射带动力、区域协同力。牢固树立"亩产论英雄"意识，强化考评引导，实行分档激励和重要资源要素差别化配置，优胜劣汰、动态管理。深入开展闲置厂房和"僵尸企业"清理，有效盘活闲置厂房，推进低产低效企业稳步退出，为优质项目、优质企业腾挪或预留空间，实现"腾笼换鸟"，提高开发区综合利用率。探索建立省市县三级联动的开发区要素投入保障机制，支持各地开发区申报创建国家新型工业化示范基地。鼓励推行"市场化运作、企业化经营"模式，注重发挥市场在资源配置中的决定性作用，推动开发区由政府主导向市场主导转型。创新开发区绩效激励机制，探索实行聘任制、绩效考核制、年薪制、协议工资制等多种用人和分配方式，充分发挥管理人员积极性，促进开发区良性发展。

表 4-7 "十四五"规划中十大优势工业产业的区域分布

| | 现代化工 | | | 有色产业 | | | 基础材料 | | | | | |
| | | | | | | | 冶金产业 | | | 新材料产业 | | |
	磷化工	煤化工	特色化工	铝及铝加工	钛及加工	其他有色金属	钢及钢铁制品	铁合金	电解锰	新能源锂电池材料	高性能复合材料	其他新材料
贵阳市	贵阳市开阳县湿法磷酸净化、磷酸铁锂;福泉市、福泉市瓮安县磷化工系列产品		贵阳市修文县(橡胶化工);贵阳市高新区复合膜、反渗透膜、RO膜;贵阳市白云区电子级三氯氧磷、三溴化硼等	贵阳市清镇铝工业园区,贵阳市白云铝工业园区			修文县			贵阳高新区、贵阳市开阳县、贵安新区		贵阳市乌当区铝电容器、磁性材料;贵阳市高新区5G材料;贵阳市高新区功能薄膜、纳米微晶石
六盘水市	盘州市盘州煤焦化一体化;水城区冶金焦	盘州市焦炭、粗苯、煤焦油等		铝及铝加工基地建设,水城经开区铝合金及铝型材生产			首钢水钢高质量发展及铁焦钢轧	锰钢锰及锰加工基地建设		六盘水盘北经开区、水城经开区	水城经开区玄武岩纤维	纳米气凝胶绝热材料、航天天马聚氨酯胶泡沫材料的智能生产

续表

	现代化工				基础材料	
	磷化工	煤化工	特色化工	有色产业	冶金产业	新材料产业
遵义市		桐梓县甲醇、尿素	务川县电子级氢氟酸	铝及铝加工基地建设，遵义市苟江工业园区、务川县氧化铝、电解铝；红花岗区、桐梓县绵钛、钛锭、钛管	红花岗区、播州区；绥阳县锰系合金；遵义市南部新区	红花岗区；恒力集团高端面料；汇川聚酰亚胺、气凝胶
安顺市			镇宁县着色剂；安顺高纯硫酸钡、丙硫唑系列产品	安顺物资集团新型铝合金全产业链等铝及铝加工项目建设		西秀区碳/碳复合材料、高分子绝缘材料
毕节市	黔西县聚碳酸酯等；织金县聚乙醇酸、纳雍煤制清洁燃料		大水工业园无水氟化氢	赫章铝锌一体化		毕节金海湖经开区、纳雍县工业园区；墨烯粉体及浆料、齐力炭碳细结构石墨制品

212

续表

地区	现代化工			有色产业	基础材料	
	磷化工	煤化工	特色化工		冶金产业	新材料产业
铜仁市			大龙经开区电池用硫酸锰、四氧化三锰、低汞触媒等		锰及锰加工基地建设；铜仁市松桃县工业园区	铜仁大龙经开区、铜仁市碧江区
黔西南州		兴仁煤制烯烃；兴仁煤化工	兴义市硝酸铵	铝及铝加工基地建设，黔西南州兴仁市巴铃工业园区等；晴隆钛矿；锌及锌加工等；贞丰镁合金、黄金；晴隆磷矿；兴义市义龙新区	兴义市水河工业园区铁合金、硅；安龙县铁合金	兴义郑万工业园区
黔东南州		剑河县活性炭	天柱县碳酸钡、硫磺等；岑巩县香料	铝及铝加工基地建设；岑巩县	凯里市、岑巩县锰合金	活性炭全链产业加工
黔南州	福泉市"钛—磷—硫"全资源循环利用；瓮安虎洞磷矿采选、磷肥等	瓮安县焦化及焦化一体化	瓮安县不饱和树脂；福泉纳米级钛白粉（二氧化钛）等	独山县	锰及锰加工基地建设、独山县麻尾工业园区硅铁、锰合金等	

续表

	新能源汽车及新能源电池		先进装备制造			大数据电子信息		现代能源				优质烟酒	
	新能源汽车整车及部件	新能源电池产业	航空航天	电力装备及器材、工程及矿山机械	智能装备及特色装备	电子信息制造业	软件和信息技术服务业	煤炭产业	电力产业	两气两能	新能源	酒	烟
贵阳市	打造贵阳贵安千亿级新能源汽车产业集聚区	贵安新区为核心	贵阳经开区、贵阳高新区	贵安新区高端装备制造产业园	长通智能制造产业基地、修文山地农机产业示范园	贵安新区电子信息产业园、振华集成电路产业、新天工业园、钜成未来信息技术（贵州）产业园、西秀智能终端产业园	贵阳经开区浪潮大数据产业园、华为云计算基地、腾讯云计算基地			"贵阳—安顺—六盘水"氢能产业发展核心轴	城市生活垃圾发电		贵州中烟

续表

新能源汽车及新能源电池		先进装备制造			大数据电子信息		现代能源				优质烟酒	
新能源汽车及新能源电池整车及部件	新能源电池产业	航空航天	电力装备及器材、工程及矿山机械	智能装备及特色装备	电子信息制造业	软件和信息技术服务业	煤炭产业	电力产业	两气两能	新能源	酒	烟
六盘水市 水月园区充电桩研发			贵州红果经济开发区、六盘水矿（高新）机械设备加工制造、六盘水煤矿机械设备、盘州综采掘设备生产				加快煤矿技改		煤层气开发利用基地建设；"贵阳—安顺—六盘水"氢能产业发展轴；核心—毕节—六盘水—兴义"氢能循环经济带	百万级光伏基地建设；城市生活垃圾发电		

续表

	新能源汽车及新能源电池		先进装备制造			大数据电子信息		现代能源				优质烟酒	
	新能源汽车整车及部件	新能源电池产业	航空航天	电力装备及器材、工程及矿山机械	智能装备及特色装备	电子信息制造业	软件和信息技术服务业	煤炭产业	电力产业	两气两能	新能源	酒	烟
遵义市	百亿级新能源汽车产业基地		遵义经开区	遵义西南机械异地扩建		遵义高新区新兴科技产业园	桐梓数字经济小镇	推进煤矿智能化、机械化改造,稳步发展煤电		正安、道真等地页岩气勘探开发建设	城市生活垃圾发电	茅台、习酒等	
安顺市	百亿级新能源汽车产业基地		安顺民用航空产业基地、安吉精铸产业园、安顺大航空制造产业园	贵州省安顺市平坝区夏云工业园			安顺市黔中大数据产业园、安顺数据中心(算力中心)	完成轿子山、亚陇等煤矿技改投产		"贵阳—安顺—六盘水"氢能产业发展核心轴	百万级光伏基地建设	安酒	

续表

	新能源汽车及新能源电池		先进装备制造			大数据电子信息		现代能源				优质烟酒	
	新能源汽车整车及部件	新能源电池产业	航空航天	电力装备及器材、工程及矿山机械	智能装备及特色装备	电子信息制造业	软件和信息技术服务业	煤炭产业	电力产业	两气两能	新能源	酒	烟
毕节市					毕节智能农业机械制造	毕节电子信息园、毕节高新区锂离子电池产业园	毕节市大数据产业示范园区、毕节5G国家示范区	加快煤矿技改，谋划推动煤炭交易中心建设	扩大威宁、赫章等光伏电站装机规模，加大火电项目存量，推动煤和新能源优化组合	煤层气开发利用基地建设；"毕节—六盘水"氢能循环经济带	百万级光伏基地建设	金沙酒	
铜仁市	大龙经开区；百亿级新能源汽车产业基地							推动退出煤炭产业					

续表

	新能源汽车及新能源电池		先进装备制造			大数据电子信息		现代能源				优质烟酒	
	新能源汽车整车及部件	新能源电池产业	航空航天	电力装备及器材、工程及矿山机械	智能装备及特色装备	电子信息制造业	软件和信息技术服务业	煤炭产业	电力产业	两气两能	新能源	酒	烟
黔西南州		义龙经开区、黔西南高新区				黔西南高新区大数据产业园		加快煤矿技改	农业光伏项目	"毕节—六盘水—兴义"氢能产业循环经济带	百万级光伏基地建设		
黔东南州					丹寨县金钟经济开发区	黔东南高新区电子信息产业园	黔东南智慧城市	推动退出煤炭产业	六硐河甲茶水电站	岑巩地页岩气勘探开发建设	城市生活垃圾发电项目		

218

续表

地区	新能源汽车及新能源电池		先进装备制造			大数据电子信息		现代能源				优质烟酒	
	新能源汽车及整车及部件	新能源电池产业	航空航天	电力装备及器材、工程及矿山机械	智能装备及特色装备	电子信息制造业	软件和信息技术服务业	煤炭产业	电力产业	两气两能	新能源	酒	烟
黔南州			长田工业园	贵州惠水生物质成型燃料及装备制造	长顺县威远工业园区、惠水县新型轨道交通产业园、施秉山地农业智能装备制造						百万级光伏基地建设		

219

续表

	生态特色食品				健康医药				新型建材			
	农副食品加工业	食品制造业	饮料精制茶产业	天然饮用水产业	中药民族药	化学药和生物药	保健品及医疗器械产业	健康医养融合产业	传统建材	绿色新兴建材	石材产业	其他新型建材
贵阳市		盼盼贵阳生产基地、宝能大食品产业园、老干妈配套产业园、好彩头贵阳生产基地、贵安新区生态特色食品产业园	中粮可口可乐生产基地、达利食品、贵州食品饮料产业园、华彬功能饮料生产基地等	金鼎山矿泉水生产	中药民族药基地、以乌当、修文、清镇、龙里为辐射点的"环贵阳医药产业带"	推动生物药发展，推进贵阳市化学药原料药产业园、中贝生物制药抗肿瘤产业基地、景峰产业园建设			混凝土、清水泥	清镇市装配式建筑建材、息烽县改性石膏、磷等，观山湖区塑料管材、修文县防水卷材		贵阳市国家级高新技术产业开发区聚羧酸系、高性能碱体无液剂、碱速凝剂

续表

	生态特色食品				健康医药				新型建材			
	农副食品加工业	食品制造业	饮料精制茶产业	天然饮用水产业	中药民族药	化学药和生物药	保健品及医疗器械产业	健康医药融合产业	传统建材	绿色新兴建材	石材产业	其他新型建材
六盘水市	盘州生态循环刺梨综合利用项目建设、盘州市"盘县火腿"全产业链	六盘水高新区特色食品加工产业园							六枝特区水泥、熟料、砂石骨料、玻璃、水城海螺盘江水泥	红桥绿色生态智能装配		
遵义市	道真食用菌全产业链深采加工	遵义万吨辣椒产业化加工	余庆小叶苦丁（茶）现代产业园、正安白茶全产业链	汇川桶装（瓶）水、凤凰山冰泉、赤水市天然矿泉水	桐梓县原料药项目、汇川区药物制剂		遵义大健康科技城		播州区机制砂石、红花岗区水泥	赤水竹木家具产业园、凤冈水暖卫浴五金制品生产基地和集散中心、红花岗区磷石膏陶瓷地砖	余庆县石材产业园	

续表

	生态特色食品				健康医药				新型建材			
	农副食品加工业	食品制造业	饮料精制茶产业	天然饮用水产业	中药民族药	化学药和生物药	保健品及医疗器械产业	健康医药融合产业	传统建材	绿色新兴建材	石材产业	其他新型建材
安顺市		南山婆食品产业园、西秀区生态特色食品产业园			中药民族药基地建设、安顺市经济技术开发区贵州百灵				平坝区机制砂石和建筑碎石	平坝区塑料管材产业园	石材基地、镇宁县人造石产业园、石材工艺品精加工园、镇宁县中国（安顺）石材城石材固废资源综合利用产业基地	
毕节市	毕节皂角及核桃加工工产业链	威宁·江楠现代副产品加工、物流园、金沙县禹谟酱醋产业园				毕节高新区天然药物化学药物研发和生产			毕节西南熟料水泥生产；赫章七星关水泥熟料；优质浮法玻璃	大方县瓷砖	金沙县大理石	大方高端耐火集料基地

续表

	生态特色食品				健康医药				新型建材			
	农副食品加工业	食品制造业	饮料精制茶产业	天然饮用水产业	中药民族药	化学药和生物药	保健品及医疗器械产业	健康医药融合产业	传统建材	绿色新兴建材	石材产业	其他新型建材
铜仁市				石阡龙塘高溶氧饮用水、富锶矿泉水生产示范园、印江县梵净山矿泉水生产							石材基地：石阡县大理石石材	
黔西南州	兴仁薏仁特色食品加工					黔西南高新区医药产业园等项目建设	兴义医疗器械及医用材料产品		惠水县机制砂石		石材基地：安龙工业园区；贞丰县超薄天然大理石加工	

续表

	生态特色食品				健康医药				新型建材			
	农副食品加工业	食品制造业	饮料精制茶产业	天然饮用水产业	中药民族药	化学药和生物药	保健品及医疗器械产业	健康医药融合产业	传统建材	绿色新兴建材	石材产业	其他新型建材
黔东南州	黔东南食用菌全产业链深加工、三穗鸭全产业链建设	玉梦食品酸汤			中药民族药基地建设、黔南高新医药产业园、西秀药康养产业园、锦屏铁皮石斛全产业链	推动生物药发展			凯里海生玻璃产业园	岑巩县装配式建材生产等装配式建材产业（剑河县建材产业园；凯里方瓷砖）		
黔南州	平塘刺梨深加工	惠水特色食品加工产业园	贵定茶叶精深加工等		中药民族药基地建设、瑞和大健康产业园建设项目	推动生物药发展，长顺生物药制产业园		黔南贵州南部独山医药物流中心	龙里水泥	长顺县装配式建材产业基地、福泉市装配式建材产业园、七星关区抗震装配式建材产业基地		福泉市磷石膏及废盐综合利用

资料来源：根据《贵州省"十四五"规划》《贵州省十大千亿级产业振兴行动方案》《贵州省"十四五"战略性新兴产业集群发展规划》整理。

第五章

培育壮大企业主体

　　企业是经济社会发展的重要组成部分，经济社会中的生产、流通和交换的各个环节都离不开企业这一市场主体。企业也是经济社会发展的活力所在，是创新发展的核心环节。培育壮大企业主体贯穿着我国的经济社会发展，从推动国有企业发展，到国有企业改革、发展民营经济，再到大众创业、万众创新，无不体现着培育壮大企业主体的思想。伴随着我国经济社会的持续发展，当前我国已经进入新的发展阶段，培育壮大企业主体依然是激发经济活力的着手点。近年来，贵州省经济快速发展，基础设施得到了大幅改善，经济发展也步入新的阶段，培育壮大企业主体，有助于为贵州省进一步推动工业化注入新的活力。

第一节　发展壮大企业主体的意义

　　改革开放以来，我国经济快速发展，企业作为经济发展的微观主体也经历了变迁。坚持公有制为主体、多种所有制经济共同发展是我国的基本经济制度。党的十九大报告明确提出，必须坚持"毫不动摇巩固和发展公有制经济，毫不动摇鼓励、支持、引导非公有制经济发展"。市场主体是经济发展的重要动力和活力，是我国基本经济制度的践行者。为了培育市场主体、激发市场主体活力，国家出台了一系列相关政策。2013年以来，"放管服"改革被持续推进。"放管服"的目的在于转变政府职能，简化相关环节，从而释放出市场主体的活力和动力。在这个过程中，"清单管理"模式得到了不断完善：一是制定政府权责清单，划定政府权力边界；二是试点市场准入负面清单制度，明确企业"法无禁止即可为"。

为了进一步优化营商环境、补足短板和薄弱环节，关切市场主体以应对因新冠肺炎疫情带来的困难，2020年国务院出台了《国务院办公厅关于进一步优化营商环境 更好服务市场主体的实施意见》。该意见从六个方面提出了相关意见，以改革优化营商环境，更大激发市场活力，增强发展内生动力。一是持续提升投资建设便利度：优化再造投资项目前期审批流程、提升工程建设项目审批效率、深入推进"多规合一"。二是进一步简化企业生产经营审批条件：降低市场准入门槛、精简优化工业产品生产流通等环节管理措施、降低小微企业等经营成本。三是优化外贸外资企业经营环境：提高出口通关效率、拓展国际贸易"单一窗口"功能、减少外资外贸企业投资经营限制。四是进一步降低就业创业门槛：优化部分行业从业条件、促进人才流动和灵活就业、完善对新业态的包容审慎监管、增加新业态应用场景等供给。五是提升涉企服务质量和效率：推进企业开办经营便利化、提升纳税服务水平、提高商标注册效率、优化动产担保融资服务。六是完善优化营商环境长效机制。此后，《全国深化"放管服"改革着力培育和激发市场主体活力电视电话会议重点任务分工方案》对进一步优化营商环境提出了具体方案。

在新的发展阶段，持续发展壮大企业主体对于进一步推动经济发展具有重要意义。本节从新发展阶段出发，对培育壮大企业主体的需要以及国有企业和民营企业对经济发展的作用进行梳理和讨论。

一、培育壮大多种企业主体是新发展阶段的需要

随着人口红利逐渐消失，人口结构问题凸显，这不利于经济潜在增长率提高。经济增长理论模型侧重于潜在增长率的分析，在现有资源条件下，一个国家或地区能够实现的最快的经济增长率，主要是从供给侧的角度讨论经济增长。已有研究发现，因劳动力流动带来的劳动力重新配置对我国经济发展具有重要作用。农村劳动力从劳动生产率低的农业向劳动生产率高的工业转移，这一配置过程大幅提高了劳动生产率，使我国制造业具有比较优势，推动了我国经济发展。同时，这一配置过程不断提高了农村家庭收入，从而帮助农村贫困人口脱贫。然而，随着老龄化程度逐渐加剧，劳动年龄人口规模持续下降，由农村劳动力流动带来的人口红利正在逐步消失。另外，随着老龄化程度的深化，年轻劳动力逐渐减少的情况下，其对劳动年龄人口人力资本的改善作用也会减弱。我国老龄化程度的进程较快，压缩了产业从劳动密集型向资本和技术密集型转变的时间，这为供给侧改革带来了巨大挑战。贵州省作为一个人口迁出省，劳动力供给方面的短板更加突出，老龄化程度加深所带来的影响亦更加凸显。为了充分发掘劳动力潜力，推动劳动力资源优化配置，提高劳动生产率，促进当地经济发展，需要持续培育壮大企业主体，充分发挥各类企业对就业和经济发展的作用。

在新的发展阶段，经济增长所需要的资源禀赋条件在发生变化，人口红利逐渐消失，投资回报率降低，寻找新的经济增长点则成为新发展阶段的重中之重。在新的发展阶段，获得新的增长动能，以创新带动发展。从经济增长的要素结构来看，全要素生产率是促进经济增长的重要因素。提高全要素生产率则是新发展阶段挖掘潜在增长率的

重要突破口。尽管经常提到技术进步代表着全要素生产率，但是技术进步并不是全要素生产率的全部。资源重新配置所带来的劳动生产率提高，同样体现在全要素生产率中。

熊彼特将经济运行分为两种方式：一种是循环流转，另一种是经济发展。循环流转建立在前期经验的基础上。在循环流转的过程中，人们会尽可能地遵从已经习惯的生产方式和方法，只有在外界环境发生较大变化时才会有所改变。① 熊彼特定义的经济发展是非连续的"革命性"的变化，这些变化打破了原有循环流转中的均衡，并开始自发地、持续不断地变化，从而改变了原来的均衡状态。这个发展过程需要将生产要素从原有循环流转中抽取出来，形成"新的组合"。"新的组合"往往是在新的企业中，执行这些新组合的人被称为"企业家"。这个打破固有观念、改变固有习惯的过程，天生具有阻力和破坏性。正如熊彼特所说："大量的失业通常是非经济事件造成的结果，比如世界大战，比如我们正好在研究的发展。"② 由此可见，在新的发展阶段不仅需要创新，需要创造性破坏，而且也需要能够应对打破原有循环时产生的波动。在新企业形成过程中，劳动力在工作转换过程中出现的失业，以及劳动力为了适应新企业的要求而需要参与进一步的培训与学习。这个过程要求劳动力具有适应劳动力市场结构型调整的能力。在新企业形成过程中，同样需要资本能够从循环流转中转移至"新的组合"之中。资本所有者同样具有固有观念，他们按照已有的习惯参与生产活动。新企业所需要的资本主要来自信用。在创造性破坏形成新组合产生新企业的过程中，资本要能够适应企业家创新的需求。在创造性破坏的过程中，劳动力和资本都面临着新的环境和新的选择，这个时候不仅需要能够承载原有劳动力和资本的企

① ［美］熊彼特. 经济发展理论［M］. 王永胜，译. 上海：立信会计出版社，2017：7.
② ［美］熊彼特. 经济发展理论［M］. 王永胜，译. 上海：立信会计出版社，2017：63.

业，也需要能够承载"新的组合"的企业。因此，新的发展阶段需要多种类型的企业能够适应企业创新发展的制度政策，这无疑会为经济发展提供基础。

二、国有企业对经济发展的带动效应

国有企业是我国经济的重要组成部分，在我国经济发展中起着重要作用，也是我国坚持公有制为主体多种所有制经济共同发展的基本经济制度的重要体现。尽管我国经历了国有企业改革，国有企业的规模大幅下降，但国有企业在经济发展中的作用却不容被忽视。

1. 市场经济需要一定的政府干预

市场经济自由发展由"看不见的手"对其进行引导，进而推动经济社会发展。在市场可以有效配置资源的情况下，政府则应尽量减少对市场的干预，只要做好"守夜人"的工作。伴随着 20 世纪初经济大萧条的爆发，市场自由发展而政府不干预市场的思想开始转变。凯恩斯的《就业、利息和货币通论》为政府干预市场提供了基础。完全自由的市场存在缺陷，从而导致市场失灵，需要政府对其进行一定的干预以避免市场失灵。美国采纳了凯恩斯的经济发展观点，政府开始介入到市场经济活动之中。20 世纪 70 年代石油危机爆发后，引发了"滞胀"。在治理"滞胀"、推动经济复苏的过程中，凯恩斯主义被摒弃，美国和英国都调整了经济政策，开始缩减政府开支、减少政府对市场的干预。两国的经济逐渐恢复，并借此形成了"华盛顿共识"。然而，"华盛顿共识"并非万能钥匙可以破解一众经济问题和助力发展中国家的发展。"华盛顿共识"在多个发展中国家进行了推行，但从推行的结果来看，这些发展中国家的经济增长并不显著。众多经济学家对存在政府参与方式的混合经济和国有经济予以支持。例如，斯蒂格利茨在经典教科书《经济学》中阐述了政府干预与经济发展的关系，建议将国家干预和市场机制相结合作为推动经济发展的方式。

　　国有企业运作模式作为政府干预经济的一种方式，存在于诸多经济体中。然而，国有企业的效率问题一直以来都受到社会各界的关注。从已有研究来看，无论在中国还是在美国都存在国有企业效率低的问题，[①] 特别是在中国国有企业改制之前，国有企业生产率显著偏低甚至制约了经济增长。已有研究发现，在我国不同所有制企业之间，国有企业的效率最低且技术效率偏低。[②] 还有学者提出，国有企业的低效不仅影响了其自身，而且对民营经济发展也带来了负面影响，形成了双重效率损失。[③] 诸多学者对国有企业效率偏低的原因进行了研究：一是国有企业存在较为严重的历史性负担，难以与民营经济展开竞争[④]；二是国有企业的委托代理问题更加突出，国有产权制度难以有效解决国有企业经营者的选择和激励机制问题。[⑤] Vickers 和 Yarrow（1991）提出，任何所有制形式的公司都不完美，如果民营公司存在严重的公司治理问题，其效率也可能非常低。[⑥]

①　OECD. China in the Global Economy：Reforming China's Enterprises［M］. Paris，2000. Dewenter K L，Malatesta P H.，State-Owned and Privately Owned Firms：An Empirical Analysis of Profitability，Leverage，and Labor Intensity［J］. American Economic Review，2001，91（1）：320-334.

②　刘小玄. 中国工业企业的所有制结构对效率差异的影响——1995 年全国工业企业普查数据的实证分析［J］. 经济研究，2000（2）：17-25+78-79；姚洋. 非国有经济成分对我国工业企业技术效率的影响［J］. 经济研究，1998（12）：29-35.

③　刘瑞明，石磊. 国有企业的双重效率损失与经济增长［J］. 经济研究，2010（1）：127-137.

④　林毅夫，蔡昉，李周. 充分信息与国企改革［J］. 市场经济导报，1997（8）：45+1.

⑤　Alchian A A.，Some Economics of Property Rights［A］. Economic Forces at Work［C］. Indianapolis：Liberty Press，1977.
Sappington D E M，Stiglitz J E. Privatization，Information and Incentives［J］. Journal of Policy Analysis and Management，1987，6（4）：567-585.

⑥　Vickers J，Yarrow G.，conomic Perspectives on Privatization［J］. Journal of Economic Perspectives，1991，5（2）：111-132.

由此可见，从经济发展理论的角度来看，"看不见的手"对市场、企业发展的指引是有限的，需要一定程度的政府干预，特别是在经济危机爆发的时候，政府干预则显得更为重要。尽管"华盛顿共识"对于解决"滞胀"问题起到了重要作用，但是在面对"滞胀"时，依然是政府在推行相关的经济政策，引导企业和市场的选择，从而推动经济发展。从市场主体层面来看，国有企业是政府干预经济的一个重要体现。虽然国有企业的生产率偏低，但是随着国有企业改革的不断推进，国有企业的效率亦有所提高。并有学者认为应当综合地考虑国有企业的效率，其不仅在于微观主体层面，而且在于宏观层面和社会层面。[①]

2. 国有企业对经济发展的效应

国有企业同时兼顾经济效应和社会效应。虽然国有企业的经济效率相对偏低，但是国有企业除了经济效应之外，还具有一定的社会效应。林毅夫等（1997）认为相比于民营企业，国有企业承担了更多的国家政策性工作，涉及配合推行国家发展政策和战略导向、解决劳动力就业问题等方面，而且国有企业需要向一些不具备优势的产业和地区进行投资。[②] 因此，国有企业同时肩负着经济效应和社会效应，当单纯考虑经济效应时，则难以全面体现出国有企业对经济发展的效应。平新乔（2000）讨论了生产成本函数形状、企业生产目标函数的变化对于国有经济或国有企业在产业乃至整个经济中的比重的影响，该文中建立了关于社会福利极大化目标在企业产量决策中的权数与产量水平的两阶段古诺——纳什博弈的混合寡头模型：在等边际成本与线性的市场需求反函数条件下，国有经济在国民经济中的比重

---

① 刘元春. 国有企业的"效率悖论"及其深层次的解释［J］. 中国工业经济，2001（7）：31-39.

② 林毅夫，蔡昉，李周. 充分信息与国企改革［J］. 市场经济导报，1997（8）：4-5+1.

不会趋于零；在社会福利极大化的视角下，国有经济有其存在的价值和意义。①

我国的基本经济制度是以公有制为主体、多种所有制经济共同发展，这是中国特色社会主义经济制度的重要体现。随着国有企业改革的不断深入，集体企业所占份额越来越低，国有企业成为公有制的核心。政府干预经济主要是为了避免市场失灵，特别是在经济危机过程中，政府通过调整相关政策，推动经济增长。国有企业在一定程度上也具有上述特征。当经济发生危机时，政府购买和政府投资是一个重要拉动经济增长的手段。在这个过程中，往往通过国有企业来实施国家发展政策和缓解危机的相关政策。经研究发现，当经济存在下行压力时，在给定的利率水平和税收水平下，借助于"政府补贴"，国有企业的投资力度会大于私营企业的投资力度，国有企业规模对投资推动型的经济增长具有正向促进作用。美国次贷危机引发的全球经济危机中，2007—2013年，中国国有企业规模对地区经济增长具有正向促进作用，一定程度上遏制了经济增速下滑，发挥了政府自动稳定器的调节功能。②

三、民营企业与经济发展和就业吸纳

随着我国改革开放的推进，国有企业改革也逐渐深入，多种所有制经济共同发展为经济社会发展带来了新的增长点。民营经济在推动经济发展、吸纳就业方面具有重要的作用。另外，从民营企业的规模来看，民营企业也可以分为规模较大的龙头企业和规模相对较小的中

① 平新乔.论国有经济比重的内生决定［J］.经济研究，2000（7）：16-23+80.
② 马光威，王方.国有企业对经济增长影响的理论与实证研究——投资推动视角［J］.经济问题探索，2016（12）.

小型民营企业。不同规模的民营经济对经济发展都起到了重要的带动作用。

1. 民营经济为经济发展注入新的活力

我国国有企业改革始于 20 世纪末，当时我国已经经历了改革开放，市场化水平不断提高，但是国有企业制度的改革相对滞后，难以对市场机制的调节做出反应，进而市场机制对经济发展的作用也难以得到发挥。在这一背景下，党中央和国务院提出了"抓大放小"的国有企业改革思路。党的十四届五中全会进一步将国有企业改革作为经济体制改革的中心环节。国有企业改革的同时，民营经济也开始迅速增长。党的十九大报告中进一步提出持续鼓励支持民营经济的发展。经历了改革开放 40 多年的发展，民营经济的规模持续扩大，已成为我国经济社会发展的重要组成部分。2019 年私营工业企业主要经济指标显示，大、中类行业中私营工业企业数量已经达到 24.36 万家，资产总额达到了 28.28 万亿元。与国有控股工业企业相比，私营工业企业的数量是国有企业的 11.78 倍，资产总额达到了国有控股企业的 60.22%。[①] "民营企业用近 40% 的资源，创造了我国 60% 以上的 GDP，缴纳了 50% 以上的税收，贡献了 70% 以上的技术创新和新产品开发，提供了 80% 以上的就业岗位。"[②]

从生产效率来看，民营经济的表现一直以来都非常突出。国有企业改革刚刚起步时，依据全国工业普查数据对不同所有制的企业效率进行了分析，其中私营个体企业的效率最高，甚至高于三资企业和股份企业，相比较而言，国有企业的效率最低。从时间趋势来看，1995—2005 年私营工业企业的技术效率不仅优于国有企业，而且优于

---

① 数据来源：根据《中国工业统计年鉴 2020》计算得到。
② 庄聪生. 十九大标志中国民营经济迎来新历史机遇进入新发展阶段 [J]. 中国中小企业，2017（11）：22-25.

外资企业。① 国有企业在 1998—2007 年对经济总量上的效率贡献最大，而民营企业则在增量上的效率贡献最大。②

2．龙头企业的带动效应

龙头企业作为一个行业或者一个领域的领先者，其对整个领域乃至行业发展具有拉动作用，并存在一定的外溢效应。龙头企业不仅在产业集聚中占据着重要位置，而且对产业集聚的升级具有重要作用。龙头企业位于供应商和客户的中心，在市场上发挥着领导者的作用。③龙头企业的带动效应主要体现在以下三个方面：

一是知识的外溢效应。龙头企业具有较大的规模，以及较高的效率，其研发和创新能力都相对较强。一方面，龙头企业基于其在行业、领域和供应系统内的核心地位，提高了知识扩散的有效性，从而使知识扩散的速度更快。另一方面，龙头企业还成为行业领域外知识的主要吸收者，这个过程对于龙头企业的成长和创新发展具有重要意义。尽管龙头企业对于知识分享存在一定的限制，并非是大规模的扩散，但是依然存在小范围内的扩散。此外，在同行业、同领域，不同的企业之间存在一定的劳动力流动，通过劳动力流动亦可以带动龙头企业知识技术的扩散。这对于整个行业领域中企业技术水平的提高具有重要意义。

二是基础投资的外溢效应。龙头企业为了自身的发展，通过扩大规模、扩展销售渠道等方式将会对所在区域集群的基础公共设施进行投资，这相对于专项投资而言，基础设施具有更强的共享性，基础设

---

① 贺聪，尤瑞章．中国不同所有制工业企业生产效率比较研究［J］．数量经济技术经济研究，2008（8）：29-42.

② 张少华，张天华．中国工业企业动态演化效率研究：所有制视角［J］．数量经济技术经济研究，2015（3）：22-39+146.

③ Lazerson Mark H，Lorenzoni G．The Firms That Feed Industrial Districts：A Return to the Italian［J］．Industrial and Corporate Change，8（2）：235-266.

施将会给其他企业带来更加积极的外部效应。例如，京津冀地区的龙头出口企业带动了其所在行业出口规模的扩张。① 除此之外，龙头企业在劳动力培训上的投资也有助于带动整个行业领域中劳动力人力资本的提高。

三是生产链上的带动效应。一方面，龙头企业的规模比较大，其与集群内的中小企业之间也存在外包业务。这对承包其订单的中小企业也提出了一定的要求，从而刺激了中小企业的技术提升与创新发展。② 另一方面，龙头企业对其上游产品的供应商也具有同样的拉动效应。龙头企业在与上游企业的供求关系中处于买方市场，其供应商为了能够满足龙头企业对产品的需求，也激发了供应商自身的研发和创新能力。③ 龙头企业对上游和下游的带动效应分别激发了供应商和承包商的创新能力，从而带动了经济总体的创新能力和技术进步。

3. 中小企业的竞争性与就业拉动

虽然中小企业的规模相对较小，但是其对经济社会的发展同样具有重要作用，并不能被大企业所替代。即使在发达国家，中小企业的数量依然非常庞大。"二战"以后，发达国家一改此前的垄断、资本集中式的发展方式，中小企业与大企业并行不悖，大量中小企业成为西方国家经济稳定发展的基础。④ 相比于大企业，中小企业对经济社会的发展主要集中体现在以下几个方面：一是提高了市场的竞争性，增强了市场活力。在企业理论中，垄断将会带来效用损失，虽然实现了垄断企业自身的利润最大化，但是却带来了消费者剩余的损失。相反，

---

① 赵勇.《"龙头效应"与出口质量升级——来自京津冀地区出口贸易的证据 [J]. 新视野，2019 (3)：95-101.

② Camuffo A., P. Romano, A Vinelli. Back to the Future：Benetton Transforms its Global Network [J]. 2001 MIT Sloan Management Review，43 (1)：46-52.

③ Nijdam M. H. and P. W. de Langen, Leader Firms in the Dutch Maritime Cluster, Paper presented at the ERSA Congress, August 27-30, 2003 [C]. Finland, 2003.

④ 鲁桐. 中国经济新的增长点：中小企业的发展 [J]. 世界经济与政治，1999 (3)：39-43.

处于完全竞争中的企业不仅达到了企业自身的利润最大化，而且最大程度地获得了消费者剩余。大量中小企业的发展，降低了市场的垄断性，提高了市场的竞争性，这对于提高市场活力和企业活力都具有积极作用。二是推动了市场和产品的细分。虽然中小企业之间的竞争性比较强，但是依然存在一些细分市场。中小企业的规模小，相对于大企业而言灵活多样，对市场需求的适应性也比较强，可以针对不同的需求，进行灵活调整。为了降低可替代性，提高竞争能力，中小企业不断地创新、提高技术水平，以获得更高的利润。在带来产品多样的同时，推动了相关市场的细分，有助于进一步通过专业化和分工来提高效率。三是具有较强的就业吸纳能力。保障就业一直以来都是中国经济社会发展中的核心。随着农民工进入城镇务工就业，保就业则显得更为重要，创造就业机会、减少失业是宏观经济关注的核心指标。尽管各个国家对中小企业的定义不同，但是对于中小企业对就业具有较强的拉动效应的观点却是认同的。

第二节　贵州企业主体的发展现状

一、规模以上工业企业的营业收入状况

规模以上工业企业代表着一个地区的核心工业群体，也是当地工业经济发展水平的重要体现。本节将人均地区生产总值从低到高进行排序，以此为参照系分析贵州的工业指标与全国及其他地区之间的差异。

图 5-1 体现的是 2019 年规模以上工业企业单位数在不同地区之间的差异。总体而言，人均地区 GDP 越高的地方，规模以上工业企业单位数也越多。广东、浙江和江苏规模以上工业企业单位数处于遥遥领先的位置。贵州的人均地区生产总值低于全国平均水平，与河北和云南相当。从规模以上工业企业的单位数来看，贵州有 4686 个，和其人均 GDP 相当的云南和河北相比，其与云南相当，但低于河北的水平。在人均 GDP 处于中高收入的 22 个省份中①，贵州的规模以上工业企业单位数高于 10 个省份，分别是甘肃、黑龙江、吉林、云南、西藏、青海、宁夏、新疆、海南和内蒙古。由此可见，贵州规模以上工业企业的单位数仍然有进一步发展和扩大的空间。

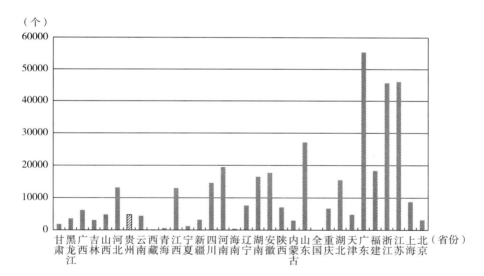

图 5-1　2019 年规模以上工业企业单位数

资料来源：《中国工业统计年鉴》。

———————

① 2020 年世界银行发布的国家富裕程度标准是：低收入不到 1036 美元，中等偏下收入位于 1036~4045 美元，中等偏上收入位于 4046~12535 美元，高收入高于 12535 美元，按照 2019 年平均汇率计算，天津、广东、福建、浙江、江苏、上海、北京七个省（直辖市）属于高收入地区，其他省份都属于中高等收入地区。

进一步地，从 2019 年规模以上工业企业的营业收入来分析贵州与全国平均及其他省份之间的差异（见图 5-2）。从规模以上工业企业的人均营业收入来看，贵州的水平并不是很高，在中高收入地区中，仅高于黑龙江、山西和河南规模以上工业企业的人均营业收入。但是值得注意的是，在高收入地区，规模以上工业企业单位数非常高的广东、浙江和江苏的人均营业收入也不是很高，广东和浙江的人均营业收入甚至低于贵州的水平，江苏也仅略高于贵州。与此相反，北京、上海和天津的人均营业收入却非常高。这在一定程度上反映出，广东、浙江和江苏的劳动密集型产业相对发达和密集，企业数量众多，但是人均营业收入并不是很高。

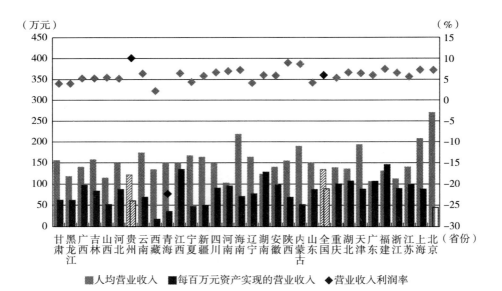

图 5-2　2019 年规模以上工业企业的营业收入

资料来源：《中国工业统计年鉴》。

每百元资产实现的营业收入在一定程度上可以显示出资本回报率。根据资本的边际生产率递减规律可知，随着资本投入量的增加，资本带来的边际收益将会出现下降。根据图 5-2 可知，贵州每百万元资产实现的营业收入是 59.73 万元，在与其人均 GDP 相当的省份中，比西藏、青海、宁夏和新疆的每百万元资产实现的营业收入高 10 万元以上，比广西、吉林、河北和江西的每百万元资产实现的营业收入低 10 万元以上，与甘肃、黑龙江和山西相当。经济比较发达且工业企业众多的广东、浙江和江苏的规模以上工业企业的每百万元资产实现的营业收入分别是 106.53 万元、89.00 万元和 98.37 万元，要远高于贵州的水平。这说明，相比于广东、浙江和江苏，贵州规模以上工业企业的资本回报率偏低，贵州的劳动密集型产业仍然有较大发展空间。

从营业收入利润率来看，贵州规模以上工业企业的营业收入利润率较高，2019 年的营业收入利润率达到了 10.00%，处于全国最高水平，不仅高于与其人均 GDP 相当的地区，而且高于广东、浙江、江苏这类以劳动密集型产业为主的地区，同时也高于北京、上海、天津这类资本技术产业较为密集的地区。

将规模以上工业企业按照所有性质分为国有企业和私营企业，可以发现不同企业类型的营业收入情况存在较大差异。图 5-3 显示了 2019 年规模以上工业企业中国有企业的营业收入情况。贵州国有工业企业的人均营业收入为 144.53 万元，仅高于黑龙江、山西、西藏和河南的水平。总体来看，与全部规模以上工业企业相比，各个地区国有工业企业的每百万元资产的营业收入相对较低，而且人均营业收入与每百万元资产实现的营业收入之间的差距也更大。这体现出，现阶段国有企业主要是以资本和技术密集型产业为主，其劳动生产率较高，但资本回报率却相对较低。贵州国有工业企业的每百万元资产实现的营业收入也相对较低，在全国各省市自治区中也处于较低水平，仅略高于山西、西藏、青海、海南、内蒙古和北京。但值得注意的是，贵州国有工业企业的营业收入利润率却非常高，达到了 14.78%，不仅处于全国首位，且遥遥领先，比处于第二位的陕西高出 4.3 个百分点，比处于第三位的上海高出 6.6 个百分点。

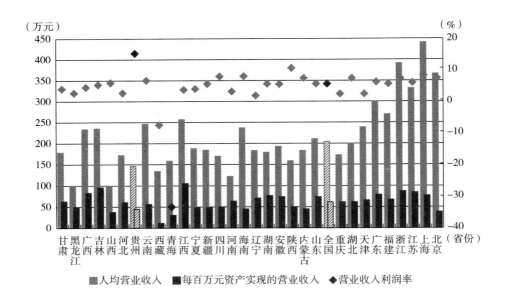

图 5-3　2019 年规模以上工业企业中国有控股工业企业的营业收入

资料来源：《中国工业统计年鉴》。

图 5-4 显示了 2019 年规模以上工业企业中私营企业的营业收入情况。贵州私营工业企业的人均营业收入为 103.46 万元/人，低于全省规模以上工业企业的平均值。在与其人均 GDP 相当的地区中，贵州私营工业企业的人均营业收入高于甘肃、广西、吉林、西藏。相比于劳动密集型产业众多的广东、浙江和江苏，贵州私营工业企业的人均营业收入依然高于广东和浙江，略低于江苏。从资本回报来看，贵州私营企业每百万元资产实现的营业收入高于全省规模以上工业企业的平均值，同时也高于全省国有工业企业的水平，达到了 107.10 万元，但是与全国的平均值 127.69 万元依然具有一定的差距。这说明，尽管与

全国平均值仍存在一定的差距，但贵州私营工业企业的资产回报率在省内是相对比较高的。与广东、浙江和江苏进行比较可以发现，贵州私营工业企业每百万元资产实现的营业收入依然低于广东的水平，但是与浙江和江苏相当。从每百万元资本实现的营业收入和人均营业收入之间的差距来看，私营工业企业也远小于国有工业企业。贵州规模以上工业企业的营业收入利润率和国有工业企业的营业收入利润率均处于全国最高水平，但是贵州私营工业企业的营业收入利润率并不是全国最高水平，与全国平均值相当。综合而言，私营工业企业的营业收入在一定程度上反映出，私营工业企业的资本回报、人均营业收入在地区间的差距要小于国有工业企业在地区间的差距，且私营工业企业的劳动密集性要高于国有工业企业，而资本密集性相对较低。

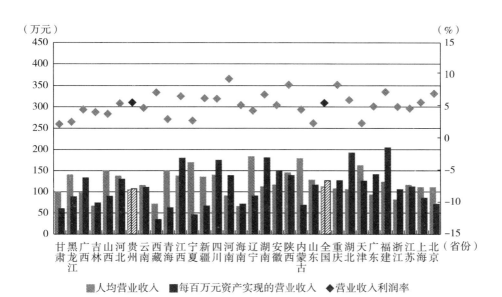

图 5-4　2019 年规模以上工业企业中私营工业企业的营业收入

资料来源：《中国工业统计年鉴》。

根据工业企业的规模，将其分为大型企业、中型企业和小型企业，不同的企业规模类型在营业收入方面也存在一定的差异。图 5-5 显示了 2019 年规模以上工业企业中各地区大型工业企业的营业收入。贵州大型工业企业的人均营业收入为 132.36 万元/人，低于全国平均水平 175.06 万元/人，仅高于黑龙江、山西、西藏和河南的水平。同时，贵州大型工业企业每百万元资产实现的营业收入也低于全国平均水平，仅高于山西、西藏、青海、宁夏、内蒙古和北京。就营业收入利润率而言，贵州省大型工业企业的营业收入利润率高达 18.32%，是全国均值的 2.8 倍，处于第二位的天津也比其低 8 个百分点。这在一定程度上反映出，尽管贵州大型工业企业的劳动生产率和资本回报率都相对较低，但是其营业收入利润率却远高于全国平均水平。另外，大型工业企业的人均营业收入和每百万元资本实现的营业收入之间的差距比较大，人均营业收入的水平普遍高于全部规模以上工业企业的均值，而每百万元资本实现的营业收入却相对较低。

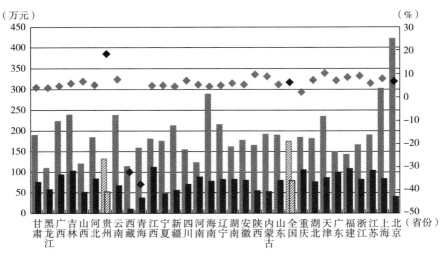

图 5-5　2019 年规模以上工业企业中大型工业企业的营业收入

资料来源：《中国工业统计年鉴》。

就中型工业企业而言（见图 5-6），2019 年贵州的人均营业收入略低于全国的平均值，略高于山西、河南、湖南、广东。贵州每百万元资本实现的营业收入也低于全国的平均值，且差距较大，仅是全国平均值的 54.02%，略高于山西、西藏、青海、新疆的每百万元资本实现的营业收入。从营业利润率来看，贵州省中型工业企业的营业利润率仅为 1.18%，远低于全国平均水平 6.62%，仅高于甘肃和青海的中型工业企业营业利润率。这与贵州规模以上工业企业的高利润率形成了反差，特别是与国有工业企业、大型工业企业的超高利润率存在巨大差异。总体而言，贵州中型工业企业的人均营业收入略低于全国平均值，其每百万元资本实现的营业收入远低于全国平均值，且营业利润率非常低。

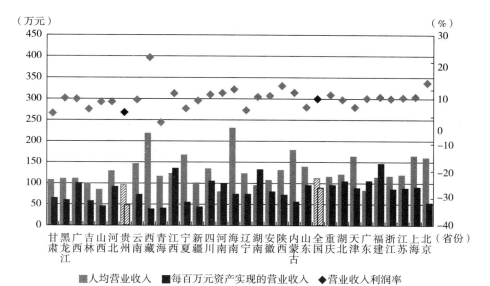

图 5-6　2019 年规模以上工业企业中型工业企业的营业收入

资料来源：《中国工业统计年鉴》。

图 5-7 显示了 2019 年规模以上工业企业中小型工业企业的营业收入情况。贵州小型工业企业的人均营业收入略高于全国平均水平，且

高于广东、浙江和江苏的水平。从资本的营业收入来看，贵州小型工业企业的每百万元资产实现的营业收入低于全国平均水平，且存在一定的差距，大幅低于广东、浙江和江苏的水平，甚至低于上海。与贵州人均 GDP 相当的地区相比，贵州小型工业企业的每百万元资产实现的营业收入仅高于甘肃、黑龙江、吉林、山西、云南、西藏、青海。贵州小型工业企业的营业利润率略高于全国平均水平。综合而言，贵州小型工业企业的资本营业收入偏低，人均营业收入和利润率基本与全国的持平。

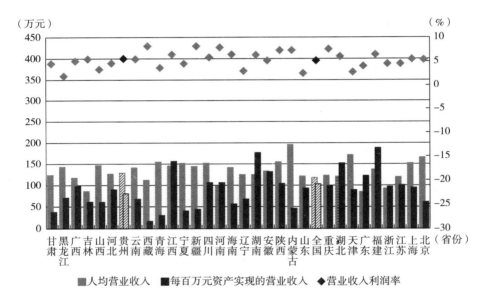

图 5-7　2019 年规模以上工业企业中小型工业企业的营业收入

资料来源：《中国工业统计年鉴》。

二、上市企业的发展现状

上市企业是贵州经济社会发展的核心龙头企业，对上市公司的员工人数、营业收入以及净利润等方面的分析有助于深入了解上市公司的发展现状，进一步了解其对贵州经济社会发展的带动作用。

截至 2021 年底，贵州的上市企业一共有 33 家，其中，主板上市的有 20 家，中小板上市的有 9 家，创业板和科创板上市的各有 2 家。从上市公司的入市年份来看，贵州上市公司的上市年份主要集中在 2004 年之前，在主板上市的 20 家企业中有 14 家是在 2004 年之前，2005—2015 年这十一年间没有在主板上市的企业。此后，2016 年和 2017 年分别有 3 家和 2 家企业在主板上市，2020 年有 1 家企业在主板上市。这从侧面体现出，近几年贵州的企业能力有所提升。中小板和创业板都是针对中小型企业的板块，在中小板 2004 年成立之初，贵州有 2 家企业上市，2005 年有 1 家企业上市。此后，贵州在中小板上市的企业则出现了空档，直到 2010 年才又有 2 家中小企业上市，2017 年和 2018 年分别有 2 家企业在中小板上市。贵州企业在创业板上市的仅有 2 家，上市时间分别是 2012 年和 2020 年。仅从贵州上市公司的上市时间来看，在各板块成立之初，上市的企业相对集中，此后则存在较长时间的空档，近几年上市企业的数量有所增加（见表 5-1）。

表 5-1　贵州上市公司的板块分布和上市时间

板块	股票代码	股票简称	公司名称	入市年份
主板	SH603439	贵州三力	贵州三力制药股份有限公司	2020
	SH603458	勘设股份	贵州省交通规划勘察设计研究院股份有限公司	2017
	SH600903	贵州燃气	贵州燃气集团股份有限公司	2017
	SH603058	永吉股份	贵州永吉印务股份有限公司	2016
	SH600996	贵广网络	贵州省广播电视信息网络股份有限公司	2016
	SH601997	贵阳银行	贵阳银行股份有限公司	2016
	SH600594	益佰制药	贵州益佰制药股份有限公司	2004
	SH600992	贵绳股份	贵州钢绳股份有限公司	2004

续表

板块	股票代码	股票简称	公司名称	入市年份
主板	SZ000851	高鸿股份	大唐高鸿数据网络技术股份有限公司	2003
	SH600395	盘江股份	贵州盘江精煤股份有限公司	2001
	SH600367	红星发展	贵州红星发展股份有限公司	2001
	SH600523	贵航股份	贵州贵航汽车零部件股份有限公司	2001
	SH600519	贵州茅台	贵州茅台酒股份有限公司	2001
	SH600227	圣济堂	贵州圣济堂医药产业股份有限公司	2000
	SZ000920	沃顿科技	南方汇通股份有限公司	1999
	SZ000733	振华科技	中国振华（集团）科技股份有限公司	1997
	SH600112	*ST天成	贵州长征天成控股股份有限公司	1997
	SH600765	中航重机	中航重机股份有限公司	1996
	SZ000589	贵州轮胎	贵州轮胎股份有限公司	1996
	SZ000540	中天金融	中天金融集团股份有限公司	1994
中小板	SZ002927	泰永长征	贵州泰永长征技术股份有限公司	2018
	SZ002928	华夏航空	华夏航空股份有限公司	2018
	SZ002873	新天药业	贵阳新天药业股份有限公司	2017
	SZ002895	川恒股份	贵州川恒化工股份有限公司	2017
	SZ002390	信邦制药	贵州信邦制药股份有限公司	2010
	SZ002424	贵州百灵	贵州百灵企业集团制药股份有限公司	2010
	SZ002039	黔源电力	贵州黔源电力股份有限公司	2005
	SZ002025	航天电器	贵州航天电器股份有限公司	2004
	SZ002037	保利联合	保利联合化工控股集团股份有限公司	2004
创业板	SZ300919	中伟股份	中伟新材料股份有限公司	2020
	SZ300288	朗玛信息	贵阳朗玛信息技术股份有限公司	2012
科创板	SH688707	振华新材	贵州振华新材料股份有限公司	2021
	SH688239	航宇科技	贵州航宇科技发展股份有限公司	2021

资料来源：Wind。

1. 上市公司的员工人数

按照上市公司所在行业进行分类，主要涉及采矿业，电力、热力、燃气及水生产和供应业，房地产业，交通运输、仓储和邮政业，金融业，科学研究和技术服务业，批发和零售业，信息传输、软件和信息技术服务业，制造业九个行业，其中制造业企业居多，有 23 家，占全部上市公司比重的 69.70%，工业企业依然是上市公司中的主体企业。在 2020 年贵州省上市公司中，首先是在制造业企业就业的员工人数最多，达到了 10.45 万人；其次是采矿业，达到了 2.53 万人；其余行业的上市公司就业员工人数都在 1 万人以下（见图 5-8A）。制造业依然是贵州上市公司吸纳就业的核心产业，占据着主导地位。如前文所述，上市公司中制造业企业居多，当对各行业内的员工数进行平均时，可以发现，采矿业的员工人数最多，这也符合采矿业规模较大的特征。制造业内部平均之后，平均每个企业的员工人数为 0.45 万人，低于金融业，房地产业，交通运输、仓储和邮政业（见图 5-8B）。

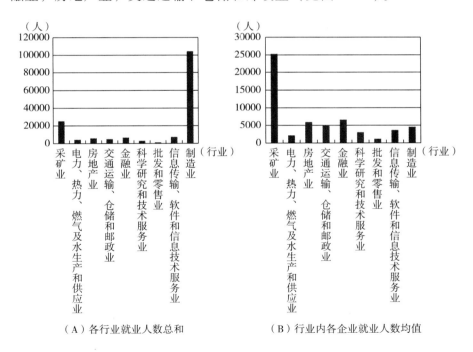

（A）各行业就业人数总和　　　（B）行业内各企业就业人数均值

图 5-8　贵州上市公司 2020 年员工人数

资料来源：Wind。

从行业内员工人数在2010—2020年的变化趋势来看（见图5-9），可以发现，制造业员工人数规模最大，从2010年的6.54万人上升至2018年的10.57万人，2019年有小幅回落，2020年进一步提高至

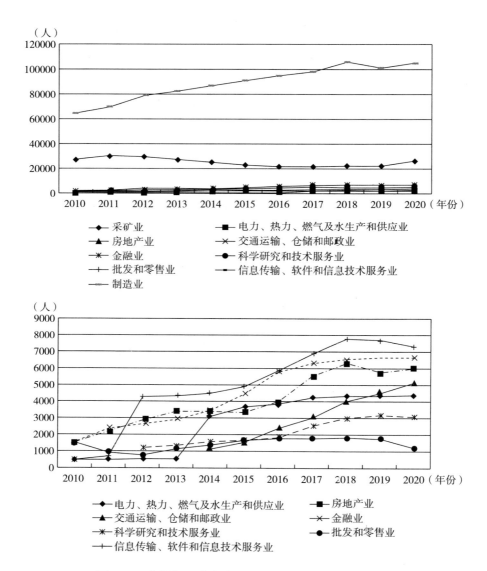

图5-9　贵州行业内各企业就业人数均值的变化趋势

资料来源：Wind。

10.45 万人。虽然在 2020 年受到新冠肺炎疫情影响，但是贵州制造业上市公司的就业人数依然保持了比较大的规模。采矿业员工人数总和位于制造业之后，两者之间相差较大。此外，采矿业与制造业员工人数的变化趋势也存在较大差异。2010—2020 年采矿业就业人数有较大幅度的波动，而非持续上涨。2011—2016 年采矿业各企业的平均员工数持续下降，从 3.03 万人下降至 2.13 万人，减少了 0.9 万人，降幅接近 1/3。2016—2019 年采矿业务企业就业人数均值基本保持不变，2020 年出现了一个小幅上升。这在一定程度上与采矿业机械化水平提高具有联系，另外也与重视生态环境发展具有一定的关系。

在其他行业中，信息传输、软件和信息技术服务业上市公司的员工人数在 2010—2020 年大幅增长。因 2012 年该产业有新的上市公司上市，该产业员工人数从 2010 年的 496 人直线上升至 2012 年的 4269 人，此后员工人数依然持续上涨，2018 年员工人数达到了 7713 人，2019 年和 2020 年相比之前略有下降，2020 年依然达到了 7273 人。自 2012 年以来，信息传输、软件和信息技术服务业上市公司的员工人数已经超过了贵州其他行业的上市公司员工数。

除了信息传输、软件和信息技术服务业之外，金融业，房地产业，交通运输、仓储和邮政业上市公司的员工人数在 2010—2020 年也出现了较大幅度的上涨。相对而言，批发和零售业上市公司员工人数的上涨幅度比较小，2010—2012 年还出现了一个比较大幅度的下降，2012—2016 年持续缓慢上升，2016 年批发和零售业的员工人数刚恢复至 2010 年的水平，此后基本保持不变。2020 年相比于 2019 年批发和零售业各企业就业人数均值有较大幅度的下降，这应该主要是受到了新冠肺炎疫情的影响。贵州以批发和零售业上市的公司是大唐高鸿数据网络技术股份有限公司（以下简称"高鸿股份"），该企业是原电信科学技术研究院（大唐电信集团）整合其多年积累的数据产业技术、产品和资源组建的高新技术企业。高鸿股份在证监会的行业归类中是批发和零售业，但是从其发展来看，它也是一个高新技术企业。另外，从贵州近几年高新技术产业发展来看，该企业并没有在这个过程中扩大规模，相对于其他信息传输、软件和科技服务业员工人数的上升速度来看，大唐高鸿数据网络技术股份有限公司的员工人数并没有扩大，反而有些下降。

伴随经济社会发展和产业结构的逐渐转型，从目前贵州上市公司的员工情况来看，工业、制造业依然是吸纳就业的主要产业，且独占鳌头，其地位难以在短期内被替代。基于此，应当避免为了推动产业结构转型而忽略工业发展这种问题的产生。持续推动工业发展，依然是贵州经济发展的核心议题。信息传输、软件和信息技术服务业员工人数上涨非常迅速，但是需要注意近两年的下降趋势。值得关注的是，批发和零售业的员工人数变动，其受到新冠肺炎疫情的影响比较大。作为上市公司的龙头企业，在疫情中都受到了比较大的冲击，那么其他规模相对较小的批发和零售业类企业则更难以抵御疫情冲击。

2. 上市公司营业收入

营业收入是上市公司的重要绩效指标，本节从人均营业收入和每百万元营业收入两个角度来分析和讨论贵州上市公司的营业收入情况。

首先，从贵州上市公司 2020 年人均营业收入来看（见图 5-10），高鸿股份所代表的批发和零售业的人均营业收入最高。"高鸿股份"是大唐高鸿数据网络技术股份有限公司在 2003 年上市的股票。虽然在所属证监会行业的名称是批发和零售业，但是其本身是原电信科学技术研究院（大唐电信集团）整合其多年积累的数据产业技术、产品和资源组建的高新技术企业。这在一定程度上反映出高鸿股份的人力资本水平相对较高，从而也在一定程度上拉高了其人均营业收入水平。

电力、热力、燃气及水生产和供应业，金融业上市公司 2020 年人均营业收入相对较高，分别达到了 246.83 万元、243.88 万元。这两个行业具有较高的人力资本水平，以及一定的垄断性，拉动了其人均营业收入水平的提高。房地产业，交通运输、仓储和邮政业，科学研究和技术服务业，制造业的上市公司的人均营业收入基本一致，均在 100 万元左右。其中，制造业包括技术密集型、资本密集型和劳动密集型企业，贵州省上市公司中的制造业主要集中在技术密集型和资本密集型企业，其人力资本水平也相对较高，从而拉动了其人均收入水平的提高。从制造业上市公司的人均营业收入来看，贵州制造业具有较高的人均营业收入，企业资本和技术水平具有一定的潜力，有助于推动贵州工业、制造业的持续发展。此外，信息传输、软件和信息技术服务业，采矿业的人均营业收入相对较低（见图 5-10）。

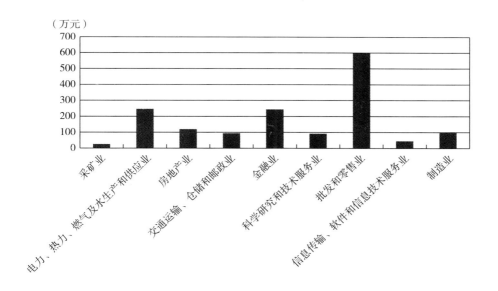

图 5-10　贵州上市公司 2020 年人均营业收入

资料来源：Wind。

从贵州上市公司 2010—2020 年的人均营业收入变化趋势来看（见图 5-11），批发和零售业、房地产业的波动比较大，呈现出大起大落的特征。2015—2019 年，批发和零售业的人均营业收入持续保持上升趋势，但是 2020 年出现了较大幅度的下降。房地产业的人均营业收入自 2016 年以来持续大幅下降。相比而言，制造业在 2010—2020 年人均营业收入持续稳定上升，从 2010 年的 52.04 万元上升至 2019 年的111.79 万元，2020 年略有下降，降至 99.22 万元，这与新冠肺炎疫情暴发具有一定的关系。贵州上市公司人均营业收入的变化趋势在一定程度上体现出，制造业作为实体经济的主体，在经济发展过程中相对平稳，对经济社会稳定发展起到了重要作用。

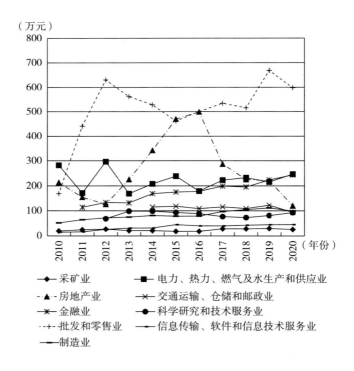

图 5-11 贵州上市公司人均营业收入变化趋势

资料来源：Wind。

其次，进一步对每百万元资产的营业收入进行分析，了解贵州上市公司的资本收益情况（见图5-12）。2020年，"高鸿股份"所在的批发和零售业的每百万元资产的营业收入最高。根据前文可知，该企业在一定程度上是一个高新技术企业，资本收益相对较高。值得注意的是，制造业每百万元资产的营业收入相对比较高，达到了50.53万元。这在一定程度上体现出，贵州制造业的资产回报相对较高，比其他行业更具有吸引投资的潜质。如前文所述，贵州制造业中的上市公司主要是技术密集型企业和资本密集型企业。一般而言，这两类企业的资本更可能处于资本报酬递减的阶段，其资本回报可能会相对低一些。然而，从2020年贵州制造业上市公司的资本营业收入来看，其在贵州依然具有一定优势。相比而言，房地产业、金融业上市公司的每百万元资产的营业收入相对比较低。

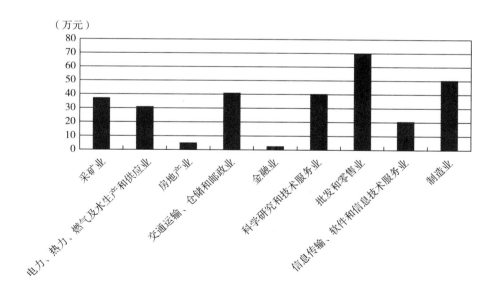

图5-12　贵州上市公司2020年每百万元资产的营业收入

资料来源：Wind。

尽管采矿业，电力、热力、燃气及水生产和供应业，科学研究和技术服务业每百万元资产的营业收入也比较高，但是这些产业需要具有较大的规模效应，难以进一步增加规模，而且从企业发展历史来看，也主要是国有企业，具有一定的垄断地位。另一个值得注意的是，交通运输、仓储和邮政业具有较高的每百万元资产营业收入（见图5-12）。华夏航空作为贵州该行业的上市公司之一，获得了较高的资本收益。这也从一个侧面反映出，贵州具有进一步发展交通运输、仓储和邮政业的基础。

从2010—2020年贵州上市公司每百万元资产的营业收入变化趋势来看（见图5-13），整体呈现出下降趋势。首先是批发和零售业的下降程度最大，其次是信息传输、软件和信息技术服务业。采矿业在2010—2016年的每百万元资产的营业收入持续下降，2017年略有提高，此后持续呈现小幅下降趋势。交通运输、仓储和邮政业每百万元资产的营业收入虽然具有较高的水平，但是其下降速度比较快，从2014年的71.26万元下降至2020年的41.08万元，下降了42.35%。房地产业每百万元资产的营业收入在2016年以来也呈现出较快的下降趋势。值得注意的是，2010—2020年制造业每百万元资产的营业收入一直处于较高水平，虽然也呈现出持续下降的趋势，但是下降速度相对缓慢。

3. 上市公司的营业收入净利润率

净利润是上市公司盈利的核心体现，此处对贵州上市公司的营业收入净利润率进行分析。首先，2020年金融业的营业收入净利润率最高，达到了38.20%（见图5-14），金融业一直都处于高利润行业，贵州金融业的高营业收入净利润率与全国金融业基本保持一致。排在第二梯队的是科学研究和技术服务业，电力、热力、燃气及水生产和供应业，采矿业，交通运输、仓储和邮政业，房地产业，其营业收入

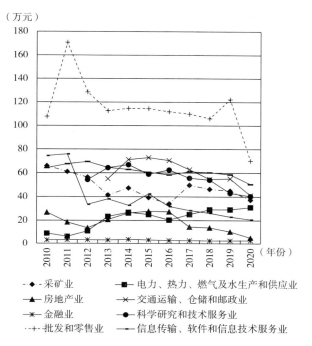

图 5-13　贵州上市公司每百万元资产营业收入变化趋势

资料来源：Wind。

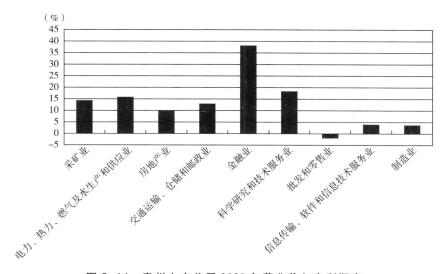

图 5-14　贵州上市公司 2020 年营业收入净利润率

资料来源：Wind。

净利润率也相对较高，但是与金融业之间依然存在巨大差距，不及金融业的1/2。制造业，信息传输、软件和信息技术服务业的营业收入净利润率则相对更低，2020年这两个行业的营业收入净利润率不到5%，分别是3.76%、4.04%，仅是金融业的13.09%。值得注意的是，2020年批发和零售业的营业收入净利润率是负的，2020年批发零售业具有一定的亏损。

从2010—2020年的变化趋势来看，金融业的营业收入净利润率始终处于高位，但整体呈现下降趋势（见图5-15）。2020年营业收入净利润率排在第二梯队的五个产业的上市公司近年来营业收入净利润率的变化趋势具有较大差异。2010—2020年，科学研究和技术服务业的营业收入净利润率主要处于上升状态，2017—2020年上升相对缓慢。2010—2014年电力、热力、燃气及水生产和供应业的营业收入净利润率波动比较大，此后相对平稳，并有小幅度的上升。2010—2015年采矿业的营业收入净利润率大幅下降，但此后呈现出较大幅度的上升。采矿业中的盘江股份主要业务是煤炭开采，近10年来煤炭价格波动较大，2013—2015年煤炭价格持续下降，此后略有回升。一方面，在“两山理论”下，大多数不规范的开采和小煤窑被查封，规范性的开采在短期内并不能立刻增产，这在一定程度上降低了煤炭的供给量。另一方面，如前文所述，2015年以来贵州采矿业上市公司的员工人数大幅下降，这可能源于技术设备的更新，这也为其提高营业收入净利润率提供了基础。交通运输、仓储和邮政业在2013—2020年也存在一定的波动，但整体波动幅度不大，仅在2018年相对较低。房地产业在2015年以后的营业收入净利润率呈现出明显的下降趋势。2010—2020年制造业的营业收入净利润率普遍低于其他产业，2019年有一个相对较大幅度的下降，2020年有所回升，但仍低于2018年的水平。批发和零售业的营业收入净利润率一直处于贵州上市公司中的低位，2017

年的最高，仅为 2.08%，此后持续下降，受到新冠肺炎疫情影响，2020 年的营业收入净利润率为负。

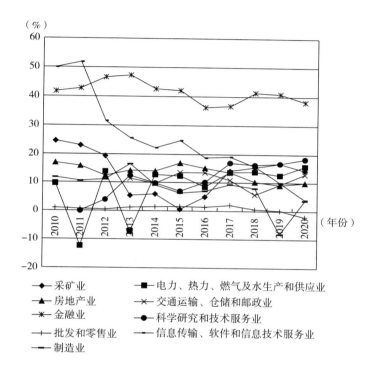

图 5-15 贵州上市公司营业收入利润率变动趋势

资料来源：Wind。

从贵州上市公司的营业收入净利润率来看，制造业并不具有优势，一直处于相对较低的位置。为了推动贵州工业、制造业的发展，需要进一步出台相关政策，从而扶持制造业的持续发展。

三、中小企业的发展现状

"十三五"时期，贵州中小企业具有较好的发展，为贵州省经济社会发展提供了重要支撑。

首先，贵州中小企业对贵州工业企业发展具有重要作用。2020年底，贵州私营企业数量达到了76.3万户，个体工商户达到了255.7万户。贵州5.8万户工业企业中，规模以上中小工业企业达到了4756户，占贵州全省规模以上工业企业总数的98.3%；企业增加值占贵州规模以上工业增加值的比重达到49.8%，主营业务收入占贵州规模以上工业企业主营业务收入的57.0%。中小企业对财政和社会发展也具有较大的贡献。2020年，中小工业企业完成的利税总额达到了511.2亿元，占贵州工业企业的27.6%。

其次，中小企业具有较强的创新活力。规模以上中小工业企业的科研经费支出从2015年的16.9亿元上涨至2020年的58.3亿元，同时，科研经费支出占主营业务收入的比重也有较大幅度提升，从2015年的0.2%上升至2020年的1.1%。截至2020年，"专精特新"入库培育企业达到了1992家，国家认定的专精特新"小巨人"企业达14家。规模以上中小工业企业科研经费投入增加，对于推动中小企业创新发展具有重要作用，同时也有助于进一步提升工业企业的创新活力。

再次，信息化水平持续增强。随着信息化技术的发展，特别是贵州大数据产业的快速发展，贵州中小企业信息化程度也得到不断提升。2020年底，已经有1.5万多家企业实现了核心系统上云。在这个过程中，提供数字化服务的优质中小企业大量涌现，发布和出台了大量优秀的相关服务产品。借助贵州"工业云"，中小企业的数字化、智能化程度具有较大幅度提高，为其进一步通过"互联网+"实现超越式发展提供了前提。

又次，中小企业具有较强的就业带动效应。2020年贵州中小工业企业从业人员达到了48.3万人，占贵州工业企业从业人员的比重超过了60%，是贵州工业企业吸纳就业的主力军。

最后，中小企业融资难依然是中小企业发展的瓶颈。2015年国家发展和改革委员会对贵州小微企业贷款问题进行了调查。① 调查发现：小微企业从银行获得的贷款成本偏高。贵州银行业机构贷款加权平均利率为8.12%，不仅高于全国水平，而且高于西部地区水平。与此对应的是，贵州人均小微企业贷款额度低于全国平均值、且大幅低于西部地区平均值。另外，小微企业融资的中间费用偏高，小微企业反映其实际的融资成本在18%。远高于贵州人民币贷款的加权平均利率，虽然"十三五"时期中小微企业贷款难的问题持续得到关注，但是中小微企业依然存在一定的融资困难。

第三节 贵州企业主体发展的不足及政策建议

在上述分析和讨论的基础上，本节对贵州企业主体发展的不足进行梳理，并以此为基础提出相关政策建议。

一、企业主体发展存在的不足

近几年，虽然贵州工业企业持续发展，上市企业数量也有所增加，但是依然存在一些主要问题，有待进一步改善。

一是企业组织结构不合理。一般而言，国有企业的劳动生产率比较高、资本和技术相对密集，资本的营业收入则相对较低。国有企业

---

① 国家发展改革委调研组．贵州民营经济发展调研［J］．宏观经济管理，2015（6）．

在一定程度上体现了一个地区的高端企业的水平。贵州规模以上工业企业中国有企业的人均营业收入和每百万元资产的营业收入都低于全国平均水平，这意味着贵州国有企业的营业收入偏低，且资本收益率也偏低。在中国企业联合会、中国企业家协会发布的一年一度的中国企业500强榜单中，2021年入选的贵州企业仅有3家，分别是：贵州茅台酒股份有限公司（第225名）、贵州磷化（集团）有限责任公司（第330名）、贵州盘江煤电集团有限责任公司（第458名）。

相对于国有工业企业而言，中小企业数量较多，但是能在中小板、创业板上市的中小企业寥寥无几，且上市的中小企业在其所在行业中的营业收入相对较低，缺少潜在优势。贵州中小型企业的资本收益率普遍偏低，不仅低于劳动密集型产业众多的广东、浙江和江苏，而且低于全国平均水平，这不利于吸引资本入黔。另外，值得注意的是，中型工业企业的营业收入利润率也偏低，且远低于全国平均水平，与贵州规模以上工业企业的平均营业收入利润率之间存在巨大差距。中型工业企业的低资本收益率和低营业利润率将给入黔资本带来负面影响。

二是已上市公司为代表的龙头企业相对较少。截至2021年，贵州共有33家上市公司，分布于9个行业之中，主要以国有企业为主。尽管制造业中存在一些民营企业，但是国有企业依然占主体地位，而且上市时间主要集中在2004年之前。2005—2015年，没有贵州的公司上市，2016年以来陆续有多家企业分别在主板、中小板、创业板上市。这在一定程度上表明，近年来贵州企业的活力得以较快增强，但总体来看，上市公司的规模依然较小。上市公司不仅体现着企业的经营业绩和管理能力，而且也体现着市场活力及其对其他中小企业的影响。

制造业上市公司的员工人数在近十年持续上升，人均营业收入也呈现出持续上升的趋势，对于稳定贵州经济发展具有重要作用。与贵州其他行业的上市公司相比，制造业的上市公司具有较高的人均营业收入和较高的资本回报收益，从资本和劳动投入来看，这有利于贵州吸引资金投资于制造业。然而，从营业收入净利润率来看，贵州制造业的水平却大幅低于其他行业。这在一定程度上不利于制造业的发展。

三是中小企业有待进一步发展。中小企业的发展对于经济社会发展具有重要意义。然而，贵州中小企业发展依然面临着诸多不足。首先，中小企业数量少、规模小，大部分企业处于传统产业中的低端生产环节，不具备较高的科技含量，竞争能力相对较弱。其次，中小企业呈现碎片化，不具有集群效应。一方面没有形成中小企业之间的相互联系和竞争，另一方面也没有形成中小企业与龙头企业、上市公司之间的连接。中小企业往往不具备承接龙头企业、高新技术产业的相关工作，两者之间缺乏连接，形成了中空地带。最后，企业创新能力不足。大多数中小企业处于产业链的低端，科研投入不足、创新不足等问题普遍存在，人才短缺也是不容忽视的重要问题。

四是营商环境仍需持续改善。企业主体发展在很大程度上依赖于当地的营商环境，良好的营商环境同样是吸引企业投资的重要因素。一方面，各种各样的问题伴随着电子化办公、"一站式"服务的开展已经逐渐得到改善，然而，企业落地难问题依然较为突出。随着生态环境、消防安全等要求的提高，企业本身也面临着新的环境，需要政府进一步理顺其中的关系，使办事流程更加明晰化，这将有利于推动企业的建立和发展。另一方面，"简政放权"仍需要进一步开展，持续加大下放行政审批事项力度，将所有项目审批、核准、备案权限按照"能放尽放、一放到底"的原则全部下放到市县。同时，充分落实国家的工业发展优惠政策，加大省对企业的支持力度。

二、政策建议

针对贵州企业主体的发展情况以及存在的一些不足，主要从以下几个方面提出相关政策建议：

一是优化资源配置和企业组织结构。企业结构发展不平衡是贵州企业主体比较突出的问题。国有企业与民营企业之间存在一定的断层，国有企业具有一支独大的特征，民营企业发展则相对滞后。同时值得注意的是，贵州国有企业的营业收入和资本收益率都低于全国平均水平。相对而言，私营工业企业的资本回报、人均营业收入在地区间的差距要小于国有工业企业在地区间的差距。由此可以看出，在贵州私营企业相对国有企业更具有发展优势。在新的发展阶段，在保持国有企业发展的同时，需要进一步加大对私营企业的支持，从而推动经济发展。

二是全力培育引进龙头企业。贵州的龙头企业主要以传统产业为主，而且上市公司较少，甚至存在十年没有公司上市的空档期。持续推进龙头企业培育计划，在已有传统产业的基础上进一步推动传统产业向产业链的高端发展，着力成为行业领军企业。同时，借助已有工业发展优势、信息化技术发展优势，吸引具有影响力的企业进驻贵州，增强其对贵州经济社会发展的带动效应。进一步发挥国有企业的作用，做优做强茅台集团、磷化集团、盘江煤电集团、乌江能源集团等国有企业。

三是着力扶持中小企业发展。一方面，通过工业园区的发展，加强中小企业与上市公司、龙头企业之间的联系。这有助于延长产业链，形成协同发展、供应链互融互通的发展局面。以上市公司、龙头企业带动中小企业发展的同时，将有助于提升中小企业的创新能力和技术水平，形成有核心技术、走专业化、精细化的中小企业发展道路。另一方面，壮大中小企业的数量和规模，形成中小企业之间的联系和竞争趋势，以市场竞争带动企业创新，不断提升中小企业的竞争能力。另一个值得注意的问题是，加强对中小企业的扶持，从全国层面来看，贵州中小企业的发展并不具有劳动力优势和资本优势，人均营业收入和每百万元资产的营业收入均低于全国平均值。为了进一步扶持中小企业发展，需要加大对中小企业的政策扶持，落实好国家的各项税收优惠政策，切实减轻中小企业的发展负担。

四是优化企业营商环境。党的十八届三中全会指出全面深化改革的核心问题是"使市场在资源配置中起决定性作用和更好发挥政府作用"。这也进一步明确了政府对于企业的发展应该更加着力于为企业服务，制定和完善相关扶持政策，提高政策的针对性和有效性。民营企业、中小企业面临的营商环境相对较差。优化企业落地过程中的营商环境，一方面，在完善工业用地制度、土地用地指标向工业用地倾斜的同时，推行企业集约式用地，进而保障招商引资和各类项目的建设用地需求。另一方面，推进电力体制改革，以电力交易、新能源开发等多措并举，增强电力的供给和分配。与此同时，推动售电侧改革和用电企业直接购电交易，降低企业用电成本。优化企业运行期间的营商环境，着力改善中小企业融资难问题。搭建中小企业融资平台，减少中小企业融资的中间环节，降低中小企业的实际融资成本。依靠贵州的大数据优势，完善中小企业信用担保体系。降低中小企业的融资成本，则有助于改善中小企业的资本收益环节，从而促进投资。

第六章

推动"工业大突破"的
重点难点与政策建议

2010 年 10 月 26 日，贵州召开了历史上第一次工业发展大会，果断作出了"工业强省"这一振奋人心的战略抉择。此后的十年是贵州工业大发展、快发展的十年，是贵州工业结构优化、转型加快的十年，是贵州工业带动有力、贡献突出的十年。工业经济的发展壮大，为全省打赢脱贫攻坚战、掌握疫情防控主动权、实现"黄金十年"快速发展作出了重大贡献。实践证明，实施"工业强省"战略的决策完全正确，效果十分明显。

在"十四五"开局之年，贵州提出以高质量发展统揽，围绕"四新"抓"四化"，奋力谱写新时代贵州高质量发展新篇章。在新征程上，贵州坚定不移实施"工业强省"战略，进一步提出以做大做强十大工业产业为抓手，推进新型工业化实现"工业大突破"，实际上就是要推进升级版的"工业强省"战略。随着升级版的"工业强省"战略实施，一个富有贵州特色、契合时代特征的现代工业体系正在加速形成，助推新时代贵州经济社会高质量发展。

第一节　贵州推动"工业大突破"的重点任务

依据《中共贵州省委关于制定贵州省国民经济和社会发展第十四个五年规划和二〇三五年远景目标的建议》、《贵州省国民经济和社会发展第十四个五年规划和 2035 年远景目标纲要》、《贵州省"十四五"

工业发展规划》、《国务院关于支持贵州在新时代西部大开发上闯新路的意见》（国发〔2022〕2号）、《关于实施工业倍增行动奋力实现工业大突破的意见》和《关于推进开发区高质量发展的指导意见》等文件精神，"十四五"时期贵州要以习近平新时代中国特色社会主义思想为指导，认真贯彻习近平总书记关于工业发展重要论述和视察贵州重要讲话精神，立足新发展阶段，贯彻新发展理念，融入新发展格局，以高质量发展统揽全局，牢牢守好发展和生态两条底线，围绕"四新"主攻"四化"（即把在新时代西部大开发上闯新路、在乡村振兴上开新局、在实施数字经济战略上抢新机、在生态文明建设上出新绩作为主目标，把新型工业化、新型城镇化、农业现代化、旅游产业化作为主抓手），坚持把大力推进新型工业化作为推动高质量发展的首要任务，坚定不移实施"工业强省"战略，大力实施"工业倍增"行动，聚焦十大工业产业，做大做强传统优势产业，做优做特地方特色产业，做专做精新兴潜力产业，着力打造"两区六基地"（即世界酱香白酒产业集聚区、全国大数据电子信息产业集聚区、全国重要能源基地、磷煤化工产业基地、新型功能材料产业基地、绿色食品工业基地、中药（民族药）生产加工基地、高端装备制造及应用基地），加快构建富有贵州特色、契合时代特征的现代工业体系，奋力实现"工业大突破"。

因此，今后一段时期贵州推动"工业大突破"的重点任务主要有：

一、做大做强十大优势工业产业

做大做强十大优势工业产业，是今后一段时期贵州大力推进新型工业化、实现"工业大突破"、推动高质量发展的主要抓手，十大优势工业产业发展要以高端化、绿色化、集约化为主攻方向，要在规模总量、结构优化、技术创新、产业链条、项目建设、平台支撑上实现大

突破。①要在规模总量上实现大突破。实施"工业倍增"行动,扩大
工业投资,大力培育和壮大企业,努力保持较快增速。②要在结构优
化上实现大突破。加快改造提升传统产业,加快战略性新兴产业发展
步伐,大力推动产品结构升级,奋力实现产业结构从低端到中高端、
产品结构从初级到中高级的转变。③要在技术创新上实现大突破。在
自主创新、引进消化、集成运用上下足功夫,加快推动发展方式从要
素驱动向创新驱动转变。④要在产业链条上实现大突破。补齐产业链
短板和薄弱环节,加快向产业链中高端迈进,提升产业综合竞争力。
⑤要在项目建设上实现大突破。大力实施工业产业大招商,完善项目
推进机制,全力推进项目建设提速提质提效。⑥要在平台支撑上实现
大突破。全力提升工业园区综合竞争力、辐射带动力、区域协同力。

做大做强十大优势工业产业,就是要巩固提升优质烟酒、现代能
源、现代化工、基础材料等传统优势产业,做大做强生态特色食品、
健康医药、新型建材等地方特色优势产业,大力发展大数据电子信息、
先进装备制造、新能源汽车等战略性新兴产业。

1. 巩固提升传统优势产业

稳步发展优质烟酒产业,提高白酒产业发展水平,优化卷烟结构,
巩固提升酱香白酒、贵烟品牌地位。大力发展基础能源和清洁高效电
力,做优煤炭产业,扎实推进能源工业运行新机制,推进煤层气、页
岩气、氢能、地热能等加快发展,着力构建清洁低碳、安全高效的能
源体系。促进现代化工加快发展,推进磷化工精细化、煤化工新型化、
特色化工高端化,打造一批具有较强国际影响力的知名品牌。推进基
础材料向新材料领域提升转化,持续优化钢、合金等产业结构,推进
铝、镁、钛、锰、黄金等产业链延伸。

2. 做大做强地方特色优势产业

加快发展生态特色食品加工,提升产品附加值,巩固"贵州绿色

271

食品"形象。充分发挥民族医药特色优势,推动中药材精深加工,巩固提升中药民族药,培育发展生物医药,推进生物资源产品和药物新品种研发和产业化。大力推进新型建材产业优化产能、升级产品,坚持节能环保低碳导向,打造成绿色发展示范型产业。

3. 大力发展战略性新兴产业

做强大数据电子信息产业,深入推进国家大数据综合试验区建设,加快建设贵阳大数据科创城,打造数字产业和人才集聚区、数字场景应用示范区、生态文明展示区。实施"万企融合"大赋能行动,加快工业互联网平台建设应用,带动实体经济企业和大数据深度融合。大力发展新能源电池及材料产业,着力推进宁德时代、比亚迪等龙头企业发展。大力发展新能源汽车,培育以整车为牵引、以动力电池和汽车零部件为支撑的产业集群。加快发展高端先进装备制造业,着力发展航空、航天、汽车产业,大力发展电力装备、工程及矿山机械产业,积极培育山地农机及食品加工装备、智能装备及其他特色装备产业。加快军民融合发展,推动与中航工业、中国航发、航天科工、中国电子等军工央企战略合作,大力发展无人机、航空发动机、工业基础件等先进装备制造。

二、培育壮大市场主体

根据贵州省委省政府《关于实施工业倍增行动奋力实现工业大突破的意见》,到 2025 年,全省工业总产值突破 2.8 万亿元,工业企业达到 10 万户,其中规模以上工业企业突破 8000 户。因此,壮大龙头企业、扶持中小微企业发展,并促进大中小企业协同发展非常重要。

加快构建优质企业梯度培育体系,壮大占据产业链中高端的龙头企业,大力发展总部经济,做大做强本土企业总部。发挥国有经济战略支撑作用,进一步推动茅台集团、磷化集团、盘江煤电集团、乌江能源集团等企业做大做强。加大企业上市扶持力度,培育一批千亿级、五百亿级和百亿级企业。支持企业转型升级,形成主业突出、核心竞争力强、辐射带动作用大的行业领军企业。精准引进、培育形成一批"隐形冠军""单项冠军"和"独角兽"企业。

走新型工业化道路,奋力实现"工业大突破",中小企业将发挥巨大作用。"十四五"时期,贵州要推动中小企业高质量发展:一是不断优化政策体系。发挥好省促进中小企业发展工作领导小组办公室综合协调作用,围绕"一法(《中华人民共和国中小企业促进法》),一条例(《保障中小企业款项支付条例》),两意见(中办国办《关于促进中小企业健康发展的指导意见》、十七部门《关于健全支持中小企业发展制度的若干意见》)"和省委、省政府《关于营造更好发展环境支持民营企业改革发展的实施意见》、"1+6"等政策文件,不断完善政策体系,抓好政策落实。二是不断完善服务体系。通过加强和完善中小企业公共服务体系建设配套政策,不断完善服务体系,推动提升服务质量和水平,推动服务机构加强能力建设。继续培育认定省级中小企业公共服务示范平台和省级小型微型创业创新示范基地,积极向国家推荐国家级公共示范平台和示范基地。三是不断优化发展环境。继续深入推进服务民营企业"六大专项行动",在用电、用水、用气等方面采取一系列优惠措施,千方百计降低企业生产经营成本,为中小企业纾困解难。抓好中小企业发展环境第三方评估,引导各地在具备条件的情况下开展本地区第三方评估工作,形成上下联动、横向协同、覆盖全省的评估体系。持续做好"服务民营企业省长直通车"工作,畅通民营企业咨询政策、反映问题、投诉举报、建言献策的来电来信渠道。切实抓好《保障中小企业款项支付条例》的宣传解读和贯彻落实,保障好中小企业权益。四是培育"专精特新"中小企业。深入实施中小企业"星光"行动，每年重点培育"专精特新"中小企业100家以上，通过抓企业培育、抓品牌建设、抓市场开拓、抓管理提升等措施，促进中小企业绿色发展、创新发展、转型发展。

构建大企业与中小企业协同创新、共享资源、融合发展的产业生态体系。推进大中小企业融通创新，充分发挥龙头企业"头雁"作用，带动中小企业聚焦特定细分市场，专注发展核心业务，走专业化、精细化、特色化和新颖化发展道路。

三、推进产业园区和产业集群高质量发展

以产业园区为载体，突出地方特色，错位发展首位产业、首位产品。聚焦产业特色，打造最优产业生态，形成产业竞争力。黔中要立足区位优势、大数据先发优势，重点发展大数据电子信息产业和先进装备制造业，打造"中国数谷"和高端装备制造基地。黔北要立足产业优势，重点发展优质烟酒产业，持续打造世界级酱香型白酒产业基地核心区。毕水兴要立足资源优势，重点发展基础能源、清洁高效电力和基础材料产业，加快建设全国重要能矿资源走廊。"三州"等民族地区要立足生态优势，重点发展民族医药和生态特色食品产业，加快建设全国重要的绿色食品工业基地。加快贵阳市信息技术服务产业集群、铜仁市新型功能材料产业集群和六盘水市全国产业转型升级示范区建设。实施产业基础再造工程，补齐产业链供应链短板，形成具有更强创新力、更高附加值、更安全可靠的产业链供应链。

坚持做大做强一批、整合优化一批、调整转型一批，全面实施产业园区提质升级工程。充分发挥国家级园区等重点园区的引领带动作用，打造成为全省经济发展的重要增长极。"十四五"时期，重点工业园区和产业集群发展目标是：

1. 培育千亿级重点工业园区

培育贵阳经济技术开发区、贵州仁怀经济开发区、贵阳国家高新技术产业开发区、贵州龙里经济开发区、贵州苟江（和平）经济开发区5个综合产值千亿级园区。

2. 培育五百亿级重点工业园区

培育黔南高新技术产业开发区、贵州双龙航空港经济区（龙洞堡工业园区）、贵州西秀经济开发区、贵州清镇经济开发区、兴义市清水河—威舍工业园区、贵州修文经济开发区、黔西南高新技术产业开发区、遵义经济技术开发区、贵安综合保税区（电子信息产业园区）、六盘水水月工业园区10个综合产值五百亿级园区。

3. 培育百亿级重点工业园区

培育毕节、遵义、黔东南、碧江、六盘水、安顺、铜仁、娄山关高新技术产业开发区，安顺、乌当、惠水、习水、白云、盘北、红果、昌明、瓮安、七星关、开阳、金沙、大龙、纳雍、水城、息烽、独山、湄潭、兴仁、威宁、织金、思南、新蒲、松桃、黔西、赤水、万山、德江、印江、大方、普定、正安、绥阳、台江经济开发区，长顺威远、盘南、都匀绿茵湖、独山麻尾、贞丰、安龙、水城发耳工业园区和贵阳综合保税区50个综合产值百亿级园区。

4. 打造世界级酱香型白酒产业集群

以赤水河流域的仁怀、习水、金沙等地为核心，以原料种植及仓储、白酒收储、包装印务、酒类销售、现代物流、酒旅融合为支撑的白酒产业生态圈，打造世界级酱香型白酒产业集群。

5. 打造精细磷化工产业集群

依托息烽—开阳—瓮安—福泉优质磷矿资源，建成贵阳、黔南磷化工基地，支持磷化集团推动磷化工产业精细化发展，打造世界级磷化工产业集群。

6. 打造电子信息和高端装备制造产业集群

以贵阳—贵安—安顺都市圈为核心，重点布局发展大数据电子信息、先进装备制造、信息安全等产业，加快建设国家级大数据信息产业基地和高端装备制造业基地，着力打造以高技术为引领的创新型电子信息和高端装备制造产业集群。

7. 打造新型功能材料产业集群

以大龙经开区、碧江经开区等重点园区为载体，依托铜仁生态环境和锰资源优势，重点布局发展锰及锰加工新型功能材料产业，打造国家级新型功能材料产业集群。

8. 打造特色农产品加工产业集群

在贵阳、遵义、六盘水、毕节、黔东南、黔南重点发展生态特色食品加工，打造形成绿色生态的产业体系，建设全国农副产品、绿色食品加工基地。

9. 加快形成中药与民族药产业集群

重点在贵阳、安顺、黔南、黔东南、铜仁发展民族制药、健康医药产业，加快推进贵阳—安顺医药康养产业基地、安顺现代中药与民族药产业基地、黔东南大健康医药产业基地建设，巩固提升中药民族药，持续做好"贵州良药"，加快形成现代中药与民族药产业集群。

四、促进数字经济和实体经济深度融合

把大力发展数字经济作为高质量发展的重要引擎，推动贵州大数据与实体经济深度融合，推动国家大数据综合试验区建设取得新的重大突破。

大力推动数字产业化，实施数字产业强链行动。大力发展高端电子信息制造业，重点布局智能终端、锂离子电池、新型电子元件、新

型显示设备、高性能服务器和计算机等领域,加速提升产业链、产品层级。支持5G、人工智能、区块链等应用推广,打造更多行业示范、重点企业和关键产品,加快产业化步伐。推进国家大数据综合试验区和贵阳大数据科创城建设,培育壮大人工智能、大数据、区块链、云计算等新兴数字产业。加快推进"东数西算"工程,布局建设主数据中心和备份数据中心,建设全国一体化算力网络国家枢纽节点,打造面向全国的算力保障基地。支持贵阳大数据交易所建设,促进数据要素流通。建设国家大数据安全靶场,开展数据跨境传输安全管理试点。

大力推动产业数字化,不断释放数字对经济发展的放大、叠加、倍增作用。适度超前布局新型基础设施,推动交通、能源等基础设施智能化改造升级。深入实施"百企引领,千企改造,万企融合",重点培育数据中心上下游产业集群、智能终端产业集群、数字融合产业集群,发展平台经济,支持大数据企业做大做强做实总部、获得更多应用场景和推广商用。推进工业数字化改造,推动企业全流程和全产业链转型升级,加快工业向智能化生产、网络化协同、个性化定制、服务化延伸融合升级,提升生产经营管理数字化水平。大力发展数据融合新业态,推动特色优势产业与大数据深度融合发展。推动在矿产、轻工、新材料、航天航空等产业领域建设国家级、行业级工业互联网平台,促进产业数字化转型。

五、深化改革开放和先行先试

抓住贵州西部大开发综合改革示范区、内陆开放型经济新高地、数字经济发展创新区等历史性机遇,发挥改革的先导和突破作用,大胆试、大胆闯、主动改,解决深层次体制机制问题,深入推动制度型开放,激发各类市场主体活力,增强高质量发展内生动力,推进新型工业化，加快形成现代产业体系，促进贵州高质量发展。

持续加大改革开放力度。发挥好改革的先导和突破作用，围绕高质量发展的重点领域和关键环节深化改革开放，更多解决深层次体制机制问题。深入实施国企改革三年行动计划，全面实现省级经营性国有资产集中统一监管，兼并重组做大一批国有企业。完善能源资源价格形成和动态调整机制，积极有序推进电力市场化交易。加快城乡供排水一体化改革，创新污水处理收费机制，修订出台城镇供水和天然气配气价格管理办法。加快推进数据要素市场化配置改革，优化提升贵阳大数据交易所，在数据授权使用、登记确权、技术标准等方面实现突破。持续推进"标准地"改革，探索混合用地试点。

用好贵州内陆开放型经济试验区和纳入共建"一带一路"倡议及长江经济带发展等国家战略规划机遇，积极参与西部陆海新通道建设，加大基础设施互联互通建设力度，主动融入粤港澳大湾区发展，加强与成渝地区双城经济圈协作，扩大对东盟地区开放，全力做强"1+8"国家级开放创新平台，多做创新性探索，多出制度性成果。

第二节　主要困难与制约因素

"十四五"时期，贵州推进新型工业化，要实施"工业倍增"行动、实现"工业大突破"，仍然面临着一些困难和制约因素。

一、部分产业发展表现欠佳，发展质量亟待提高

2021年，在全省规模以上工业企业实现营业收入突破万亿元、利

润总额突破千亿元,全省规模以上工业增加值同比增长 12.9%、十大
工业产业产值同比增长 14.9% 的利好背景下,部分行业表现并不乐观。

比如,2021 年健康医药产业产值增速逐季回落,全年仅增长
1.7%;新型建材产业产值增速由正转负,全年下降 0.6%。①

又如,汽车行业效益整体下滑。一方面受到上游原材料价格上涨
影响,另一方面受到芯片短缺影响。2021 年,汽车行业实现营业收入
同比下降 10.6%,年度亏损达 1.71 亿元。原因有:一是单位成本费用
超过百元,汽车行业百元成本费用为 103.28 元,同比提高 7.14 个百
分点。二是货物、资金周转放缓。产成品存货周转天数为 19.7 天,同
比增加 4.9 天;应收账款平均回收期为 129.2 天,同比增加
39.6 天。②

再如,电力行业亏损增加。贵州电力行业主要以火电为主,受煤
炭价格上涨影响,发电成本增加。2021 年,电力行业亏损达 4.57 亿
元,同比由盈转亏,其中火力发电亏损达 80.36 亿元。一是成本大幅
提升。每百元营业收入中的成本为 93.22 元,同比增加 4.88 元。其
中,火力发电每百元营业收入中的成本为 109.22 元,同比增加 11.27
元。二是资产负债率较高。资产负债率为 80.0%,同比增加 1.6 个百
分点。其中,火力发电资产负债率为 104.2%,同比增加 8.7 个百
分点。③

此外,2021 年规模以上食品制造业、医药制造业、橡胶和塑料制
品业、非金属矿物制品业、金属制品业、电器机械和器材制造业也呈

① 贵州省统计局工业处.2021 年度十大工业产业发展统计监测报告〔EB/OL〕.
(2022-02-07)〔2022-06-08〕.http://stjj.guizhou.gov.cn/tjsj_35719/tjfx_35729/202202/
t20220207_72469670.html.

②③ 贵州省统计局工业处.2021 年规模以上工业企业效益分析〔EB/OL〕.(2022-
01-28)〔2022-06-08〕.http://stjj.guizhou.gov.cn/tjsj_35719/tjfx_35729/202201/
t20220128_72445214.html.

现负增长态势，同比增长分别为－8.9%、－4.7%、－14.5%、－11.2%、－6.0%、－6.3%。①

二、小微及私营企业生产经营困难，融资难用工难问题突出

2021年，小微和私营企业数分别占全省规模以上工业企业数的90.2%和71.4%，工业增加值分别占规模以上工业的32.0%和27.3%，整体表现为生产低迷、效益下降，增加值增速持续低于全省平均水平。全年规模以上小微企业和私营企业工业增加值分别比上年增长2.6%和4.0%，增速分别低于规模以上工业10.3个和8.9个百分点。2021年1—11月，规模以上小微企业营业收入利润率为5.0%，私营企业利润率为5.8%，分别低于规模以上工业6.5个和5.7个百分点。②

据调研，近七成小微工业企业存在资金紧张的问题。小微工业企业资金紧张的原因是多方面的，包括应收账款回款慢回款难、原材料价格上涨等原因导致流动资金不足，因投资扩大规模或技改投入等原因导致资金紧张，以及环保整改、市场需求不足等导致资金紧张，等等。贵州小微工业企业还普遍存在人才招纳困难的情况，具备高技能、高素质的高端人才严重缺乏，即使引进了人才也极易流失。③

---

① 贵州省统计局综合处.贵州省2021年主要统计数据新闻发布稿［EB/OL］.（2022-01-24）［2022-06-08］.http：//stjj.guizhou.gov.cn/tjsj_35719/tjfx_35729/202201/t20220124_72403557.html.
②③ 贵州省统计局工业处.工业生产较快增长 发展质效持续提升［EB/OL］.（2022-01-20）［2022-06-08］.http：//stjj.guizhou.gov.cn/tjsj_35719/tjfx_35729/202201/t20220120_72351188.html.

三、科技支撑能力薄弱，创新驱动发展尚需增强

贵州科技资源薄弱的短板依然突出，创新能力与高质量发展的要求相比还存在不小差距。中国科学技术发展战略研究院发布的《2020中国区域科技创新评价报告》显示，贵州综合科技创新水平指数为46.95%，尽管较上年增加 2.46 个百分点，且连续两年有名次提升，但在全国地区排名中仍处于第三梯队。①

该报告还显示，贵州 5 个一级指标中，科技活动投入为第 21 位、高新技术产业化为第 21 位和科技促进经济社会发展为第 28 位，较上年分别上升 4 位、1 位和 2 位；科技活动产出第 26 位，位次保持不变。② 总体而言，贵州科技投入和科技促进经济社会发展水平仍与全国平均水平有很大差距。贵州科技创新底子薄、基础弱、水平低的状况仍存在，亟待改变。

四、企业生产制造成本上升，要素保障水平偏低

近年来，生产制造成本上升，压缩了工业企业盈利空间，突出表现为工业品出厂价格指数"跑不赢"购进价格指数。2021 年，贵州工业生产者出厂价格和购进价格均逐月上涨，全年全省工业生产者出厂价格指数（PPI）和购进价格指数分别为 106.5 和 112.0，出厂价格涨幅低于购进成本价格 5.5 个百分点，工业品购销价格"剪刀差"到达自 2011 年以来的高位，企业生产制造成本上升，盈利空间不断被挤

---

①② 张凌. 贵州综合科技创新水平指数连续两年提升［N/OL］. 贵州日报，（2020-09-13）［2021-12-01］. https：//www.guizhou.gov.cn/home/gzyw/202109/t20210913_70140216.html.

压,生产压力增大。①

与此同时,贵州工业发展所需的土地、资金等要素资源保障水平偏低。据统计,2021 年 1—11 月,全省获批建设用地为 16.07 万亩,同比下降 30.87%,其中,工矿仓储用地仅为 4.01 万亩,同比下降 29.23%。与此同时,工业用地地价不断上升,2020 年贵州工业用地平均地价上涨 7.09%,2021 年 1—11 月同比上升 15.42%,达到 326.49 元/平方米。② 未来更多通过消化批而未供土地、处置闲置土地等方式获得工业用地,或者通过创新以"标准地""混合用地"改革方式供地。

资金保障能力偏弱。受资金保障力度不够等因素影响,部分项目进展缓慢。一方面,国家对政府投资行为进行了规范,政府投资项目融资渠道收窄,项目融资难度加大。另一方面,受疫情影响,在市场低迷和成本上升的双重挤压下,部分企业经济效益不高,以及金融机构加大贷款审核力度、谨慎放贷,使得企业融资更加困难,企业投资项目资金来源趋紧。2021 年,全省投资项目本年到位资金占固定资产投资额的比重只有八成,这表明投资资金来源趋紧,对投资项目建设保障力度有所减弱。③

① 贵州省统计局工业处. 工业生产较快增长　发展质效持续提升［EB/OL］.（2022-01-20）［2022-06-08］. http://stjj.guizhou.gov.cn/tjsj_35719/tjfx_35729/202201/t20220120_72351188.html.

② 贵州省自然资源厅. 贵州省自然资源综合统计月报（2021 年 1—11 月）［EB/OL］.（2021-12-07）［2022-06-08］. http://zrzy.guizhou.gov.cn/zfxxgk/zfxxgkml/tjsj_81192/gtzyddjcjb/202112/t20211217_72067913.html.

③ 贵州省统计局投资处. 2021 年贵州投资运行情况报告［EB/OL］.（2022-02-07）［2022-06-08］. http://stjj.guizhou.gov.cn/tjsj_35719/tjfx_35729/202202/t20220207_72468841.html.

五、资源环境约束偏紧，绿色发展尚存差距

近年来，贵州将生态文明示范区创建工作纳入与大气污染、水污染、土壤污染防治同等重要位置，积极创建生态示范标杆，持续改善生态环境质量，推动绿色发展，"生态名片"不断更新，"绿色招牌"越擦越亮。在此情形下，相关产业必须实现绿色发展。例如，贵州磷化工企业需要实行"以渣定产"，锰采矿和冶炼企业必须推进锰污染治理，铝土矿采掘企业再开采需及时推进生态修复，等等。

"十四五"时期，贵州将继续坚持生态优先绿色发展，高质量建设国家生态文明试验区。依据《贵州省国民经济和社会发展第十四个五年规划和 2035 年远景目标纲要》，对加强生态环境治理和保护修复、推进产业绿色转型、发展绿色经济等提出了一系列具体的目标和任务，例如，"十四五"时期贵州将全面实施蓝天工程、碧水工程、净土工程、清废工程四大污染防治工程；到 2025 年，非化石能源占一次能源消费比重达到 17.4%，单位工业增加值用水量下降 12%；等等。这些目标任务和举措，将使贵州工业发展面临更加严格的资源环境约束问题。

但是，2021 年贵州部分高耗能行业投资增速较快，绿色发展尚存差距。全省六大高耗能行业投资合计比上年增长 2.7%，高于全省投资增速 5.8 个百分点，占全省投资的比重为 6%，占比比上年提高 0.3 个百分点。其中，化学原料和化学制品制造业投资增长 90.3%，非金属矿物制品业投资增长 0.6%。①

---

① 贵州省统计局投资处. 2021 年贵州固定资产投资结构情况报告［EB/OL］.（2022－02－07）［2022－06－08］. http：//stjj. guizhou. gov. cn/tjsj＿35719/tjfx＿35729/202202/t20220207_72469119. html.

第三节　对策建议

要立足新发展阶段把握贵州工业发展的阶段性特征，坚持以新发展理念引领贵州新型工业化发展，紧紧抓住构建新发展格局、中央支持贵州在新时代西部大开发上闯新路等重大机遇，以高端化、绿色化、集约化为主方向，以十大工业产业集群化发展为主抓手，以园区项目建设为主平台，把做大总量与优化结构统一起来，把新型工业化与新型城镇化、农业现代化、旅游产业化统一起来，把充分发挥市场在资源配置中的决定性作用和更好地发挥政府作用统一起来，加速推进贵州新型工业化，实施"工业倍增"行动，实现"工业大突破"。

一、大力推进科技创新，深化创新驱动发展

坚持把创新摆在工业发展的重要位置，把创新作为推进新型工业化、促进工业高质量发展的核心动力和第一生产力，大力推进科技创新。

夯实科技研发基础。推动贵州科学城、花溪大学城联动发展，打造技术汇聚区和技术输出区。实施数据要素流通、智能建造、智能采掘等科技重大专项，积极申建国家级磷氟化工制造业创新中心、积极申建喀斯特领域国家实验室和一批国家重点实验室，打造支撑战略发展的高水平创新平台，建成一批具有影响力的科技基础设施。

强化企业创新主体地位，支持高校、科研机构与企业开展技术创新合作。实施规模以上企业研发机构扶持计划，鼓励企业加大研发投

入，支持龙头企业组建创新联合体、研究所，大力发展跨学科、公司制的新型研发机构，支持企业、高等院校和科研院所建设一批引领行业发展、技术水平占据制高点的重点实验室、工程研究中心。完善科技创新体制机制，加大科研单位改革力度，构建充分体现知识、技术等创新要素价值的收益分配机制。

引导企业加快技术改造。在资源要素趋紧的形势下，要坚持供给侧结构性改革目标，加快产业结构调整，实施以改技术、改工艺、改设备为重点的技术改造，努力通过技术改造扩大工业有效投资、加速新技术产业化、推进产业升级。加快推动传统制造业企业朝着智能化方向发展，顺应产业升级方向，持续提升工业生产效率和企业效益，推动工业高端化、绿色化、集约化发展。

二、大力发展数字经济，实施数字经济倍增计划

充分发挥贵州在数字经济尤其是在大数据电子信息产业上的优势，利用数字技术促进十大工业产业做大做强，推动产业高端化、绿色化、集约化发展，提高经济质量效益和核心竞争力。

围绕大数据全产业链，实施数字经济万亿倍增计划，大力发展大数据有关硬件、软件、终端、内容与服务产业和数据流通交易，加快人工智能、区块链、物联网等新技术应用和互联网经济、平台经济、无接触经济等新业态培育，建设数字经济创新发展区。

加快发展大数据电子信息产业。加快发展以云服务为重点的新一代软件和信息技术服务业，支持在基础软件、嵌入式软件、应用软件等领域实现突破。加快发展智能终端、集成电路、新型电子元件与电子材料等高端电子信息制造业。以5G通信、人工智能、区块链、物联网等新一代信息技术为重点，大力发展具有自主知识产权的下一代云

计算服务器，以及个人电脑、新型智能手机、智能电视等新型消费产品。培育壮大智慧医疗、智慧教育、智慧旅游等数据融合新业态，推进"5G+智能制造"。推动能源与大数据融合发展，充分发挥贵州能源云综合信息管理平台作用，提升能源监测预警与运行调控能力。

三、持续优化营商环境，大力扶持中小微企业发展

贯彻实施《贵州省优化营商环境条例》，提升营商环境市场化、法治化、国际化水平。深化"放管服"改革，推进行政审批"三减一降"，深入实施"一窗通办'2+2'模式""一网通办""跨省通办"等改革，提高"全程网办"事项比例和效率。全面落实外资准入前国民待遇加负面清单管理制度，设立国际投资"单一窗口"，持续深化国际贸易"单一窗口"建设。探索建立容缺承诺审批制度。落实好国家新一轮组合式减税降费和减租降息、普惠金融等纾困政策。切实提高惠企政策知晓率，全力打造"贵人服务"品牌。建立企业问题、政府服务"两张清单"，扎实开展领导干部入企走访活动，"一企一策"服务企业，帮助企业解决要素保障及堵点、痛点问题。切实优化民营经济发展环境，强化竞争政策基础地位，落实公平竞争审查制度，破除招投标隐性壁垒。

大力扶持中小微企业发展。完善中小企业梯度培育体系，争创一批国家级"小巨人"企业和省级"专精特新"企业，支持优质中小企业在上海证券交易所、深圳证券交易所、北京证券交易所及全国股转系统挂牌上市。加强创业指导引导，打造众创空间、微型企业创业创新示范基地、大学生创业基地等孵化平台。多措并举，以更大力度为小微企业纾困，帮助小微企业应对成本上升等困难。落实好对小微企业的减免税，精简享受税费优惠政策的办理手续；加大再贷款再贴现

支持普惠金融力度，落实好小微企业融资担保、降费、奖励等政策。

四、着力推进开发区高质量发展，扎实开展产业大招商

突出三个导向（问题导向、目标导向和结果导向），也就是立足新发展阶段，贯彻新发展理念，融入新发展格局，围绕推动解决开发区发展存在的问题和困难，突出园区产业发展和质量效益导向，稳步推进工业园区高质量发展。一是科学规划，进一步明确开发区功能定位。坚持规划引领，科学合理完善开发区各类规划，保障开发区工业用地率，引导企业、项目、资源要素等向开发区集中，加快将开发区建设成为新型工业化的引领区、开放型经济建设的先行区、深化"放管服"改革的示范区。二是深化改革，着力推动开发区聚焦主责主业。围绕打造机制顺畅、运转高效、充满活力的开发区目标，持续深化"放管服"改革，切实提高开发区运营管理水平。三是聚焦产业，加快提升集聚、集约、集群发展水平。大力实施首位产业培育提升行动，制定并发布首位产业指导目录，引导开发区结合发展条件、产业基础、环境容量等因素，科学选准首位产业和潜力产业，推动政策、资金、土地等要素倾斜支持，引进一批产业项目，培育一批骨干龙头企业和"专精特新"企业，打造一批规模大、效益好、竞争力强的优势产业链条，加快提升产业集群水平。四是强化保障，加快将开发区建设成为全省"放管服"示范窗口。

大力发展首位产业、产品，加大产业招商力度，积极承接发达地区产业转移，促进产业集聚，着力把开发区打造成为主导产业突出、特色鲜明、优势互补、环境优良的产业聚集区。一是扎实开展产业大招商。重点研究制订工业产业招商行动计划，建立科学高效的调度机制和工作机制，围绕建链、补链、延链、强链，明确招商主攻方向和重点目标

区域，强化政策、资源要素和项目落地全周期服务保障，确保招得到商、落得了地、推进得快、盘活存量、形成增量，持续增强工业投资这一关键性支撑，有效增强新型工业化发展后劲。二是创新招商方式。建立招商引资重大项目协调机制，统筹要素配置、项目服务，做到"一个项目、一名领导、一套班子、一个实施主体、一个推进方案"，切实提高合同履约率、资金到位率、投产达产率。三是进一步完善考核办法，更加注重项目落地实效，坚决杜绝数字招商、虚假招商。

五、深化改革、扩大开放，进一步推进区域互动合作

稳妥推进自然垄断行业改革。持续深入推进电力、天然气、水务、水利、环保等领域的市场化改革，优化资源配置，降低经济社会运行基础成本。支持民营企业进入油气、城镇供水、污水处理等领域和以参股形式开展增值电信业务等。

深化国企国资改革。推动国有企业聚焦主责主业进行战略性重组和专业化整合，调整盘活存量资产，优化增量资本配置。深化效率导向的国资经营评价制度改革，推动国资监管切实从管企业向管资本转变。积极稳妥推进国有企业混合所有制改革，有序推进能源、矿产等行业竞争性环节的市场化改革。落实国有科技型企业股权和分红激励政策。稳妥推进白酒企业营销体制改革。

充分利用"1+8"国家级开放创新平台，推进贵州对外开放。加大贵阳航空口岸开放力度，实施144小时过境免签政策。加快遵义新舟机场、铜仁凤凰机场口岸建设。支持广州港、深圳港、北部湾港在贵州设立无水港。不断提升中国国际大数据产业博览会、中国（贵州）国际酒类博览会、中国—东盟教育交流周等展会活动的影响力。

建立完善推进"一带一路"建设区域政府间常态化交流机制、投

资贸易促进与保护机制、融资保障机制及人文交流机制。推进绿色丝绸之路建设,深化绿色发展国际交流合作。推动跨境数据存储、处理和应用,打造数字丝绸之路重要节点。积极拓展与韩国、日本、欧洲等国家和地区的合作空间。

加快融入国家重大区域战略,进一步推进区域互动合作。全力参与新时代西部大开发,积极参与长江经济带,加强对接粤港澳大湾区建设,打造"一园一链"产业生态,加快粤黔、苏贵等产业园区建设。推动贵州深度融入长江经济带发展,加强与其他沿江省份在环境污染联防联控、产业创新协同发展、公共服务共建共享等方面的合作。深化"东部企业+贵州资源""东部市场+贵州产品""东部总部+贵州基地""东部研发+贵州制造"等合作模式,加强对接融入粤港澳大湾区建设,探索"大湾区总部+贵州基地""大湾区研发+贵州制造"等合作模式,提升开发区能级、量级。

六、着力推进要素市场化配置改革,帮扶工业企业降本减费

推动建立健全城乡统一的建设用地市场,稳妥有序推进农村集体经营性建设用地入市,加快建立产权流转和增值收益分配制度。完善城乡建设用地增减挂钩节余指标省内调剂机制,开展节余指标跨省域调剂。深化产业用地市场化配置改革,支持产业用地实行"标准地"出让,探索批而未供土地和闲置土地有效处置方式。深化矿产资源管理体制改革,建立"矿业权出让+登记"制度,完善"净矿出让"机制,建立健全共伴生矿产资源综合开发利用、减免出让收益和相关税收等激励机制。探索战略性矿产资源、矿业权出让收益征收新机制。持续深入推进电力市场化改革,有序放开发用电计划竞争性环节电价,加快完善电力市场化价格形成机制,不断提升电力交易的市场化程度,

研究完善"西电东送"电价形成机制。推动煤电价格联动,落实发电供热用煤中长期合同,进一步夯实煤炭供应基本盘。着力推进数据确权,推动数据资源化、资产化改革,建立数据要素市场化配置和收益分配机制。

持续落实助企纾困举措,切实帮扶工业企业降本减费。强化工业项目和企业建设的土地、资金、用电等要素保障,巩固工业经济稳定恢复势头。继续完善小微企业融资和普惠性税收减免政策,减小企业的融资成本和税费负担,切实降低小微企业运营成本。合理运用财政补贴、税收优惠等手段,重点支持优势产业和有潜力的工业企业,对部分生产恢复压力较大行业的企业,要分类分层细化政策措施,精准帮扶。

七、深入实施新时代"人才强省"战略,不断完善工业领域人才政策与机制

深入实施新时代"人才强省"战略,全力营造重视人才、尊崇人才、吸引人才、用好人才的浓厚氛围,把贵州建设成为全国最具吸引力、最具凝聚力的人才高地之一。全面实施引才、育才、用才、留才"四大工程",深入推进产业重点人才和团队引进"123"计划,办好"贵州人才博览会"活动,常态化开展贵州"人才日"活动。建设青年友好型、成长型省份,培育凝聚更多青年人才。推动中职、高职、本科职教协同发展,支持高职院校在优质专业举办职业本科教育。

不断完善工业领域人才政策与机制。实施重点人才倍增计划和精英人才引进计划,重点引进高端领军人才、创新创业人才、开放型人才、产业发展人才,打造升级一批引才、聚才平台载体。加强创新型、应用型、技能型人才培养,实施知识更新工程、技能提升行动,壮大高水平工程师和高技能人才队伍。加快实施"技能贵州"行动,打造

"贵州技工""贵州工匠""贵州绣娘"等品牌。创新人才激励评价机制，对科技人才实行分类评价。完善人才创新服务保障机制，推动人才向基层一线聚集。弘扬劳模精神、劳动精神和工匠精神，加强企业家队伍建设。

八、深入推进节能降耗，推进工业绿色发展

深入实施可持续发展战略。坚持生态产业化、产业生态化，推动工业绿色低碳循环转型，严格环保标准，提升清洁生产水平，大力推动资源节约与综合利用。

深入推进节能降耗。坚持能源消耗总量和强度"双控"并重，加强钢铁、有色、电力、化工、建材、煤炭等重点耗能行业和重点用能单位的节能管理，大力推广合同能源管理模式，实施数据中心的绿色化节能改造，严格固定资产投资项目的节能评估审查。加大节能环保产业技术创新，实施节能改造、节能技术（产品）产业化示范工程。强化水资源刚性约束，建设节水型社会，全面开展工业节水行动，严格控制高耗水服务业用水。

深入实施绿色制造专项行动和绿色经济倍增计划。加快推动工业、产业园区等绿色化升级改造，提高煤炭、电力、矿产资源开发、化工、有色、建材等行业绿色化和清洁生产水平，创建绿色工厂、绿色矿山、绿色园区，培育绿色企业。

大力发展循环经济。全面加强共伴生矿产资源及尾矿综合利用，深入实施磷化工企业"以渣定产"，推进煤矸石、粉煤灰、冶炼和化工废渣等综合利用。促进资源再生利用企业集聚化、园区化、区域协同化布局，提升再生资源利用行业清洁化、高值化水平。

九、持续支持贵州工业发展

根据《国务院关于支持贵州在新时代西部大开发上闯新路的意见》等确定的目标任务，有关部门应加强指导协调，出台配套政策，持续对贵州改革发展给予大力支持。研究以清单式批量申请授权方式，依法依规赋予贵州更大改革自主权。

继续加大对贵州均衡性转移支付和国家重点生态功能区、县级基本财力保障、民族地区、革命老区等转移支付力度，增强贵州财力和防范化解债务风险能力。加大财政资源统筹力度，积极盘活各类资金资产，稳妥化解存量隐性债务。按照市场化、法治化原则，在落实地方政府化债责任和不新增地方政府隐性债务的前提下，允许融资平台公司对符合条件的存量隐性债务，与金融机构协商采取适当的展期、债务重组等方式维持资金周转。完善地方政府债务风险应急处置机制。在确保债务风险可控的前提下，对贵州适度分配新增地方政府债务限额，支持符合条件的政府投资项目建设。研究支持在部分高风险地区开展降低债务风险等级试点。

加大贵州工业投资建设项目要素保障力度。加强项目建设用地保障，在符合规划前提下通过地块整合、增加用地兼容性等方式加大复合利用力度。积极争取中央资金支持，尽早下达专项债指标，常态化开展政金企融资对接，多措并举为项目建设筹措资金。支持贵州新型工业化发展基金做大做强，通过基金引导，发挥资本市场撬动作用，带动全国的金融和社会资本投资支持贵州工业项目建设。

后　记

　　根据中国社会科学院与贵州省人民政府签署的战略合作协议，设立"贵州推动'工业大突破'的难点问题与对策研究"课题，本书是该课题研究的最终成果。本课题由我和贵州省社会科学院吴大华书记共同负责，课题组成员主要由中国社会科学院和贵州省社会科学院的同志组成，包括邓曲恒、郭朝先、孙婧芳、王琼、刘洪愧、周倩、焦音学等，邓曲恒负责课题的组织协调工作。

　　课题组成立以后，召开了多次研讨会，确定了课题研究的总体框架、逻辑思路、研究计划。课题组于 2021 年 9 月赴贵州调研，与贵州省发展和改革委员会、工业和信息化厅、商务厅等部门开展座谈交流。课题组也赴贵阳、遵义和六盘水等地进行实地调研，与当地政府相关部门人员进行座谈，并考察走访了多个产业园区和工业企业。经过实地调研，课题组对贵州大数据、电子信息制造、能源电力、烟酒、食品制造、建材、装备制造、航天航空等产业的发展情况有了比较详细的了解，也收集了大量的一手资料和数据，为本课题研究和本书撰写奠定了基础。

　　在实地调研和前期研究的基础上，课题组确定了具体的写作章节和任务分工。课题组对初稿进行了内部审读和讨论，并在初稿的基础上修改完善形成终稿。本书具体的执笔写作分二如下：我为本书撰写了序言；周倩撰写第一章；焦音学撰写第二章；刘洪愧撰写第三章；王琼和马国英撰写第四章；孙婧芳和邓曲恒撰写第五章；郭朝先撰写第六章。

最后，要感谢贵州省社会科学院对本课题研究和本书写作的各方面的支持和帮助，特别是对实地调研工作的协调和周到的安排，以及在本书写作过程中给予的材料和数据支持。感谢经济管理出版社提出的宝贵修改意见以及宋娜编辑的辛勤付出。

黄群慧

2023 年 2 月